우리
친구
맞아?

창비청소년문고 12

우리 친구 맞아?
청소년을 위한 관계의 심리학

초판 1쇄 발행 • 2014년 9월 23일
초판 5쇄 발행 • 2021년 8월 17일

지은이 • 이남석
펴낸이 • 강일우
책임편집 • 김효근
펴낸곳 • (주)창비
등록 • 1986년 8월 5일 제85호
주소 • 10881 경기도 파주시 회동길 184
전화 • 031-955-3333
팩시밀리 • 영업 031-955-3399 편집 031-955-3400
홈페이지 • www.changbi.com
전자우편 • ya@changbi.com

© 이남석 2014
ISBN 978-89-364-5212-4 43190

청 소 년 을 위 한 관 계 의 심 리 학

우리 친구 맞아?

이남석 지음

창비

1부

싸우면 질 수 있다. 싸우지 않으면 이미 졌다.

베르톨트 브레히트(Bertolt Brecht, 독일 극작가·시인)

낯선 천장

"야, 너 사고 쳐서 전학 온 거지?"

한 여학생이 리나의 왼쪽 어깨를 툭 치며 말했다. 그 아이의 양옆으로 이죽거리는 얼굴이 두셋 리나의 눈에 들어왔다. 서울에서도 본 적 있는 모습들이었다. 이목구비는 달랐지만, 수업 시간에는 교실 맨 뒤에서 조용히 자다가 쉬는 시간만 되면 부스스 일어나서 여기저기 기웃거리며 시비를 걸거나 못된 장난을 치는 예전 학교 아이들하고 느낌이 똑같았다.

전학 오기 전, 아빠의 고향인 충남 예산에 가끔 내려왔을 때 스치며 봤던 또래 아이들은 순한 인상이었다. 하지만 막상 학교에서 마주한 아이들은 정글 속에서 웅크리고 있다가 먹잇감을 보고 달려드는 맹수들 같았다. 리나는 쿵쾅거리는 가슴을 진정시키며 최대한 담담하게 말했다.

"정말로 아빠 사업 때문에 이사 온 거야."

그 말을 들은 아이들이 과장된 소리로 낄낄댔다. 웃음이 잦아드는가 싶더니 날카로운 면도칼 같은 목소리가 리나의 귓속으로 파고들었다.

"정말인지 두고 보자."

아이들은 마치 새로운 생명체를 만난 과학자처럼 자신들이 가하는 자극에 리나가 어떻게 반응하는지 꼼꼼히 살폈다. 리나의 얼굴색이며 눈빛, 몸짓, 옷, 신발, 목소리까지 하나도 놓치지 않았다. 그렇게 쉬는 시간이 두 번 지나갔다. 리나의 대답이 기어들어 갈수록 아이들은 흥미가 떨어진다는 기색이 되어 쩝쩝 입맛을 다셨다. 이내 아이들의 눈빛은 농장 주인이 울타리 안에 가둔 양을 별생각 없이 쳐다보듯이 점점 무심해졌다.

수업을 알리는 종소리가 정말 반가웠다. 리나는 힘겹게 라운드를 마친 권투 선수처럼 앉은 자리에서 가슴을 앞으로 내밀며 길게 심호흡했다. 어서 빨리 수업이 끝나고 집으로 갈 수 있기만을 바랐지만, 아직 점심시간도 되기 전이었다.

"저기, 재들이랑 말 섞지 마. 나쁜 애들이야."

수업이 시작되기 직전, 뒤에 앉아 있던 여자애가 몸을 앞으로 기울여 리나의 귀에 대고 속삭였다. 리나는 고개를 홱 돌렸다. 순식간에 얼굴과 명찰을 차례로 보았다. 김혜림. 리나는 혜림에게 의미심장한 표정을 지어 보이며 몇 번이나 고개를 끄덕였다. 전학생 인사를 하고 자리에 앉을 때 혜림을 언뜻 본 기억이 났다. 지금 보니 아까보다도 수더분하고 착해 보였다. 수업 내내 혜림이 어떤 아이일까, 어떻게 친해질까 궁리하느라 선생님의 말이 귀에 들어오지 않았다.

수업이 끝나자마자 혜림은 리나를 교실 밖으로 데리고 나갔다. 혜림은 그 전 쉬는 시간에 몰려든 애들과 달리 리나에게 이것저것 물어보지 않았다. 그 대신 리나에게 담임 선생님의 특징과 반 애들 중 누가 일진인지 따위를 쉴 새 없이 설명해 주었다. 시험 족보를 콕콕 짚어 주는 학원 선생님처럼, 가장 걱정하던 것을 알려 주는 혜림이 리나에게는 구세주 같았다. 리나가 마음의 문을 열고 자기 얘기에 귀 기울이는 기색이 뚜렷해지자 혜림은 집에 초대하고 싶다는 말도 했다. 리나는 오늘 그 어느 때보다도 길게 한숨을 내쉬었다. 이번에는 안도의 한숨이었다.

점심시간, 급식실로 가는데 긴장이 풀려서인지 갑자기 화장실에 가고 싶어졌다. 리나가 서둘러 화장실에 들어서자 뒤쫓아 온 여자애가 무뚝뚝하게 한마디를 뱉고는 사라졌다.

"혜림이네 집에 가지 마. 너 사이비 종교 믿으라고 꾀려는 거야."

리나는 깜짝 놀랐다. 혜림이 그런 아이였다는 사실 때문만은 아니었다. 서울에서 겪었던 일을 시골에서도 똑같이 겪는다는 데 더 놀라고 말았다. 서울에서 덕완여중을 다닐 때도 학년 초에 유독 잘 해 주는 애가 있었는데, 알고 보니 사이비 종교를 전도하려는 거였다. 사이비 종교가 아니더라도 선교를 하려는 아이들은 곳곳에 있었다. 심지어 학원에서 친구를 데려오면 주겠다고 내건 선물 때문에 접근하는 애도 있었다.

아이들은 어른들의 바람대로 공부 잘하는 친구 옆에 찰싹 달라붙으려고만 하지는 않는다. 운동 잘하는 애, 잘 노는 애, 잘생긴 애 등등 뭐든 자기보다 나아 보이는 아이에게 먼저 '친구'라는 꼬리표를 붙이려고 든다. 이 경쟁 때문에 학기 초 교실에는 소리 없는 아우성이 가득했다. 그런 위급 상황에서 혜림 같은 아이에게 발목을 잡혔다가는 친구를 사귈 기회조차 잡을 수 없을지 몰랐다.

리나는 이미 2학년 초에 이런 위기를 넘겼기 때문에 적어도 일 년 동안은 이 문제에서 놓여났다고 안심했다. 하지만 아빠의 사업 탓에 2학기에 갑자기 전학을 와서 다시 처음부터 친구를 사귀어야 한다니, 새삼 부아가 치밀었다. 순간 욕을 내뱉었다. 낯선 얼굴들이 리나를 주목했다. 리나는 서둘러 화장실을 빠져나왔다. 급식실로 향하며 지금은 화만 내고 있을 때가 아니라고 자신을 타일렀다. 빨리 친구를 만들지 않으면 왕따당할 수도 있다는 걸 잘 알고 있었다.

리나는 혜림에 대해서 경고해 주었던 아이를 찾았다. 아까 재빨리 명찰을 봤는데 원혜연이라는 이름이었다. 리나는 종종거리며 혜연의 곁에 다가가 혜림에 대해 알려 줘서 고맙다고 말했다. 하지만 혜연의 태도는 아까보다도 무뚝뚝했다.

"됐어. 그냥 걔가 재수 없어서 가르쳐 줬을 뿐이니까."

혜연은 고개를 홱 돌렸다. 그러고는 멍하니 서 있는 리나를 무시한 채 자기 친구들에게 웃으며 자랑스럽게 떠벌렸다.

"이번에도 미션 클리어했네. 마음 같아서는 김혜림 언니네 반에도 가서 똑같이 하고 싶지만 선배라 참는다. 모르는 사람한테 한없이 착한 척하면서 접근하고, 정말 재수 없지 않니? 그 사이비 교회 때문에 우리 동네랑 교회 이미지까지 망친다니깐."

리나는 쓴 입맛을 다시며 뒷걸음쳐서 급식 줄 끝에 다시 섰다. 식판을 들고 걸음을 옮기면서도 머릿속에서는 계속 같은 말이 맴돌았다.

'내가 왜 이런 취급을 당해야 하지?'

아빠의 사업만 아니었다면 리나는 서울에서 남은 2학기 내내 학교를 무사히 잘 다녔을 것이다. 적어도 중학교 3학년에 올라가 새롭게 인간관계가 리셋되기 전까지는 말이다.

초등학교부터 중학교까지 학년 초마다 예전 친구들과 떨어져 새로운 선생님, 새로운 친구, 새로운 환경에 내던져지는 것은 익숙했다. 하지만 그렇다고 그 변화가 버겁지 않았던 적은 없었다. 눈을 이리저리 굴리며 긴장하는 아이들 정도는 아니었지만 학년 초에는 항상 불안했다. 이유 없이 볼이 달아오르기도 하고 소음에 민감해지기도 했다. 그러다 집에 돌아오면 별일이 없었는데도 기진맥진했다. 일찍 잠자리에 들어도 깊이 잠들지 못했다. 아침마다 리나는 젖은 솜처럼 무거워진 몸을 겨우겨우 일으켜서 크게 심호흡을 한 뒤 학교로 향하곤 했다.

혹시 올해에는 내가 왕따의 목표가 되지는 않을까 걱정하며, 좀 처져 보이는 애는 멀리하고 좀 나아 보이는 애한테 붙기 위해 안간힘을 썼다. 그러다 보면 전 학년에서 친했던 애들과는 자연스럽게 멀어졌다. 하지만 그런 리나의 행동이 꼭 문제가 되지는 않았다. 새 학년에 올라가 예전 친구가 소홀히 대해도 굳이 불만을 품지 않는 게 아이들 사이에서는 일종의 불문율이었기 때문이다.

리나는 예전 친구들과 거리를 두는 일이 잠깐 우정을 냉동시킨 것에 불과하고, 기회가 닿으면 언제든 전자레인지로 돌려 해동하듯이 다시 가까워질 수 있다고 생각했다. 그래서 1학년 5반 친구들과 잘 지내려 쏟았던 노력을 죄책감 없이 거둬들이고 2학년 3반 아이들에게 집중했다. 그렇게 공들이며 쌓은 서울 덕완여중 2학년 3반의 인간관계를 정리하고 예산 인성중 2학년 6반에서 새롭게 생활하라니, 리나에게 이 상황은 리셋이라기보다 하드 포맷에 가까웠다.

미처 데이터 백업도 하지 못한 채 컴퓨터가 포맷된 셈이었다. 리나는 황당해서 무엇부터 시작하면 좋을지 몰랐다. 막연히 힘들겠

거니 예상했지만 이 정도일 줄은 몰랐다. 알았다면 서울에서 더 결사적으로 버텼을 것이다. 아빠가 눈물을 흘리며 더 나이 들기 전에 마지막 기회를 잡아서 재기해야 한다고 사정했어도 말이다.

'아빠의 도전에 왜 내가 희생되어야 해? 희생은 부모가 자식을 위해 하는 거잖아. 내가 뭘 잘못했다고 이런 벌을 받아야 해? 벌은 바보같이 사기를 당한 아빠가 받아야 하는데……?'

최근 리나는 아빠가 얄밉기만 했다. 일 년 전, 아빠가 살살거리던 예전 직장 동료에게 프랜차이즈 음식점 사기를 당하고 나서 실의에 빠졌을 때는 안쓰럽기도 했다. 하지만 몇 개월 동안 사업 구상을 한답시고 술만 먹고 집에서 빈둥거리는 모습만 보니 점점 아빠가 창피해졌다. 그즈음 리나와 언니와 엄마의 눈칫밥에 질려 답답해하던 아빠는 고향 친구들의 연락을 받고 훌쩍 예산으로 떠났다. 엄마는 휴가 갈 돈은 고사하고 당장 전세금이 올라 막막한데 아빠가 자기 혼자만 놀러 갔다며 욕을 했다. 일주일 후 아빠는 너무도 활기 넘치는 모습으로 집에 돌아왔다.

"상인이랑 경민이가 하는 주류 사업 있잖아. 그거 나도 같이 하기로 했어."

엄마는 듣자마자 기가 차다는 표정을 지었다.

"아니, 당신이 주류 사업에 대해서 뭘 안다고? 아, 맨날 먹기는 잘 먹지. 아예 술 상무로 나서려고?"

"어허, 이 사람이⋯⋯. 내 말 좀 들어 봐."

아빠는 사업 이야기를 하기 전에 친구들과 자기의 관계부터 구구절절 풀어 놓았다. 초등학교부터 고등학교까지 함께 어울리며 자란 사연이 잔잔한 배경 음악처럼 흘러나왔다. 그다음에 아빠가 약간 흥분된 목소리로 말했다.

"요즘 막걸리가 인기잖아. 걔들이 예산의 수덕사 근처에서 키운 유기농 연꽃으로 막걸리를 만들었대. 어때, 참신하지? 막걸리를 국내에도 팔고 외국에도 수출하려는데 영어도 되고 회사 생활도 해 봐서 여기저기 발이 넓은 나 같은 인재가 필요하다는 거야."

아빠의 설명을 들은 엄마는 또 사기를 당하는 것은 아닌가 싶어 걱정이 되었다. 엄마는 미덥지 않다는 눈으로 아빠를 보며 물었다.

"그냥 툭 던진 말에 당신이 김칫국부터 마시는 건 아니고?"

"어허, 아니라니까. 오히려 그동안 내가 사업 때문에 바쁜 줄 알고 염치가 없어서 부탁하지 못했다고 하더라고. 걔들은 내 사업이 아직도 잘되는 줄 알아. 내가 기죽기 싫어서⋯⋯ 돈은 벌지만 서울에서 사는 게 지겹다고 말했거든. 그랬더니 조심스레 내려올 생각 없냐고 하다가 결국 동업 얘기까지 꺼낸 거야."

"그래서 옳다구나 싶어 바로 오케이하고 우리한테는 이제야 통보하는 거야?"

아빠는 바로 손사래를 쳤다.

"아냐, 바로 오케이하면 체면이 서나. 인간관계에서는 강하게 나가는 놈이 고삐를 잡게 되어 있어."

"그래서 거절했다고?"

"아니, 그렇게 과격하게 말할 필요 있나. 회사 돌아가는 모습을 직접 보고 싶다고 말하고는 상인이랑 경민이랑 며칠 함께 다녔어. 부딪쳐 보니까 생각보다도 가능성이 있더라고. 계속 튕기다가는 기회를 놓치겠다 싶어서 '나는 긍정적인데, 일단 가족과 상의해야 한다.' 하고 올라온 거야. 아 참, 조경민 사장님이 이예은 여사님께 드리라고 선물도 챙겨 줬어. 부디 좋은 쪽으로 결론을 내리라고 말이야."

아빠는 장난기 어린 웃음을 지으며 엄마에게 선물을 내밀었다. 작지만 예쁜 수공예 그릇 세트였다. 예쁜 물건을 이리저리 살펴보는 사이에 엄마의 마음이 조금 누그러진 게 목소리에서 드러났다.

"아무리 친한 사이라고 해도 동업을 하면 또 느낌이 다르다고 합디다. 정이 아니라 돈이 오가면 잘돼도 문제, 안돼도 문제라는데 그건 어떻게 하려고요?"

아빠는 엄마의 눈치를 살피며 조심스럽게 입을 뗐다.

"동업 이야기가 나와서 하는 말인데, 사업을 키우려면 신규 투자가 필요해서…… 사람뿐만 아니라 자금도 조금 더 필요하대. 우리 어차피 서울에서는 전세금이 올라서 살기 힘드니까, 예산으로 내려가는 게 어떨까?"

엄마는 서슬 퍼런 눈으로 아빠를 째려보며 말도 안 되는 소리라고 단칼에 잘랐다. 하지만 그 뒤로도 아빠는 틈만 나면 엄마를 따라다니며 졸랐다. 어른들이 하는 사업이야 리나가 잘 모른다지만, 예산으로 이사해야 한다는 건 두고 볼 수 없었다. 리나는 아빠에게 따지듯 물었다.

"아빠, 엄마랑 언니랑 나는 서울에서 적당한 집으로 이사해서 살고, 아빠가 주말마다 오가면 안 돼?"

언니는 혼자 머릿속으로 뭔가를 생각하는 눈치였다. 아빠는 리나에게 더 가까이 다가앉으며 설득하려고 들었다.

"아빠가 단순히 직원으로 들어가는 거라면 그래도 돼. 하지만 아빠는 엄연히 동업을 하는 이사야. 돈도 투자해야 해서 일단 전세금을 빼야 해. 마침 시골 할머니도 넓은 집에서 혼자 지내느라 적적해하시니까 이 틈에 함께 지내면서 정을 쌓는 게 어떨까? 한 이 년 정도 고생하고 다시 서울로 올라오면 안 될까? 아빠에게는 이게 마지막 기회일 것 같아."

리나와 언니는 엄마를 쳐다보았다. 처음 아빠가 사기당했다는 걸 알게 되었을 때는 그동안 모든 재산이 다 없어졌으니 이제 뭘 믿고 사느냐며 이혼을 하네 마네 난리를 치던 엄마였지만, 전세금까지 빼자는 아빠의 말은 이상하게 잠자코 듣고 있었다. 엄마는 고개를 숙이고 한참 골똘히 고민하더니 자리에서 일어나면서 입을 열었다.

"우리 따로 이야기해요."

엄마가 아빠와 함께 밖으로 나갔다. 언니와 리나도 몰래 따라가서 무슨 말이 오가는지 듣고 싶었지만 엄마의 서늘한 기운이 느껴져서 몸이 얼어붙었다. 그 뒤로도 며칠 동안 아빠와 엄마는 둘이서만 이야기를 주고받았다. 아빠가 예산에 갔던 일주일 동안 리나와 언니 앞에서 고장 난 라디오처럼 두서없이 이야기를 늘어놓던 엄마가 아니었다. 리나는 답답함을 참지 못하고 엄마에게 직접 따져 물었다.

"엄마, 설마 예산으로 간다고 한 건 아니지? 우리 이러다 서울로 다시 올라오기는커녕 돈 다 잃고 거지나 되는 거 아냐?"

그러자 엄마는 리나에게 버럭 화를 내며 말했다.

"아빠 말 못 들었어? 자기가 마지막이라고 하잖니? 나도 더 이상은 못 견뎌. 지금까지 참고 산 게 아까워서 그래. 딱 이 년만 더 두고 볼 거야."

"어…… 엄마, 이건 말이 안 돼. 아빠 말처럼 이 년 뒤엔 올라올 수 있는 거야?"

"성공하면 올라올 거야. 실패해도 나는 올라온다. 아빠가 알거지가 되든 말든 실패하면 더 볼 것도 없이 갈라서고 네 할머니한테서라도 꼭 위자료 받아 낼 거야. 내려가서 모신 값까지 전부. 아빠랑 서약서 쓰고 내려가기로 얘기했으니까 너희들은 그런 줄 알아."

리나도 더는 말을 할 수가 없었다. 그 이후 이사 날까지 집안 분위기는 점점 나빠졌다. 집에서 숨을 들이켤 때마다 목구멍이 진흙 덩어리로 콱콱 막히는 기분이었다.

전학 온 첫날 점심시간, 목구멍으로 넘어가는 밥알들도 비슷한 느낌으로 리나를 괴롭혔다. 낯선 학교에서 급식을 혼자 먹는 기분은 정말 끔찍했다. 선생님은 반장에게 리나와 함께 점심을 먹으라고 했지만 반장 주변의 자리는 이미 차 있었다. 리나는 쭈뼛거리다가 빈 식탁에 혼자 앉았다.

'내가 왕따가 되다니.'

리나는 급식을 몇 숟갈 뜨다 말고 자리에서 일어났다. 어느 무리에도 섞이지 못한 아이들이 리나 쪽으로 좀비처럼 스멀스멀 다가오는 것이 보였기 때문이다. 리나가 떠난 자리 주변으로 온 아이들은 서로 무시하며 의자에 앉았다. 따돌림을 당하는 애들은 그들끼리조차 친하게 지내려 하지 않는다. 마치 서로 어울리면 더 큰일이 날 거라고 경고라도 받은 양. 리나는 급식실에서 나갈 때까지 그 애들을 무시했다. 그러는 편이 좋다는 것을 그간의 학교생활을 거치며 알고 있었다.

리나는 운동장을 어기적어기적 걸었다. 모르는 애들과 마주칠 때마다 딱히 어떻게 반응해야 할지 몰라 땅에 시선을 고정해 둔 채 걸었다. 자신의 그림자가 눈에 들어왔다. 예전 학교에서 멍한 눈으로 걷던 애들의 모습이 떠올라 걸음을 멈췄다. 남자애들이 공

을 찬다며 소리 질러 밀어낼 때까지 리나는 걸음을 옮기지 못했다.

리나는 점심시간 내내 어느 한곳에 머물지 못하고 이리저리 발걸음만 옮겼다. 예전 학교와 지금 학교, 드라마에서 본 학교, 다큐멘터리에서 본 학교들을 떠올리며 오늘 벌어진 일을 곱씹고 앞으로 벌어질 일들을 두서없이 상상하면서.

딴생각으로 수업을 다 흘려듣던 리나는 종례 시간이 되어서야 겨우 정신을 수습할 수 있었다. 리나는 조용히 정류장 구석에서 버스를 기다렸다. 고개를 숙인 채 발끝에 시선을 모으고 있다가 버스 오는 소리가 나면 그제서야 슬쩍 앞을 쳐다보았다. 리나는 기다리던 마을버스가 오자 한달음에 뛰어 올라탔다. 그리고 몇 분 후 집 앞에서 내려 터벅터벅 집으로 들어갔다. 할머니가 리나를 반갑게 맞으며 물었다.

"핵교는 워땠어?"

"그저 그랬어요."

리나는 퉁명스레 답했다. 할머니는 입을 쩝쩝 다셨다.

"어디 첫술에 배부를 수 있남? 댕기다 보면 재미있을 거여."

항상 비슷한 대답에 리나는 한숨을 길게 내뱉었다.

"엄마는요?"

"아비 일 도와준다고 나갔어. 경리인가 뭔가가 그만둬서 엄마가 당분간 일 봐준댜. 야야, 사무실도 정리해야 하는데 젊은것이 귀찮다고 그만두었다나 뭐라나……. 아무튼 할 일이 많다드라."

뜻밖이었다. 엄마는 이사하고 나면 팔짱 끼고 아빠를 닦달하기만 할 줄 알았다. 갑자기 아빠 회사로까지 일을 도와주러 나간 데는 그만한 이유가 있을 것 같았다. 리나는 머리를 굴렸다. 잔소리쟁이 할머니와 되도록 떨어져 있기 위해서일 수도 있다. 혹은 아빠의 일이 못 미더워 감시하러 나갔을 수도 있고. 여차하면 엄마가 이 년까지 기다릴 것도 없이 몇 달 만에 결정을 내리고 폭탄선언을 한 다음 떠날까 봐 더 불안해졌다.

올해 들어, 정확히 말해 아빠가 가게를 접은 뒤로 리나는 엄마가 낯설어졌다. 언니와 리나가 힘든 일을 이야기하면 보듬어 주기보다는 마치 경쟁이라도 하듯이 엄마 자신의 아픔과 상처를 더 많이 하소연했다. 이런 말도 아무렇지 않게 내뱉기 시작했다.

"새끼고 남편이고 다 귀찮아. 내 마음 아무도 몰라요."

엄마야말로 그런 말을 들을 때 리나가 어떤 마음일지 모르는 듯했다. 리나가 학교를 잘 다니는 게 속없어 보여 야속했는지 어떤 때는 일부러 가시 박힌 말을 던지는 듯도 했다. 리나라고 편한 마음으로 학교를 다닌 것은 아니었다. 집안일이 복잡할수록 리나는 최대한 아무렇지 않은 척했다. 친구들과 똑같이 장난치고 게임하고 웃으면서 학교를 다녔다. 그러면 정말 아무 일도 없는 것 같아서 좋았다.

리나는 1학년 때보다 2학년 때 더 활달하게 학교생활을 했다. 다른 애들이 생각해 내지 못하는 엉뚱한 이야기를 잘해서 '차원 이

동술사'라는 별명을 얻을 정도로 독특한 매력을 뽐내기도 했다. 한번은 일진인 원정민이 리나의 휴대폰을 가져다가 비밀번호를 멋대로 바꿔서 심술을 부린 적이 있었다. 서비스 센터에 가서 겨우 잠금을 푼 리나는 더 이상 그냥 당하고만 있지 않겠다고 결심했다. 며칠 뒤 또 정민이 리나의 휴대폰을 빼앗았다. 휴대폰이 비밀번호로 잠겨 있자 정민은 실실 웃으며 리나에게 물었다.

"야, 비밀번호 뭐야?"

"안알려줘."

정민은 자기의 귀를 의심했다. 굳은 표정으로 리나에게 다시금 물었다.

"지금 장난치는 거 아니다. 비밀번호 뭐냐고. 빨리 말해."

"안, 알, 려, 줘."

리나는 한 글자씩 또박또박 말했다. 정민은 리나의 예상치 못한 반응에 얼굴을 붉혔다. 주변 애들의 눈 탓에 그냥 넘길 수 없던 정민이 리나에게 다가섰다. 그때 리나가 재빨리 휴대폰을 낚아챘다.

"자, 봐. 비밀번호가 '안알려줘'라고."

리나는 화면에 나온 자판을 꾹꾹 눌러 잠금을 풀어 보였다. 정민은 헛웃음을 쳤다. 불안해하며 상황을 지켜보던 애들은 눈이 휘둥그레져서 서로 바라보았다. 정민은 욕을 내뱉은 다음에 자기 자리로 돌아갔다. 그 후로 리나는 기상천외한 방법을 생각해 내는 아이로 유명해졌고 인기도 높아졌다. 리나는 그 이미지가 좋았다. 그래서 때로는 일부러 괴짜처럼 행동하려고 노력하기도 했다.

리나는 생일 같은 특별한 날이 아닌데도 뜬금없이 "기분도 꿀꿀한데, 오늘 우리 미모로 잘생긴 알바 좀 기죽이자."라며 그동안 모아 놓은 돈을 풀어서 애들을 대접하기도 했다. 엄마는 그런 리나를 보며 정말 철이 없다고 했지만, 리나는 아빠가 쫄딱 망하면 언제 다시 이런 기회가 있을지 모른다는 생각에 자꾸 손이 커졌다. 그 덕분에 반 애들과 더 친해져서 2학기에는 리나를 반장으로 추천하자는 얘기가 나올 정도였다. 그렇게 리나는 친구들과 어울리는 데 몰두했고 집에 들어가는 시간은 최대한 뒤로 미뤘다. 리나의 사정을 모르는 엄마는 그저 철없이 싸돌아다닌다고 한심해했다. 그리고 기회가 있을 때마다 리나를 붙잡아 앉혀 놓고 신세타령을 했다. 마지막에는 꼭 가족에게 서운했던 점을 늘어놓아서 듣기 싫었다. 그럴 때면 엄마의 짐인 자기가 애초에 태어나지 말았어야 했다는 생각마저 들었다. 아빠도 엄마랑 다를 바 없었다.

"이러는 게 나 좋자는 거니? 다 너희들 잘 먹고 잘살게 하려고 쥐어짜는 거야. 아빠를 믿고 힘을 주지는 못할망정 이게 뭐니?"

리나는 아빠 엄마에게 왜 자신이 부담스러운 존재이기만 한지 따져 묻고 싶었지만 꾹꾹 참았다. 한번 대놓고 물은 적도 있지만, 아빠는 엉뚱하게 예전부터 쌓아 두었던 세상에 대한 불만, 엄마에 대한 불만만 풀어 놨다. 엄마도 아빠랑 마찬가지였다. 리나가 듣고 싶었던 것은 단 한마디, 막내딸이 부담스럽기는커녕 사랑스럽다는 말이었다. 하지만 엄마에게서 돌아오는 것은 늘 듣기 싫은 푸념뿐이었다. 리나는 그런 이야기가 싫어서 귀를 닫았고 결국 입까지 닫아 버렸다.

그렇지만 가끔은 가슴이 터져 버릴 것 같아 가족 중 누군가를 붙잡고 이런저런 이야기를 나누고 싶었다. 그런데 하필 그럴 때면 가족들은 저마다 바빴다. 오늘도 집에는 할머니밖에 없어서 더 외로웠다. 할머니한테 한참 힘들다고 이야기해 봤자 "다 지나고 보면 아무것도 아닌 법이여."라는 준비된 답만 들을 수 있었다. 리나는 할머니를 뒤로하고 방으로 들어왔다. 오늘 있었던 일을 돌이켜 봤다. 기억을 더듬는다기보다는 타임머신을 타고 과거로 가서 다른 상황을 만드는 상상을 하는 것에 가까웠다.

'차라리 센 척했다면 더 나았을까? 혜림이가 다가오기 전에 애들에게 먼저 말을 걸었으면 어땠을까?'

드라마처럼 중간중간 갈등을 겪어도 결국에는 학교에 잘 적응하는 상상을 하니 입가에 웃음이 환하게 퍼져 나갔다. 하지만 이내 상상에서 벗어나 자기가 지금 혼자 방에 누워 있을 뿐이라는 것을 깨닫자 몸이 밧줄로 꽁꽁 묶인 듯이 움츠러들었다.

한참을 이불로 온몸을 둘둘 말고 있던 리나는 답답함에 불을 켰다. 그리고 다시 누웠다. 천장을 멍하게 쳐다보았다. 새삼 천장이 낯설게 느껴졌다. 천천히 방을 둘러보았다. 낯선 기운은 점점 강해졌다. 예전에 가끔씩 놀러왔을 때는 친숙했던 방이었다. 하지만 서울에서 짐을 가져와 리나와 언니의 방으로 꾸미니 오히려 더 낯설어졌다. 예전 할머니 집도 아니고, 예전 서울 집도 아닌 집. 꿈속에서 뒤죽박죽 꾸며 낸 공간처럼 느껴졌다.

문밖에서 언니 목소리가 들렸다. 언니는 저녁을 준비하고 있던 할머니에게 밝은 목소리로 학교에서 있었던 일을 늘어놓았다. 서울에서 왔다니까 은근히 부러워하며 다가오는 애들이 많았다는 둥, 애들이 너무 착하다는 둥, 집 근처에 반 친구가 있어 좋다는 둥, 리나가 겪은 하루와는 너무도 다른 이야기였다. 더욱더 속상해진 리나는 자리에 벌렁 누워 신경질적으로 허공을 두 발로 찼다.

어느덧 엄마 아빠의 말소리도 들렸다. 아빠는 잘하면 예산 축제를 찍는 지역 방송에 막걸리가 나갈 수도 있다며 어린애가 자랑하듯이 할머니에게 말했다. 그 옆에서 추임새를 넣는 엄마의 목소리가 이사 직전과 달리 약간 나긋나긋해져 있어서 배신감이 들었다. 할머니, 아빠, 엄마, 언니가 모두 모인 집. 하지만 어느 누구도 자신을 이해하거나 도와줄 마음은 없어 보였다. 리나는 차라리 가족이 없는 것보다 못하다는 생각에 휩싸였다.

눈앞에 커다란 벽이 겹겹이 놓인 듯했다. 내일 학교에 나가는 일보다 지금 저녁을 먹기 위해 방문을 여는 것부터 엄두가 나지 않았다. 어딘가로 숨고 싶었다. 방바닥 밑의 땅속으로 깊이깊이 들어가, 한때 존재했다는 흔적조차 없어지기를 바랐다.

미운 오리 새끼

　새로운 집과 학교는 리나에게 단지 낯설기만 한 곳이 아니었다. 익숙해지면 괜찮아질 줄 알았는데 시간이 지날수록 학교에 있을 때면 날카로운 칼날 위에서 걷는 것만 같았다. 담임 선생님은 반의 문제아들을 관리하느라 정신이 없었기 때문에 리나까지 신경 쓰지 못했다. 반 아이들은 이미 팔 개월 동안 짜 놓은 관계를 유지하느라 여념이 없었고, 굳이 위험을 감수하면서 리나를 모임 안으로 끌어들이려고 손을 내미는 아이는 없었다. 대부분 리나를 무시했고, 착해 보이는 애들도 리나가 하는 양을 관찰만 했다. 관찰 대상이 되니 행동은 부자연스러워졌고, 스트레스가 쌓였다. 스트레스 때문에 행동은 더 부자연스러워졌다. 수업 과제로 조별 모임을 할 때 의견을 내놓아도 아이들이 왠지 밀어내는 듯해서 점점 입을 닫게 되었다. 쉬는 시간에는 혜림 같은 애들이 집적대는 게 싫어서 혼자 교실 밖으로 산책을 나갔다. 매일 걷는 운동장이지만 그럴 때면 매번 외계에 뚝 떨어져 헤매는 듯 막막했다.

그렇게 삼 주가 흐르자 리나는 반 아이들 사이에서 11월의 찬바람처럼 차갑고 도도한 애, 혼자 있기 좋아하는 애가 되었다. 황당한 생각을 맘껏 펼쳐서 친구들을 웃기던 리나가 전학 후에는 모든 것에 적응하지 못하고 기가 죽어서 웃음을 잃었다.

학교생활에 불만이 쌓일수록 리나가 더 열심히 매달리는 것이 생겼다. 온라인 생활이었다. 다른 애들은 기껏해야 같은 반이나 같은 학교 동창 정도와 SNS 친구를 맺었지만, 리나는 전부터 활동하던 게임과 애니메이션 이외에도 아이돌 그룹, 매시업(mashup) 음악 같은 2차 창작, '역극'이나 '멤놀' 커뮤니티, '봇주'들의 모임 등 각종 온라인 카페와 SNS 그룹에 추가로 가입했다. 언니가 야간 자습에서 돌아오기 전에는 컴퓨터로, 돌아온 후에는 휴대폰으로 계속 방에서 온라인 세상을 돌아다녔다. 그래도 가슴속에서는 늘 뭔가 꽉 막혀 있는 기분이 없어지지 않았다.

전학하고 얼마 안 됐을 때는 서울 친구들에게 SNS로 자기 처지를 하소연하면서 스트레스를 풀었다. 친구들도 처음에는 리나의 상황을 안타까워하고 리나와 함께 분노했다. 그러나 그뿐이었다. 서울 친구들은 우울해하는 내용에도 계속 '좋아요'를 클릭하거나,

"헐."이라고 짧은 댓글을 달거나, 과장된 캐릭터 이모티콘으로 성의 없이 반응하는 것이 다였다. 리나는 서울 친구들이 지금의 생활을 바꿔 주지 못한다는 것을 깨닫고는 점점 연락을 줄였고 자연스럽게 멀어졌다. 12월쯤 되자 새삼 연락하는 것도 어색해져 버렸다.

그런데 12월 5일, 리나의 생일이 되었다. 기대조차 하지 않았는데 서울 친구들이 보낸 축하 인사가 리나의 SNS에 올라와 있었다. 기프티콘도 여러 개 도착해 있었다. 리나는 지금까지 심드렁했던 친구들의 태도가 전부 깜짝 이벤트라고 생각했다. 오늘 깜짝 놀래 주려고 서울 친구들이 그동안 일부러 자신의 하소연에 데면데면하게 반응했구나 생각하니 고마운 마음이 더 커졌다. 기프티콘은 약속이라도 한 것처럼 두 종류였다. 화장품 체인점과 패스트푸드점의 모바일 상품권이었다. 리나의 입가에 미소가 번졌다.

한 달 전쯤에 서울 친구들이 예산은 진짜 시골이라 프랜차이즈 패밀리 레스토랑이나 패스트푸드점이 없겠다고 했던 적이 있었다. 리나도 매번 이것저것 불편하다고 예산 흉을 봤지만, 정작 서울 친구들이 예산을 깔보자 마치 자기를 무시하는 것 같아서 발끈했다. 리나는 친구들의 쪽지를 보자마자 씩씩거리며 서울 학교 근처에 있던 체인점 중 예산에도 있는 것을 줄줄이 메신저에 썼다. 그런데 오늘, 그때 말한 브랜드의 상품권을 챙겨 준 것이다. 리나가 친구들에게 고맙다고 연락하자 모두 이구동성으로 말했다.

"너도 내 생일 챙겨 줬잖아. 나중에 인증샷이나 올려."

리나는 차라리 곧 겨울 방학이니 서울에 올라가 모두 있는 앞에서 선물을 사고 싶었다. 애들은 굳이 그럴 필요 없다고 말렸지만, 리나는 자기가 꼭 그러고 싶다며 약속을 잡자고 했다. 그랬더니 애들은 저마다 핑계를 대며 화제를 돌렸다. 리나는 당황했다. 친구들이 보낸 쪽지를 반복해서 읽어 보니, 똑같은 글씨인데도 점점 차가운 기운이 느껴졌다. 직접 확인하기 위해 한 친구에게 전화를 걸었다. 처음에는 반가워하는 듯했지만, 아니나 다를까 약속 이야기를 꺼내자마자 미적지근해졌다.

리나는 서울 친구들이 단지 다른 애들의 평판이 두려워서 마음에도 없는 생일 선물을 보낸 건가 의심스러웠다. 그보다 SNS에서 누군가 올린 생일 글에 '좋아요'를 무심코 한 번 클릭하듯이 습관적으로 선물을 보낸 것 같기도 했다.

친구라면 아무리 바빠도 생일은 신경 써 줘야 하지 않나? 불가사의했다. 곰곰이 고민했지만 왜 자기가 이런 취급을 당해야 하는지 답이 나오지 않았다. 불과 몇 개월 전까지만 해도 매일같이 만나던 친구들이 댓글 하나 끄적이는 식으로 선심 쓰듯 생일 선물을 던져 줬다는 데 화가 났다. 차라리 선물이고 뭐고 아예 없었다면 애들이 바빠서 그런 모양이라고 이해했을 것이다.

고민 끝에 리나는 서울 친구들이 있는 메신저 그룹에서 탈퇴했다. 서울 친구들을 온라인에서도 안 보는 편이 차라리 덜 답답할 것 같았다. 리나는 어금니를 꽉 깨물고 온라인에서 연결되어 있던

서울 친구들과 일일이 관계를 끊었다. 특히 잘 어울렸던 친구들에게는, 앞으로 다시는 친구 요청을 하지 말라고 쪽지를 보내며 "절교"라는 표현도 썼다. 다음 날에는 혹시나 SNS에 화풀이를 남길까 봐 아예 계정을 삭제해 버렸다. 그리고 계정을 새로 만들면서 프로필도 가짜로 설정했다.

일주일 후 기말고사가 다가왔다. 시험을 보는 부담감보다 학교에서 보내는 시간이 짧아졌다는 기쁨이 훨씬 컸다. 서울 학교에서 배우던 것과 교과서가 달라 흥미를 못 느낀 탓도 있지만, 리나는 시험을 앞두고서도 전혀 공부에 손을 대지 않았다. 그렇게라도 반항을 하지 않으면 억울할 것 같았다. 그 결과 리나의 기말고사 성적은 여태까지 받았던 것과 첫 번째 숫자부터 달랐다. 리나는 전학 후에 얼마나 힘든 시간을 보내고 있는지 내보이는 심정으로 부모님에게 성적표를 들이밀었다. 하지만 리나의 바람과는 달리 아빠와 엄마는 리나를 혼내기 시작했다.

"전학 때문에 힘든 줄은 알지만, 그래도"라며 엄마는 꾸지람을 이어 갔다. 사정은 이해해도 결과는 이해하지 못하겠다는 아빠의 말도 가슴을 할퀴었다. 그러나 가장 큰 충격을 준 사람은 따로 있었다. 아빠 엄마가 쥐 잡듯이 리나를 몰아세우는 걸 보다 못한 할머니가 손녀를 도와준답시고 끼어들었다.

"공부 못헌다고 너무 혼내지 마러. 사내새끼라면 죽도록 열심히 공부혀서 성공혀야 허것지만서도, 지지배는 성공할 놈 잘 고르기만 허면 되잖여. 리나 년은 예쁘장허니께 공부 좀 못혀도 괜안아."

리나는 평소에도 남녀 차별에 예민했다. 할머니는 늘 첫딸은 살림 밑천이라 괜찮다고 하면서도 리나에게는 어릴 때부터 "대가 끊기게 되었다."라며 "남동생 좀 낳아 달라고 졸라 봐라."라고 했다. 그 탓에 리나는 초등학교 때도 남자애랑 싸우다 "여자애가 말이야."라는 말을 들으면 더 열을 올렸다. 중학교에 올라가 미팅을 해도 자기가 어른인 양 아는 척하며 모든 상황을 주도하려 드는 남자애들이 꼴 보기 싫었다. 리나는 드라마에서 성공한 여자들이 남자를 고르는 게 멋있어 보였고, 자기도 그렇게 되겠다고 다짐했다. 그래서 여중을 다닐 때도 당당하게 행동하려고 노력했다.

그런데 시집만 잘 가면 된다는 할머니의 말을 들으니, 그저 남자한테 의지해 대충 살려는 여자로 볼까 싶어 정신이 번쩍 들었다. 리나는 절대 그런 여자가 되고 싶지 않았다. 눈을 질끈 감았다. 덕완여중 2학년 3반의 중심이었던 자신의 모습이 떠올랐다. 반 애들과 활달하게 이야기를 나누고 당당히 행동하며 공부도 어느 정도 하던 그 모습을 되찾고 싶었다. 아니, 새롭게 시작해서 더 멋지게 지내고 싶었다. 리나는 한마디 한마디 잘근잘근 씹어 뱉듯 말했다.

"저 이제 정신 차렸어요. 엄마 아빠가 바라는 대로 공부할게요. 아니, 공부도 생활도 열심히 하고 싶어요."

리나는 다음 날 머리를 아주 짧게 잘랐고, 일부러 남자 옷 같은 티셔츠와 바지를 사 입었다. 거대한 변화를 선언하는 기분으로. 부모님은 리나가 드디어 뭔가 결심한 모양이라며 변화한 모습을 반겼다. 리나는 미운 오리 새끼가 힘든 시간을 견디고 백조가 되는 상상을 하며 방 안에서 밀린 공부를 하기 시작했다.

리나는 위인전이나 소설에 나오는 극적인 변화를 꿈꿨다. 하지만 현실은 상상과 달랐다. 마법처럼 한순간에 전부 변할 것 같았지만, 결심과 다르게 몸은 잘 움직여지지 않았다. 두 시간 이상 책상 앞에 앉아 있기가 힘들었다. 참다 참다 자리에서 일어나면 끊임없이 업데이트될 온라인 세상이 궁금해졌다. 벽에 대충 기대어 휴대폰을 보기 시작하면 다리에 쥐가 나서 그만둘 때까지 두 시간이 훌쩍 갔다. 리나는 자신이 한심해서 견딜 수 없었다. 공부를 안 해도 책상 앞에는 앉아 있어야겠다고 맘먹고 무조건 엉덩이를 떼지 않았지만 사흘째가 되자 좀이 쑤시기 시작했다. 일주일을 넘기니 스트레스가 쌓여서 새벽까지 잠이 오지 않았다. 결국 스트레스를 푼다며 한밤중에 몰래 인터넷을 했다. 그러다 보니 아침에 일어나기 힘들어졌다. 엄마는 갑자기 공부해서 체력이 달려 그렇다며 보약을 해 줄 테니 몸을 좀 추스른 다음에 더 열심히 하라고 했다.

"우리 리나는 추진력은 있는데 지구력이 없어. 그게 다 네 아빠 닮아서 저질 체력이라 그래. 이번 기회에 체질부터 바꾸자, 알았지?"

아빠를 닮았다는 엄마의 말에 평소라면 화부터 냈을 것이다. 아주 어렸을 때는 아빠랑 닮았다는 말이 기분 좋았는데, 언젠가부터 짜증이 났다. 하지만 오늘은 "닮아서 그렇다."보다 "보약을 해 주겠다."가 더 크게 들렸다. 엄마의 말에서 자상한 마음을 발견한 것 같아 묘한 행복감이 밀려왔다. 별로 공부에 전념하고 있지 못하다는 죄책감도 확 씻겨 내려갔다.

주말이 되었다. 언니가 친구들을 집으로 데려오겠다고 했다. 이사하고 처음으로 친구를 집에 불러 1박 2일 동안 논다며 들떠 있었다. 언니는 리나에게 하루만 부모님 방에서 자라고 했다. 리나는 그 말을 듣자마자 발끈했다.

"동생이 맘잡고 공부한다는데 도와주지는 못할망정 리듬을 깨겠다고?"

"뭐? 차라리 귀신을 속여라. 너 맨날 새벽에 몰래 인터넷하잖아. 그거 일러바치기 전에 언니 말 들어라."

리나는 눈을 내리깔면서 한풀 죽은 목소리로 물었다.

"몇 명이나 오는데……?"

"세 명. 아 참, 한 명은 우리 반 반장이야. 그때 얘기했잖아. 너랑 같은 반 남자애 누나, 윤예지."

언니는 성격 좋고 예쁘고 공부까지 잘해서 인기가 많다며 예지라는 친구를 잔뜩 칭찬했다. 리나네 학교 선생님들도 윤예지에 대한 이야기를 많이 했다. 예지의 동생인 윤진호를 혼낼 때도 왜 너는 누나랑 다르냐는 식이었다. 동생들이 가장 싫어하는 말을 듣고 있는 진호가 얼마나 속상할까 살짝 공감되었지만, 리나는 진호를 고운 눈길로 봐 줄 수 없었다. 진호는 학교에서 짜증 나게 행동하는 남자애였다. 잘나가는 척, 아는 척, 잘생긴 척하는 게 재수 없었다. 진호만 보면 예지도 소문만큼 대단할 것 같지 않았다. 그래서 리나는 한번 직접 확인해 보고 싶던 차였다.

드디어 언니 친구들이 오자 리나는 예지부터 찾았다. 처음에는 장연수라는 언니가 가장 예뻐서 예지인 줄 알았다. 그런데 그 정도로 예쁘지는 않지만, 그 옆에 있던 말끔하게 생긴 언니가 바로 예지였다. 약간 실망했지만 말을 붙여 보니 정말 절로 끌리는 유형이었다. 어쩜 남매인데도 동생과 전혀 다른지 신기했다. 예지 덕분에 진호에 대한 호감도까지 올라갈 정도였다.

리나는 잠시나마 언니들과 어울려 놀면서 정말 행복했다. 언니들의 특성도 금방 파악되었다. 팔방미인 윤예지, 웃는 게 예쁜 장연수, 매사에 긍정적인 노진솔. 모두 자기 친구들이라면 얼마나 좋을까. 언니들은 리나가 중성적 매력이 있다며 학교에서 인기가 많겠다고 했다. 리나는 비로소 자신의 가치를 인정받는 듯했다. 계속 같이 어울리고 싶었지만 자정쯤에 비밀 이야기를 해야겠다는 언니들의 성화 탓에 억지로 떠밀려 부모님 방으로 와야 했다.

자리에 누워서도 새로운 사람들을 만나 즐겁게 이야기를 나눈 흥분이 쉽사리 가라앉지 않았다. 언니들과 계속 함께 있었으면 어떤 이야기를 나누었을까 상상했다. 자기한테도 언니들 같은 친구가 있으면 어떨까. 기분 좋은 상상은 꼬리를 물고 이어졌다. 리나는 부모님이 자는 것을 확인한 다음 이불 속에서 휴대폰으로 메모를 하기 시작했다. 머릿속에 떠오르는 것을 끄적이며 예지에게서 받은 느낌도 적었다. 그러다 미운 오리 새끼처럼 구박받던 아이가 '엄친딸' 언니의 소개로 그 남동생을 사귀게 된다는 순정 만화 같은 이야기가 떠올랐다. 이 이야기를 청소년 수다방 게시판에 올리면 그동안 활동이 뜸했던 것에 대한 핑계도 되고 재미있을 듯했다. 그동안 갈고닦은 사연 지어내기 실력을 오랜만에 발휘해서 연애 이야기를 만들어 올렸다. "우연한 만남으로 시작된 연애, 하지만 비밀 연애의 답답함을 느껴 여기 청소년 수다방에 조심스레 사연을 올립니다."라고 말머리를 달았다.

다음 날 자고 일어나서 수다방에 접속해 보니 자기도 비슷한 경험을 했다는 댓글들이 달려 있었다. 심지어 "저도 좋아하는 언니랑 친해지려고 사실 별로 호감도 없던 그 언니 남동생과 사귀게 되었어요."라는 댓글도 있었다. 그 댓글에 '좋아요'를 누른 사람도 많았다. 그리고 그 댓글에 또 댓글이 달려 있었다. 비슷한 이유로 남자 친구를 선택했는데 반갑다는 내용이었다.

리나는 광주리 가득 물고기를 낚은 낚시꾼의 기분으로 댓글과 작성자들을 하나씩 천천히 음미하며 읽어 나갔다. 그중 눈길을 잡아끄는 것이 있었다. 댓글을 올린 사람 중 두 명이나 예산에 살고 있었다. 둘 다 좋아하는 언니의 동생이라는 이유로 남자 친구를 사귀는 데다 아무도 모르게 비밀 연애를 하고 있었다. 아무에게도 말하지 못해 답답한 마음을 온라인에서나마 풀게 되어 속 시원해하는 것이 이모티콘에서도 느껴졌다.

"이런 삼 연속 우연이."

리나의 프로필에는 사는 곳이 서울로 되어 있어 마음 놓고 비밀 얘기를 쓴 듯했다. 자세히 보니 두 명 다 중학생 같았다. 중학교 이야기가 여러 번 나와 있었다. 작성자의 페이지에서 사진을 찾아보았다. 한 명은 리나와 같은 인성중에 다니는 듯했고, 한 명은 다른 학교 학생 같았다. 인성중에 다니는 것 같은 아이의 페이지에는 자기 모습을 찍은 사진이 여러 장 올라와 있었다. 남자처럼 생긴 여자애였는데 리나는 모르는 아이였다. 다른 학교 학생인 듯한 아이의 프로필에는 박수빈이라는 이름도 적혀 있었다. 그냥 넘어가기 아쉬울 정도로 재미있는 우연이라서 좀 더 검색해 보았다. 언니들이 라면을 함께 먹자고 해도 무시하고 계속할 정도로 집중했다.

리나는 비밀 연애 중이라는 두 여자애의 SNS 페이지를 휴대폰에 띄워 놓고 언니들에게 가서 보여 줬다. 목을 길게 빼고 화면을 보던 언니 친구 중 한 명이 말했다.

"여기 예산여중 운동장이네. 그런데 왜?"

리나는 예산예중을 찍어 올린 박수빈의 사진도 보여 주었다.

"신기하게도 제 온라인 친구 중에 예산에 사는 애가 두 명이나 있더라고요. 얘는 박수빈이라고 해요."

언니들은 누구냐며 관심을 보였다. 리나는 사진을 차례로 넘기며 혹시 아는 애냐고 물었다. 이번에는 예지가 대답했다.

"나 얘 알아. 이름은 지금 듣고 나서 기억났지만, 예산 지역 독서반 연합 활동할 때 만났어. 내 동생이랑 같은 2학년이라서 행사할 때 같이 일하고 그랬거든."

언니들과 리나 모두 합창하듯이 "우와, 신기하다."라며 탄성을 질렀다. 리나는 신이 나서 인성중에 다니는 애의 사진도 보여 주었다. 이번에도 예지가 가장 먼저 알아보며 반가워했다.

"얘는 우리 동네 사는데? 리나 너랑 같은 학년인데 몰라?"

"전 전학생이라서 잘 몰라요."

"어머, 얘 봐. 전학 온 지가 언젠데 그러니? 다른 반이어도 학교 다니다 보면 대충 얼굴은 알지 않나?"

리나는 자신의 외로운 학교생활을 들킨 것 같아 얼굴이 확 달아올랐다. 관심을 돌리기 위해 서둘러 물었다.

"이름이 뭐예요? 프로필에도 없더라고요."

"배현민이야. 남자 이름 같지? 할아버지가 손자였으면 해서 그렇게 지었대. 근데 성격도 옛날부터 진짜 남자 같아."

예지의 말에 리나는 할아버지를 떠올렸다.

"그래도 할아버지가 지어 주신 거네요. 우리 할아버지는 손녀가 태어나니까 그냥 아빠한테 지으라고 맡기셨대요. 그래서 언니가 규리, 저는 리나잖아요. 끝말잇기처럼."

"그럼 리나 동생이 태어나면 나리, 리본, 이렇게 되는 건가?"

예지의 우스갯소리에 다들 까르르 웃음을 터뜨렸다. 그러고도 한참을 신기하다며 휴대폰을 함께 들여다보았다. 언니들은 사진에 아는 선생님이나 풍경이 나오면 환호성을 올렸다. 누군가 세상 사람들은 6단계만 건너면 모두 연결될 수 있다는 말을 했다. 리나는 그 말을 듣자마자 고개를 끄덕였다.

시간이 지날수록 언니들의 관심이 시들해지자 리나는 방에서 빠져나와 두 여자애의 SNS 페이지를 천천히 뜯어봤다. 배현민의 페이지를 다 뒤져 본 리나는 예산여중에 다닌다는 박수빈을 집중적으로 살폈다. 최근에서야 SNS를 시작한 티가 곳곳에 남아 있었다. 간간이 남자 친구에 대한 불만을 암시하는 듯한 글도 있었다. 일기를 쓰는 척, 마치 동성 친구에게 짜증이 난 양 썼지만 리나의 눈에는 다르게 읽혔다. 막상 박수빈이라는 아이와 절친한 사람은 알지 못할 비밀을 눈치채고 있다는 게 묘하게 흥분되었다. 리나는 거실에 벌렁 누워 생각에 잠겼다.

'이 정도 우연이 겹쳤다면 이건 운명인 거야. 우리 모두 실제로 만나서도 친구가 될 수 있지 않을까?'

리나는 자리에서 벌떡 일어나 현민과 수빈에게 꼭 한번 만나고 싶다는 말과 함께 약속 시간과 장소를 적은 쪽지를 보냈다. 두 사람이 당황할 것을 대비해서 일단 예산으로 놀러 가게 되었는데 그때 잠시 만나자고 둘러댔다. 직접 만나서 거짓말에 대한 용서를 구한 다음에 동갑이니 친구가 되자고 손을 내밀 심산이었다.

몇 시간 뒤, 현민과 수빈에게서 만나고 싶다는 답변이 왔다. 다만 수빈은 학원 때문에 약속을 두 시간 정도 미뤘으면 좋겠다고 했다. 리나는 현민에게 수빈이 바라는 약속 시간을 전하면서 처음으로 함께 만날 사람이 있다고 밝혔다. 리나는 예산 친구가 더 있다면 현민이 반가워할 줄 알았다. 그런데 다음 날까지 현민에게서 답변이 오지 않았다. 리나는 초조해져서 계속 쪽지를 보냈다. 쪽지에는 전혀 답이 없었다. 그래서 현민의 SNS 페이지에 공개적으로 약속을 확인하라는 댓글을 적었다. 그러자 쪽지가 왔다.

둘 다 예산에서 비밀 연애를 하는데…….
그것도 같은 학년이면 만나기 부담스러워요.
예산은 좁아서 금방 소문이 나고,
오가다 마주치면 더 어색할 것이 걱정돼요.
그냥 언니만 만나면 안 될까요?

리나는 오히려 서로 비밀을 지키며 가까이서 답답함을 풀 수 있는 친구를 사귈 기회라고 설득했다. 그래도 현민은 단호하게 거절했다. 이렇게까지 거절하는 것이 이상했다. 리나는 혹시 예전에 온라인에서 봤던 이상한 사람은 아닐까 싶어서 쪽지를 보냈다.

혹시 넷카마 아닌가요?
그래서 매장당할까 봐 두려워 못 나오는 거라면,

제가 네티즌 수사대 내공 100퍼센트 활용합니다.

님 끝까지 진짜 관리당해 보실래요?

온라인에서 여자인 척하는 남자 아니냐고 도발하자 바로 현민에게서 답장이 왔다.

절대 넷카마 아니에요. 사진이 좀 남자같이 나왔어도 저 정말 여자예요.

결백을 증명하려고 나가긴 나가는데, 다른 분은 만나고 싶지 않네요.

리나는 가만히 생각해 봤다.

'처음부터 비밀을 공유해서 삼총사가 되기란 힘들겠지. 일단 한 명이라도 친한 애가 있으면 좋은 거잖아. 아니, 둘이 각각 나랑만 친해져도 좋지 뭐. 어차피 학교도 다르니까.'

리나는 왜 진작 이런 생각을 못 했는지 모르겠다며 자기 머리를 툭툭 쳤다. 본격적으로 그날 일정을 짜고 둘과 어떤 이야기를 나눌지 준비하는데 이번에는 다른 고민이 고개를 들었다.

'맞아, 나부터 고등학생이라고 거짓말한 거 털어놔야 하잖아.'

리나는 한숨을 길게 내뱉었다. 언젠가부터 온라인에서는 필요할 때마다 프로필을 바꾸는 게 버릇이 된 탓에 진짜 신상이 거추장스러워졌다.

'학교가 다른 수빈이라면 모를까, 현민이는 같은 학교니까 계속

고등학생인 척할 수 없잖아. 느낌을 보니까 남자애 같긴 하던데. 시원시원하게 받아들일지도 몰라.'

처음에는 현민의 반응이 걱정되었지만 반복해서 생각하다 보니 점점 무뎌졌다. 자기가 변태 같은 어른도 아니고, 사정을 이야기하면 이해해 줄 것 같았다.

'이왕 털어놓는 것, 수빈이한테도 사실대로 이야기하자.'

리나는 결국 현민 먼저 만나고 그다음에 수빈을 만나기로 했다.

수빈은 도서반 활동을 하면서 애들에게서 고상한 척한다는 오해를 받고 있었다. 실제로는 책만큼 사람도 좋아하지만 용기가 없는 탓에 친구들의 반응만 신경 쓰며 선뜻 먼저 다가서지 못하고 있었다. 그래서 언제든 속마음을 숨김없이 보여 주는 책 속 인물들을 주로 만났을 뿐이다.

어느 날 행사에서 만난 예지는 자신의 이상형 같은 사람이었다. 책을 좋아하고 친구들과 잘 지내고 공부도 잘하고 성격도 좋은 예지처럼 되고 싶었다. 예지가 마주 보며 따뜻하게 말을 건넬 때면 자신의 가치를 인정받는 듯해서 기분이 좋았다. 예지를 만나고 돌아오면, 친구를 잘 사귀지 못하는 건 자기의 가치를 몰라보는 학교 애들 탓이라는 생각이 들며 숨통이 트였다. 예지와 가까워지면 답답함이 훨씬 덜해질 것 같았다.

그러던 중 기회가 왔다. 예지의 남동생 진호를 사귀게 된 것이다. 애들과 잘 어울리지 못해 미팅도 못 나갔던 수빈은 처음 받는 데이트 제안에 가슴이 터질 듯했다. 비밀 연애를 하자는 말을 들었을 때도 으레 그래야 하는 줄 알았다. 하지만 좁은 예산에서 티 내지 않아야 한다며 으슥한 데서만 만나는 것은 마음에 들지 않았다. 그리고 어두운 곳에서 지나치게 스킨십을 요구하는 것도 당황스러웠다. 아직 그 정도로 좋아하진 않는데 진호가 다들 이 정도는 한다며 당당하게 요구하는 바람에 수빈은 어쩔 줄 몰랐다. 번번이 주저하기만 하면 연애 경험이 없다고 광고하는 것 같아서 어떤 때는 마지못해 들어줬다.

주말이라고 해서 매번 만나지도 않았고, 약속을 잡았다가 갑자기 취소하는 적도 많았다. 관계의 시작도, 관계의 진행도 일방적이었다. 그런 관계에 지쳐 있을 때 온라인에서 자신의 처지와 비슷한 글을 보니 정말 반가웠다. 그리고 이 글을 쓴 사람과 직접 만나면 위로를 받을 수 있을 듯했다. 묻고 싶은 말도 많았다.

그 시간, 현민은 자기 방에서 낙서를 하며 생각에 빠져 있었다. 가장 많이 쓴 말은 '정말 나갈까?'였다. 혹시나 그 고등학생 언니가 예산에 산다는 다른 애를 데리고 나오지 않을까 하는 의심이 사라지지 않았다. 미리 약속 장소에 나가 자리를 잡자고 맘먹는 순간, 남자 친구에게서 만나자는 문자 메시지가 왔다.

같은 동네에 사는 남자 친구는 비밀 연애를 해야 한다며 늘 어두워진 뒤에야 산책을 핑계 대고 나오라는 문자를 보냈다. 공원에서도 혹시나 동네 사람과 마주칠까 조마조마해야 했다. 그게 현민은 너무 불편했다. 더구나 남자 친구가 자기 맘대로 일정을 잡는 것도 싫었다. 소꿉친구에 같은 학교라 뻔히 다 아는데 계속 센 척하며 뻐기는 것도 싫었다. 그래도 남자 친구의 누나와 닮은 면이 보일 때는 좋았다. 그리고 다들 현민이 남자 같다며 피하는데, 남자 친구는 어쨌든 자신을 유일하게 여자로 대해 줘서 좋았다.

딸만 있는 집의 막내인 현민은 어릴 때부터 어른들에게서 아들이었다면 얼마나 좋았겠냐는 말을 들으며 자랐다. 초등학교 때는 그런 기대에 걸맞게 남자애처럼 행동했지만, 중학생이 되어 2차 성징이 일어나자 마음까지 이상하게 변해서 당황스러웠다. 예전에는 관심 없던 옷이 눈에 들어오고, 로맨스소설이 재미있어지고, 남자 연예인에게도 마음이 끌렸다. 혼란스러운 마음을 친구들에게 이야기해 보기도 했지만 "너답지 않다."라며 놀렸다. 그래서 친구들 앞에서는 예전처럼 선머슴 같은 모습만 보이려고 노력했다. 하지만 혼자 있을 때면 가슴속에 미처 배출하지 못한 욕구가 불편하게 응어리졌다. 현민은 그런 답답함을 주체하지 못하고 무작정 공원을 걷는 날이 많았다.

그러던 어느 날, 지금의 남자 친구가 다가와서 따뜻하게 말을 건넸다. 고민 탓에 평소와 달리 의기소침해 있던 현민을 오랫동안 뜯어본 남자 친구는 전부터 현민을 좋아하고 있었다며 고백했다. 떨듯이 기뻤던 것은 아니지만, 그래도 처음 받는 고백이라 가슴이 떨렸다. 그래서 더 만나며 두고 보자고 하고 공원에서 데이트를 한 지 넉 달이나 되었다. 그런데도 특별한 감정이 생기지는 않아 이게 뭔가 싶은 생각이 드는 때가 많았다. 비밀 연애라서 친구들에게 상담할 수도 없고, 다른 애들은 어떻게 하나 궁금해서 곧잘 청소년 수다방을 찾았다. 그러다 비슷한 인연으로 좋은 관계를 맺게 되었다는 사연을 읽으니 너무도 반가웠다. 오늘 남자 친구를 만나면 수다방에서 읽은 글을 말해 보리라 마음먹었다.

현민은 가족들 눈치를 살핀 다음에 줄넘기를 일부러 잘 보이게 양쪽 어깨에 둘렀다. 운동하고 오겠다며 집에서 나오려는데 현민의 뒤에서 아빠가 불러 세웠다.

"조금 이따 엄마랑 같이 가. 엄마도 살 빼야지."

"엄마는 천천히 걸어서 싫어. 운동 안된단 말이야."

현민은 아빠에게 퉁명스럽게 말하고는 총총걸음으로 집에서 나왔다. 사람이 없는 겨울 공원은 더 춥고 어두운 것 같았다. 멀리 가로등 아래에서 어설픈 복싱 자세로 주먹을 내지르며 운동하고 있는 남자애가 보였다. 현민은 헛웃음을 지으며 고개를 천천히 가로젓고는 그쪽으로 걸음을 옮겼다. 현민이 가까워질수록 남자애는 가로등 저편으로 천천히 사라졌다. 잠시 후 현민도 가로등 너머 어둠 속으로 몸을 밀어 넣었다.

만남

    예산역 근처의 카페에 들어선 리나는 가장 안쪽 자리에 앉았다. 언니에게 빌린 두꺼운 겉옷을 벗어 의자에 걸어 놓고 옷매무새를 가다듬었다. 그때 한 여학생이 카페에 들어와 주변을 두리번거렸다. 리나는 한눈에 현민이라는 것을 알 수 있었다. 하지만 현민은 리나를 알아보지 못해서 따로 자리를 잡고는 휴대폰을 만지작거리기 시작했다. 리나가 프로필에 긴 생머리인 언니의 사진을 등록해 둔 탓에 현민은 남자처럼 옷을 입은 짧은 머리 여학생이 약속 상대라고 알아볼 수 없었다.

    리나는 현민이 이미지와 다르게 다소곳이 앉아 있어서 의아했다. 사실 현민은 중학교 2학년 때부터 늘 여자로서 대접받고 싶어

했다. 어쩔 수 없이 주로 온라인에서 그런 욕구를 해결했고, 그래서 온라인 친구를 실제 만날 때도 다소곳하게 굴었다. 현민이 가만히 앉아만 있어서 리나가 먼저 문자 메시지를 보냈다.

카페에서 기다리고 있는데, 혹시 지금 들어온 분인지요?

현민은 깜짝 놀라 고개를 돌렸다. 리나가 손을 들어 보였다. 현민의 벌어진 입에서 신음 비슷한 소리가 터져 나왔다. 리나는 조심스럽게 현민의 앞으로 자리를 옮겼다. 그러고는 현민에게 눈인사를 하면서 말 대신 휴대폰 화면을 보여 주었다. 방금 전에 리나가 보낸 문자 메시지를 확인한 현민은 자신의 휴대폰 화면을 보여 주는 것으로 대답을 대신했다. 미소가 두 사람의 얼굴에 번졌지만 곧 어색하게 멈췄다.

리나는 현민과 함께 활동하고 있는 카페에 대한 이야기부터 꺼냈다. 남자 같은 외모로 오해받았던 이야기, 언니와 비교당하며 기분이 나빴던 이야기, 카페에서 일어났던 사건들과 이상한 회원에 대한 일화 등 공통된 화제를 주고받다 보니 어느덧 둘 사이에 있던 어색한 기운이 사라졌다. 하지만 리나는 언제 진실을 털어놓아야 할지 몰라 계속 살얼음 위를 걷는 기분이었다. 수다는 한 시간을 넘겨서까지 계속되었다. 카페의 일을 차근차근 이야기하다 보니 자연스레 화제가 비밀 연애로 이어졌다. 그동안 화통하게 이야기하던 현민이 잠시 머뭇거리다가 입을 열었다.

"제 남자 친구는 같은 학교 동급생이라 비밀을 지키는 게 정말 답답했어요. 그리고 왠지 제가 잘못된 선택을 한 것 같아서 불안했는데, 다른 사람들도 비슷한 연애를 하고 있다는 걸 알게 되어서 마음이 편해졌어요."

"그……그렇다면 정말 다행이고."

"제가 왜 오늘 다른 친구와 함께 만나는 걸 꺼렸느냐면요, 제 남자 친구 누나가 여기 예산에서는 누구나 알 정도로 유명하거든요. 조금만 이야기해도 곧바로 알아챌 것 같았어요."

리나가 거짓말을 털어놓을 적당한 기회를 엿보느라 말수가 적어지자, 현민은 답답한 속을 풀기 위해 물어보지도 않은 이야기까지 꺼내기 시작했다. 마치 예산으로 이사 온 뒤 서울 친구들에게 답답함을 마구 쏟아 내던 리나처럼. 현민의 이야기를 듣던 리나의 눈이 점점 커졌다. 리나는 다시 물어봤다.

"그러니까 그 유명한 언니의 이름이 윤예지라는 거지?"

현민은 리나의 반응에 갑자기 걱정스러운 표정을 지었다.

"혹시 언니도 예지 언니를 알아요? 아, 이럼 안 되는데…… 예지 언니가 정말 발이 넓은 건 알고 있었지만……."

리나는 심호흡을 한 번 하고 며칠 전부터 준비했던 이야기를 털어놓았다. 리나는 자신의 이야기가 끝날 때까지 현민이 잠자코 듣고 있으리라고 예상하며 자기 나름대로 철저하게 준비했지만 현민의 실제 반응은 전혀 달랐다. 인성중 동급생이라고 하자마자 장난치지 말라고 웃으며 말하던 현민은 리나의 진지한 태도를 보더니 표정을 바꾸었다. 무거운 침묵이 흘렀다. 현민이 거칠게 숨을 몰아쉬며 말했다.

"네 마음대로 다른 애를 소개시켜 준다는 데다 관리니 뭐니 해서 내가 얼마나 부담스러워하면서 여기 나온 줄 알아?"

리나가 잘못했다고 싹싹 빌었지만 현민의 화를 누그러뜨릴 수는 없었다. 현민은 씩씩거리는 숨을 겨우 참아 내고 있었다.

"너, 사람 가지고 놀고 나서 미안하다고 하면 다 되는 줄 알아? 남의 소중한 비밀을 이런 식으로 캐내면 기분 좋냐? 나보고 넷카마 어쩌고 하더니 너야말로 쓰레기잖아."

바닥만 보고 있던 리나는 그냥 눈을 감아 버렸다. 현민이 자리에서 일어나는 소리가 들렸다.

"이걸로 끝이 아니야. 각오해. 네 신상이랑 거짓말 전부 온라인에 까발릴 테니까."

현민이 쿵쿵거리며 카페 밖으로 나가 버린 다음에도 리나는 한동안 자리에서 일어나지 못했다. 리나는 자신이 쓴 각본과 전혀 다른 결말에 당황했다. 진통이 있더라도 결국 현민이 자신의 진심을 받아들일 거라고 예상했던 게 후회되었다. 리나는 달아오른 뺨을 손으로 가리고는 자리에서 일어났다. 가급적 카페에서 먼 곳으로 달아나고 싶었다. 걷고 있어도 정신은 멍했다. 아까 전 일을 아예 없었던 것으로 만들 수 있다면 지구 반대편이라도 가고 싶었다. 리나는 그동안 온라인에서 신상이 털려 매장당하는 사람들이 어떻게 되는지 봐 왔기 때문에 두려움에 온몸을 떨었다. 유일한 안식처였던 온라인 세계마저 잃어버리면 앞으로 어떻게 살아야 할지 점점 걱정스러워졌다.

'학교에 소문이 퍼지면 어쩌지?'

오프라인 생활은 이미 걷잡을 수 없을 정도로 망가졌다고 생각했지만 걱정은 되었다. 온라인이든 오프라인이든 세상 어디에도 자신의 마음을 놓고 쉴 곳이 없다는 생각이 들자 가슴이 날카로운 송곳으로 콕콕 찔리듯 아팠다.

리나는 천천히 걸음을 옮겼다. 느린 발걸음과 다르게 가슴은 100미터 달리기를 할 때처럼 요동쳤다. 걸음을 멈췄다. 지금 상황에서 벗어날 수 있는 방법을 가르쳐 줄 사람이 없을까 싶어서 휴대폰을 한참 들여다보았다. 그러고 있는데 전화가 왔다. 잠시 망설이다 받았더니 상대방이 조심스럽게 물었다.

"저 오늘 만나기로 한 박수빈인데요……."

리나는 순간 멈칫했다.

"여기 카페에서 기다리고 있는데요. 약속 시간에서 이십 분이 지나도 오지 않아서 혹시 무슨 일이 있나 걱정돼서요."

리나가 답이 없자 수빈은 머뭇거리면서 말했다.

"부담을 드리려는 건 아니고요. 혹시 예산이 처음이라 길을 잃었나 걱정돼서 전화드린 거예요. 약속은…… 나중에 다시 만나도 돼요."

상냥한 목소리였다. 리나는 SNS에서 봤던 수빈의 사진들을 떠올리며 고민했다. 확연하게 현민과 달리 부드러운 인상이던 수빈의 얼굴이 눈앞에 생생히 떠올랐다. 어디에도 기댈 사람 하나 없는데, 혹시 수빈이라면 얘기를 들어 주지 않을까 싶었다.

'그래, 어차피 더 잃을 것도 없잖아.'

리나는 목소리에 힘을 줘서 아무렇지 않은 척했다.

"그 카페에서 이상한 냄새가 나서 나왔어요. 어쩌다 보니 빵집까지 왔는데 여기로 옮기면 안 될까요?"

수빈은 반가워하며 그러겠다고 했다. 리나는 크게 심호흡을 했다. 빵집에 들어가 손을 녹이며 아까 현민에게 했던 이야기를 다시 한 번 준비했다. 수빈에게는 인사하자마자 거짓말을 사과하겠다고 결심했지만, 이번에도 리나의 각본대로 되지는 않았다.

리나보다 수빈이 먼저 실은 자기가 친구가 없어 이번 약속이 아주 절실했다고, 취소될까 봐 걱정했다며 선수를 쳤다. 리나는 그 마음을 충분히 이해한다는 표정으로 수빈의 이야기를 들었는데, 그만 두 눈에서 눈물이 주르륵 흘렀다. 리나는 덥석 수빈의 손을 잡았다.

수빈이 책 속 친구들을 이야기할 때는 자신의 온라인 친구들도 그렇다며 맞장구쳤고, 학교 친구들의 오해를 이야기할 때는 자신

의 학교생활을 털어놓았다. 그러다 자연스럽게 거짓말 고백으로
이어졌다. 수빈은 한참 동안 말이 없었다. 큰 눈망울을 좌우로 굴
리며 뭔가를 생각하다 이윽고 리나에게 말을 꺼냈다.

"……너도 진실을 이야기하면 내가 어떻게 나올지 많이 두려웠
겠구나? 내가 진심을 말하기 전에 그랬던 것처럼."

리나는 미안해하는 표정으로 고개만 끄덕였다.

"우리 그럼 앞으로는 진실만 이야기하는 친구가 될 수 있어? 너
그럴 수 있겠어?"

리나는 연거푸 고개를 끄덕였다.

"말로 직접 대답해 줘."

수빈의 말투는 여태까지와 달리 단호했다. 리나가 한 단어 한 단
어 힘주어 말했다.

"너에게는 진실만 얘기하는 진짜 친구가 되도록 노력할게."

수빈이 리나의 두 손을 감싸 쥐었다.

"그러면 나도 공평하게 그동안 숨겨 왔던 비밀을 말해 줄게."

리나는 수빈의 비밀을 들었다. 이야기를 듣는데 입이 떡 벌어졌
다. 충격 때문에 제대로 말도 나오지 않았다. 리나가 정신을 못 차
리는 줄도 모르고 수빈은 또 다른 부탁까지 했다. 리나가 얼결에
고개를 주억거리자 수빈이 다시금 확인했다.

"이 비밀은 절대 남에게 이야기하면 안 돼, 알았지? 그리고 내가
부탁한 것도 꼭 들어줘야 돼. 너만 할 수 있으니까. 그러지 않으면

우리 우정도 거기서 끝이야."

리나는 천천히 고개를 끄덕였다. 수빈이 홀가분해하며 리나를 바라보다가 물었다.

"아 참, 너 있잖아, 글에 쓴 것처럼 연애를 많이 해 보기는 했어? 난 그것도 물어보고 싶었는데……"

리나는 사실 연애 경험이 없었다. 진실만을 이야기하기로 약속한 지 한 시간도 안 됐는데 배신할 수는 없었다. 리나는 배시시 웃으며 실은 해 본 적 없다는 뜻으로 고개를 가로저었다. 수빈이 환하게 미소를 지었다.

"그럼 우리는 또 공통점이 있는 거네. 연애에 서투르다는 점. 그것도 좋은걸?"

리나는 이렇게 밝게 웃으며 진심으로 사람을 대하는 수빈을 가식적이라며 싫어한다는 그 학교 애들이 이해되지 않았다. 그럴수록 수빈을 알게 된 오늘의 만남이 더 특별하게 느껴졌고 오랫동안 지키고 싶어졌다. 한창 즐겁게 이야기를 나누는데 수빈의 휴대폰이 울렸다. 수빈이 통화를 하고 나서 말했다.

"엄만데, 내가 집에 돌아왔어야 할 시간이 지났는데 연락이 없어서 걱정했대."

수빈의 목소리가 왠지 어색했다. 살짝 리나의 눈치를 살핀 수빈이 한마디 덧붙였다.

"엄마는 베트남 사람이야. 아빠가 작년에 재혼했거든. 나보다 열일곱 살 많아. 젊고 예쁘고 아빠랑 트럭 타고 배달 다니면서 잘 지내고, 나처럼 요리하는 것도 좋아해서 난 좋아."

리나는 애써 밝은 표정을 지으며 수빈의 말을 들었다. 엄마 얘기를 꺼내 놓는 수빈의 표정이 어두웠기 때문이다. 리나는 어색한 분위기를 풀려고 너스레를 떨었다.

"언제 너희 집에 가서 네 요리 실력을 봐야겠는걸? 내가 이래 봬도 서울에 있을 때는 덕완여중 대장금이었어."

그러자 수빈의 표정도 한결 밝아졌다.

"미각을 잃은 장금이는 아니지? 암튼 기대된다. 작년에 새엄마가 온 뒤로 우리 집에 놀러 와서 내 요리를 맛본 애는 없었거든."

리나와 수빈은 서로 팔짱을 끼고 빵집을 나섰다. 둘은 시내를 쏘다니며 분식을 사 먹고 오락실에서 게임도 하고 액세서리도 골라 주는 등 여태 못 했던 일들을 함께 했다. 기뻤다. 이런 기쁨이 앞으로도 계속될 수 있다는 게 더 행복했다. 차가운 겨울 밤바람이 매섭게 불어왔지만 두 사람의 얼굴에는 환한 봄꽃이 피어나 있었다.

리나의 얼굴에 피었던 꽃은 집으로 돌아와 불을 끄고 이불 속에 들어가 눕자 단박에 지고 말았다. 현민의 위협이 현실이 되어 신상이 공개될까 걱정해서만은 아니었다. 수빈의 비밀을 약속대로 지켜 줘야 할지, 그 점이 고민되었다. 그 고민은 개학을 걱정하는 마음으로도 이어졌다. 리나는 자기도 모르게 소리 내서 말했다.

"이 나쁜 자식을 어떻게 참고 보지?"

그저 수빈의 부탁을 들어주며 모르는 척하고 싶지는 않았다. 조금이라도 진짜 도움을 줄 수 있는 방법을 짜내느라 최선을 다했다. 밤을 홀딱 새운 리나는 조용히 회심의 미소를 지었다.

아침을 먹고 아빠 엄마가 출근한 것을 확인한 리나는 집 전화기를 슬쩍 챙겨 화장실로 향했다. 화장실에서 몇 번을 망설이다 전화번호를 눌렀다. 상대방은 조심스러운 목소리로 전화를 받았다. 리나는 숨을 크게 들이쉬고 말했다.

"현민이니? 나야, 김리나."

정적이 흘렀다. 현민은 욕부터 내뱉었다.

"네가 아무리 빈다고 내가 봐줄 것 같아?"

"아니, 봐 달라고 전화한 거 아냐. 네가 봐주지 않아도 나는 계속 용서를 구해야겠지만, 절대 나를 위해서 전화한 게 아냐."

현민은 움찔했다. 하지만 속내를 들키지 않으려고 더 강하게 나갔다.

"그러면 아침부터 왜 전화했는데?"

"내 친구 때문이야. 예산여중 2학년 2반 박수빈."

"박수빈……? 난 그 애 모르는데? 대체 걔가 나랑 무슨 상관이라고 이딴 전화를 하는 거야?"

"네 남자 친구한테 박수빈 아느냐고 물어보면 재미있는 반응이 나올걸?"

"뭐?"

"그런데 그렇게 물어보면 아마 넌 남자 친구의 비밀은 모르는 채 차일 거야. 남자 친구한테서 괜히 의심이나 하고 날뛰는 이상한 애라고 욕이나 먹겠지."

"뭐라고? 너 미쳤니? 갑자기 전화해서 대체 뭔 소리야?"

"내가 진실을 알아. 날 매장시키든 말든 상관없으니 이 말만은 꼭 들어 줘."

"왜? 내가 왜 그래야 하는데? 어제 진호한테 물어봤는데 너 반에서 존재감도 없고 좀 이상한 애라고 찍혀 있다며?"

현민의 말에 리나의 호흡이 살짝 흔들렸다. 하지만 리나는 다시금 전화를 건 목적을 떠올리며 마음을 가다듬었다.

"그래, 맞아. 이상한 애. 그런데 네 남자 친구 진호가 나보다 만 배는 이상한 애더라?"

"뭐? 네가 뭘 안다고 그래? 대체 너 나한테 왜 이래? 정말 끝까지 해보자는 거야?"

"목표는 네가 아니야. 네 남자 친구한테 하고 싶은 게 있을 뿐이지. 오 분이면 되니까 제발 내 얘기 좀 들어 줘."

리나는 수빈이 어떤 아이인지부터 설명했다. 진호가 수빈에게 요구했던 스킨십에 대해 이야기할 무렵에는 현민의 숨소리가 거칠어졌다. 현민은 진호가 자기한테 시도했다가 거절당했던 것들을 수빈에게도 요구했다는 사실에 분노했다. 진호가 딱히 자기를 좋아해서가 아니라, 은밀한 욕망을 풀려고 접근했다는 사실에 진저리가 났다. 예지와 비슷한 점이 있을 것이라는 일말의 기대감은 완전히 박살 났다. 리나는 현민의 화를 누그러뜨리며 자신의 계획을 차분히 말했다. 현민은 처음에 너무 엉뚱하다고 생각했지만 오히려 그래서 더 효과적일 수도 있겠다는 기대가 들며 점점 리나의 계획에 빠져들었다.

"이 일이 끝나면 내 잘못에 대한 벌도 다 받을게. 네가 말한 것보다 백배로 심한 벌도 좋아."

현민은 잠시 아무 말이 없었다. 리나는 혹시 전화를 그대로 끊으면 어쩌나 조마조마했다. 현민이 침묵을 깨고 냉정하게 말했다.

"이제 사실 너한테는 관심 없어. 난 진호 그 자식이 더 중요해. 너에게 주려던 벌의 백배로 그 자식한테 복수할 수 있어?"

"원한다면 더 고통스럽게 해 주지."

현민이 코웃음을 치고는 물었다.

"자신만만하네. 그런데 너 대체 왜 이러는 거야?"

"수빈이는 내 친구야. 난 내 친구가 그런 못된 놈에게 당하는 걸 참을 수 없어."

"멋있는 척하고 있네. 너, 수빈인가 하는 애한테 비밀 지키겠다고 약속했다며? 게다가 진호가 학교에서 다른 여자애한테 집적거리지 않나 보고해 주겠다고 했다며? 그런데 지금 네가 하는 건 비밀을 까발리는 데다 아예 남자 친구랑 깨지게 만드는 거잖아. 또 친구한테 거짓말한 거 아냐? 그러고도 계속 친구로 남을 수 있을 것 같아?"

"아니, 나는 수빈이 친구 맞아. 수빈이가 약속을 어긴 나를 더 이상 친구가 아니라고 해도, 그 애를 위해서 뭔가 해 주겠다는 마음이 있다면 친구인 거야. 지금은 서운해하더라도 나중에는 나를 이해하고 돌아와 줄 거라고 믿어."

현민은 수화기 너머 리나의 얼굴을 떠올렸다. 어제 나눴던 이야기들도 함께. 자기와 마찬가지로 남자아이처럼 생겨서 겪었던 일, 그리고 다른 여러 사건에 대한 리나의 이야기는 완전히 거짓이라 보기 힘들 정도로 사실적이고 구체적이었다. 그리고 현민이 친구들에게 누누이 강조하듯이 리나 역시 의리 있는 우정을 중요하게 여기는 듯했다. 현민은 자기야말로 강한 모습을 보이느라 친구들에게 속내를 감추며 거짓말하지는 않았나 생각했다. 이런 생각에 빠져 있는 사이 리나가 대답을 재촉했다.

"그래서 너, 나 도와줄 거야, 말 거야?"

현민은 뜸을 들이다가 짧게 답했다.

"아니."

리나가 깜짝 놀라 미처 반응하지 못하고 있는데 현민이 말을 이었다.

"내가 도와주는 게 아냐. 이제는 내가 주도해서 진호 자식을 벌주는 거고, 네가 그걸 도와주는 거야. 분명히 알았지? 만나자. 더 치밀하게 계획을 짜서 걔한테 완전히 엿 먹이자고."

리나는 너무 기뻐서 크게 소리를 지를 뻔했지만 입을 막고 참았다. 숨을 고른 다음 최대한 차분하게 고맙다고 말했다. 현민은 역 앞의 카페에서 다시 만나자고 했다. 리나는 어제 일도 있고 해서 찜찜했지만 실랑이를 벌일 처지가 아님을 잘 알고 있었다.

리나와 약속을 잡은 현민은 묘한 긴장감을 느끼며 집을 나섰다. 동네에서 진호를 만나면 폭발할 것 같았지만 다행히 마주치지 않았다. 진호의 얼굴을 떠올리면 배신감과 실망감이 불같이 타올랐다. 리나와 벌일 통쾌한 복수극이 머릿속을 채우자 가슴에서는 힘찬 심장 소리가 점점 크게 울렸다.

긍정적 삶의 출발점

인간은 관계적 동물이다. "삶이란 그 무엇인가에, 그 누구에겐
가에 정성을 쏟는 일"이라는 전우익 작가의 말처럼 인간은 가족,
친구, 연인 등 다양한 사람과 관계를 맺고 정성을 쏟으며 살아간
다. 그리고 그 관계가 삶의 모습을 결정짓는다.

　미국의 심리학자 마이클 톰슨은 『어른들은 잘 모르는 아이들의
숨겨진 삶』에서 인간이 생애 초기부터 줄기차게 관계, 인정, 권력
을 좇는다고 강조했다. 그런데 이 관계, 인정, 권력은 별개의 것이
아니라 서로 밀접하게 관련되어 있다. 다른 사람의 인정을 얻기 위
해 관계를 맺기도 하고, 더 큰 권력을 욕심내다가 관계가 틀어지기
도 한다. 또는 자신의 집단 내에서 더 인정받으며 친밀한 관계를
맺고 싶다는 욕망에 일부러 혼자 다른 집단과 어울리며 관심을 끌
려고 하는 등 발버둥을 치기도 한다.

리나도 관계, 인정, 권력에 대한 욕구 때문에 갈등하고 경쟁한다. 집에서는 언니, 학교에서는 반 친구들, 온라인에서는 다른 회원들과 말이다. 사건이 벌어지는 환경은 달라도 리나의 행동 양식은 한결같다. 실제 자기와 다르더라도 상대방에게 멋있는 모습을 보여서 인정받으며 관계를 맺고, 더 많은 힘을 얻어서 관계의 중심에 서고자 한다. 그런 태도로는 제대로 된 관계를 맺을 수 없음을 매 학년마다 경험하면서도 쉽게 버리지 못한다. 얼핏 보면 리나 같은 방식이 관계를 형성하는 빠르고 효과적인 지름길처럼 보이기 때문이다. 만약 리나에게 장기적 관계에 대한 믿음, 즉 천천히 끈기 있게 친밀함을 쌓는 편이 더 효과적이라는 신뢰가 있었다면 다른 선택을 할 수 있었을 것이다. 그렇다면 왜 리나에게는 그런 믿음이 없었던 것일까?

믿음은 경험에서 비롯된다. 앞서 봤듯이 리나네 가족들은 좀처럼 리나의 의견을 받아들이지 않았다. 즉 리나는 가족 안에서 친밀함을 느꼈던 적이 드물기 때문에 장기적 관계에 대한 믿음도 부족할 수밖에 없었던 것이다. 인간은 자기를 키워 준 부모 혹은 부모 같은 사람에게서 처음으로 관계에 대해 배운다. 만약 부모가 충분히 사랑을 베풀어 준다면 아이는 부모를 만나는 일이 반갑고 좋을 수밖에 없다. 그리고 다른 사람을 만날 때도 좋은 일이 생길 것이라는 기대를 품게 된다. 그 기대는 사소한 실망 정도로는 꺾이지 않아서 편한 마음으로 다른 사람에게 의지할 수 있고, 다른 사람의 부탁도 들어줄 수 있다. 바로 시간을 들이며 친밀한 인간관계를 맺을 줄 아는 사람이 되는 것이다.

그런데 만약 부모가 사랑을 충분히 베풀지 않고, 형제와 경쟁해서 이겼을 때나 부모의 기준에 맞는 좋은 모습을 보였을 때만 사랑을 표현한다면 어떻게 될까? 아이에게 관계는 행복을 누릴 수 있는 기회라기보다 긴장을 주는 스트레스로 받아들여질 것이다. 부모를 만나도 반갑고 좋은 게 아니라, 연약한 자신에게 도전해야 하는 과제로 여겨져 부담이 될 수 있다. 그러한 부정적 경험 탓에 낯선 사람을 처음 만날 때도 기대보다 두려움을 품게 된다. 리나가 학년 초와 전학 직후에 느꼈던 두려움이 그 예이다.

사람은 가족에게서 조건 없이 사랑하고 이해하는 법을 배워야 한다. 그러나 가족 심리학자인 토니 험프리스의 연구에 따르면 실제 현대의 가정은 이와 거리가 멀다. 가족 간에도 정서적 교류보다 부모의 수입, 용돈, 소비 등 경제적 조건에 관한 대화가 더 많이 이뤄지고 있다. 그리고 "네가 잘해 줘야 나도 잘해 준다."라는 조건 중심의 관계 형성을 배우고, 이익을 위해 경쟁하며, 다른 가족의 성공을 시기하는 등 소통되지 않는 답답함을 종종 경험한다. 이렇기 때문에 가족을 행복의 울타리가 아닌 목을 조여 오는 끈처럼 느낀다는 사람도 많다. 그리고 그런 가족 관계의 연장선에서 학교 친구와 동호회원, 직장 동료 등을 부정적으로 대하게 된다.

기본적인 인간관계인 가족 관계가 깨진다면, 그 응용이라고 할 수 있는 다른 사회적 관계도 부실해질 수밖에 없다. 지붕부터 화려하게 꾸민다고 해서 집이 바로 서지 않듯이, 아무리 말발이나 인맥 관리 비법이 뛰어나서 억지로 관계를 맺는다 해도 가족 관계에서 겪었던 심리적 불안과 상처는 씻어 내기 힘들다.

관계에 부정적인 영향을 끼치는 씨앗은 사소한 데서 자라난다. 부모나 가까운 어른들은 신뢰보다 불신을 쉽게 입에 담는다. "네 아빠라는 사람은 그것도 할 줄 모른다.", "세상이라는 데가 녹록한 줄 아니?" 하는 식으로 말이다. 그리고 부모는 자신들의 계획대로 아이들이 자라기를 바라며 "해야만 해."라고 강요하는 말로 자율성을 없앤다. 게다가 엄친아와 엄친딸과 비교하며 자극을 주려다가 오히려 수치심을 느끼게 해서 의지만 꺾는 경우가 많다.

이러한 환경에서 청소년은 가족과 있을 때 마음의 안정보다는 혼란을 많이 겪는다. 그래서 집에서 벗어나는 일탈을 꿈꿀지언정 집으로 돌아가겠다는 마음은 잃은 채 가족 관계에서 생긴 구멍을 다른 곳에서 메우려고 한다. 그중에 일부는 온라인에서 가족 같은 사람을 찾기도 하고, 가출해서 자기들만의 가족을 구성하기도 한다. 그렇게 구성한 관계에서 정서적인 교류를 원하지만 더 살벌한 인간관계에 무방비로 노출되어 큰 상처를 입고 마음의 문을 닫아 버리는 악순환이 벌어지곤 한다.

요즘에는 리나처럼 가족이라는 기본적 인간관계에서 소외된 청소년이 많다. 부모가 있어도 심리적으로는 혼자인 청소년. 아예 물리적으로 부모와 떨어져 조부모와 살고 있는 청소년. 쉼터나 선배의 방 등을 전전하며 자기들끼리 서로를 보살피고 있다고 믿는 청소년. 그들에게 필요한 것은 가족 혹은 가족 같은 사람이다. 꼭 진짜로 피를 나눈 가족일 필요는 없다. 심리학자 에릭 에릭슨이 주장했듯이 나를 믿어 주고, 스스로 처리할 수 있도록 내 몫의 일을 맡겨 주고, 목적의식을 갖도록 힘을 북돋아 줄 수 있는 사람이 있어야 한다. 가족 같은 선생님, 친구, 멘토, 이웃이어도 괜찮다. 심지어 예술 작품 속 등장인물이어도 되고, 위인전에 나오는 옛사람이어도 된다. 미래의 자신 또는 연인처럼 상상 속에만 존재하는 인물이어도 상관없다.

가족에게서 소외된 사람에게 필요한 것은 가까운 곳에서 자신의 긍정성을 발견해 줄 다른 존재이다. 필요할 때나 필요하지 않을 때나 늘 나타나 소통해 주며 '너는 네 나름대로 세상을 잘 살아가고 있으며 지켜볼 만하다.'라는 듯 바라봐 주는 존재. 자신과 처지가 비슷한 주인공이 나오는 책을 읽거나 자신을 객관적으로 정리해 보는 일기를 쓰는 게 효과적인 이유는 바로 글 속에서 긍정성을 확인할 수 있기 때문이다.

오프라인이든 온라인이든 자신이 맺고 있는 관계가 마음에 들지 않는다면 가족을 바라보자. 그리고 가족에게서 긍정성을 발견하려고 노력하자. 리나처럼 가족이 주는 상처만 신경 쓰거나, 반대로 다른 곳에만 눈을 돌려서는 안 된다. 두 가지 다 문제를 더 키우는 길이기 때문이다. 출발점부터 다시 잘 다져야 한다. 가족에게서 긍정성을 발견하기 힘들다면, 자신의 가족이 될 수 있는 긍정적인 존재를 찾아보자. 가족 외의 공동체에서 하는 대외 활동, 독서, 영화 감상, 상상 등을 활용할 수 있다.

　공부에 허덕이는 청소년에게 이런 방법들이 녹록지 않은 것이 사실이기는 하다. 하지만 이런 방법을 제대로 시도하지 않고 인간관계가 힘들다고 불평하는 것은, 좋은 약을 먹어 보지도 않은 채 왜 점점 더 아파지냐며 약한 몸만 탓하는 것과 같다. 나에게 맞는 치료제가 없다며 섣불리 포기해서는 안 된다. 치료제는 있다. 바쁘다며 제대로 자신을 돌보지 않고, 치료를 거부하는 사람이 많을 뿐이다.

2부

갖고 있는 유일한 도구가 망치라면
모든 문제를 못으로 보려 할 것이다.

에이브러햄 매슬로(Abraham Maslow, 미국의 심리학자)

또 다른 시작

진호는 서울역에 도착하자마자 현민에게 전화했다. 이십 분 전까지만 해도 전화를 잘 받았는데 벨이 한참 울려도 받지 않았다. 슬슬 화가 나기 시작했다. 그러나 삼십 분이 지나도 아무런 연락이 오지 않아서 혹시 현민이 오다가 사고를 당했나 걱정도 되었다. 진호는 현민이 며칠 머문다는 서울 친척 집 전화번호를 물어보지 않은 게 후회되었다.

진호는 시계를 봤다. 현민과 서로 엇갈렸을 때 만나기로 한 두 번째 약속 장소인 서울역에 있는 백화점 내 카페로 갔다. 메뉴에는 진호가 좋아하는 밀크티가 있었지만 꽤 비쌌다. 하지만 그냥 앉아 있으면 내쫓길 것 같아서 떫은 표정으로 주문하고 돈을 냈다. 현민이 영화를 보여 주고 점심도 사 준다고 했으니 이 정도는 쓸 수 있다고 스스로 위로했다. 다시금 현민에게 전화를 걸었지만 여전히 받지 않았다. 진호는 한숨을 쉬고 다른 번호로 전화를 걸었다. 이번 상대는 전화를 받았다. 진호는 목소리에 힘을 주며 말했다.

"응, 수빈아. 나 이제 슬슬 서울로 올라가려고 하는데, 약속은 변함없는 거지?"

수빈은 밝은 목소리로 진호에게 대답했다.

"그럼, 얼마나 오늘을 기다렸는데. 몰래 만나느라 맨날 숨어 다녔잖아. 그런데 지난번에 사 준 연보라색 티셔츠 입고 왔어?"

"입고 왔지."

"그럼 우리 오늘 커플티 입고 다른 사람 눈치 볼 것 없이 신 나게 놀자. 야경도 구경하고."

진호는 전화를 끊고 저녁에 수빈과 할 이런저런 일들을 떠올렸다. 예산에서는 남의눈이 무서워 참았던 일들을 과감하게 저지를 생각에 가슴이 뛰었다. 오늘 서울 여행을 하게 되어 참 운이 좋다고 생각했다.

'어쩌면 둘이 딱 스케줄을 맞춘 것처럼 연락했을까?'

둘 중 한 명만 서울에서 만나자고 했으면 엄두를 내지 못했을 것이다. 하지만 현민과는 점심을 먹고 영화를 본 다음 4시쯤 헤어지기로 했다. 현민네 가족 모임이 있어서 그때쯤 헤어져야 한다는 것이다. 수빈과는 저녁때부터 예산으로 가는 10시 기차를 탈 때까지 함께 명동과 남산을 구경하기로 했다. 진호는 비밀 연애에 갑갑해하던 여자 친구를 위해 일부러 서울까지 올라와 데이트해 주는 배려심 있는 남자라며 둘에게 큰소리를 쳤다. 하지만 속마음은 달랐다. 당일치기 일정으로 예산에서 올라와 두 여자 친구가 각각 차려 주는 밥상에 숟가락만 얹으면 된다며 쾌재를 불렀다.

사람들이 매번 누나와 비교하며 기죽이는 것은 짜증 나지만, 반듯한 누나를 선망하는 여학생들에게 쉽사리 접근할 수 있어서 좋았다. 진호는 자기가 별로 나쁜 짓을 하는 게 아니라, 당한 만큼 보상받는 것이라고 여겼다.

'이래야 공평하지. 누나 때문에 내가 당한 게 얼마인데…….'

다시 시계를 보았다. 벌써 12시였다. 진호는 현민이 언제 오려나 기다리며 줄곧 사방을 두리번거렸다. 눈이 마주칠 때마다 엷은 미소를 지으며 고개를 끄덕이는 몇몇 남자가 눈에 띄었다. 서울 사람들은 눈이 마주쳐서 민망하면 저러나 싶어 진호도 어색하게 웃어 주며 계속 주변을 관찰했다. 현민에게 수시로 전화했지만 받지 않았다. 이제는 지쳐서 화낼 힘도 걱정할 힘도 사라지고 있었다.

'현민이가 안 오면 수빈이를 좀 일찍 만나지 뭐.'

그때, 전화가 울렸다. 모르는 번호였다. 받을까 말까 하다가 현민이 사정이 있어서 누군가에게 휴대폰을 빌렸을지도 모르겠다는 생각이 들어 전화를 받았다.

"여보세요?"

약간 높은 톤의 남자 목소리에 진호는 현민의 목소리를 잘못 들었나 하고 잠시 당황했다. 목소리의 주인공이 조심스럽게 물었다.

"윤진호 씨 휴대폰인가요?"

낯선 사람이 자기의 이름을 말하자 진호는 더 당황했다.

"네…… 그런데요?"

"혹시 지금 카페에 계시나요? 보라색 티셔츠 입으신 분?"

진호는 깜짝 놀라서 휘둥그레진 눈으로 재빨리 주변을 두리번거렸다. 카페에 막 들어온 한 사람이 손을 들어 보였다. 진호의 시선이 멈췄다. 상대방은 굳이 대답을 들을 필요가 없다는 듯 전화를 끊었지만, 진호는 어안이 벙벙한 표정으로 휴대폰을 귀에서 떼지 못했다. 나이는 대학교 1, 2학년생 정도 되는 것 같은데, 아주 긴 하얀 셔츠를 입고 한쪽 귀에 귀걸이를 한 차림새가 독특했다. 그 사람은 곧장 진호에게 다가왔다. 진호의 머릿속이 하얘졌다. 평소 진호는 낯익은 사람들한테는 지나칠 정도로 자신감 넘치게 행동했지만 실은 낯가림이 심한 탓에 처음 보는 사람 앞에서는 고개만 폭 숙이기 일쑤였다. 진호는 그저 수줍은 새색시처럼 앉아만 있었다. 진호 앞에 선 남자가 말을 걸었다.

"게시판에 올린 사진과 많이 다르네요. 뭐, 사람들이 대부분 보정을 해서 올리니까. 그렇다고 실망한 건 아니에요. 진호 씨, 지금도 충분히 멋져요."

진호는 정신을 수습하기 위해 용을 썼다. 남자의 말을 분석하고 몇 단어를 짜내어 입 밖으로 내놓았다.

"저…… 그거…… 사진 올린 적이 없는데요?"

남자가 진호의 손을 덥석 잡으며 말했다.

"알아요. 지금 많이 혼란스럽죠? 저라도 그랬을 거예요."

진호는 대체 무슨 말인가 싶어 입을 벌린 채 고개를 들고 남자를 쳐다보았다.

"여기에서 말하기 그러면 좀 더 조용한 곳으로 옮길까요? 가까운 용산에 저희 같은 사람이 모이는 곳이 있으니 같이 가죠."

"저희 같은 사람?"

그때까지만 해도 진호는 자기가 촌놈처럼 보여서 인신매매를 당하는 줄 알았다. 그래서 여차하면 소리를 지르려고 온몸에 잔뜩 힘을 넣고 있었다. 그때 다른 자리에 앉아 있던 두 남자가 부스스 일어나더니 진호에게 왔다. 아까 진호와 눈이 마주치던 사람들이었다. 귀걸이를 한 남자는 새로 다가온 사람들과 인사를 나눴다.

"저희들도 걱정되어 한번 와 봤습니다. 이메 님이 라온 님을 확인해 주실 때까지 기다렸답니다."

진호는 '라온'이니 '이메'니 말하는 사람들이 정신병자처럼 보였다. 새로 등장한 한 명은 이메라고 하는 사람처럼 패션 감각이 독특했고, 다른 한 명은 체격이 건장했다. 진호는 이들이 대체 뭐 하는 사람들인지, 자기를 어떻게 하려는 건지 불안했다. 겨우 용기를 내어 물어보았다.

"제 이름을 어떻게 아세요? 그리고 왜 이러시는 거예요?"

이메라는 사람이 대답했다.

"알아요. 혼란스러워서 무조건 피하고 싶다는 거. 저도 처음에는 그랬어요. 하지만 저에게 본명과 연락처를 보낼 때의 굳은 결심을 다시 생각해 내셔야 해요."

"전 뭘 보낸 적이 없어요. 뭔가 착각하신 거 같은데요……?"

눈만 끔벅거리는 진호를 이메가 안타까워하며 바라보았다.

"저희들은 라온 님을 붙잡지 않아요. 저희랑 같이 안 가셔도 됩니다. 하지만 그렇게 계속 피해 다닐 수는 없어요. 지금 이렇게 도와주겠다는 사람들이 있을 때 속 시원하게 고민을 털어놓고 문제를 해결하는 게 좋아요."

통 영문을 알 수 없는 상황에 진호는 거의 울음이 나올 지경이었다. 급하게 현민에게 전화를 걸어 봤지만 여전히 받지 않았다. 진호는 처량한 눈빛으로 이메를 보며 사정했다.

"진짜 다른 사람하고 착각하신 거 같아요. 전 현민이랑 약속이 있다고요."

이메는 여전히 불쌍해하는 눈빛으로 진호를 보며 어깨를 감쌌다.

"라온 님이 말한 사람이 현민인가요? 그 사람 아이디나 전화번호를 저희에게 주세요. 그리고 인상착의랑 어떻게 만나게 되었는지도 자세히 말해 주면 더 이상 라온 님을 괴롭히지 못하게 할게요. 다른 회원도 피해를 입으면 안 되니 부디 용기를 내세요."

"피해라니요?"

이메는 주변의 눈치를 살피고 나서 조심스레 소곤거렸다.

"여기서 말하기 정말 힘들면 어서 저희 아지트로 가시죠. 거기에서는 마음 편히 말할 수 있을 거예요."

진호를 빼놓고 모두 자리에서 일어났다. 건장한 남자가 자신을 내려다보자 진호는 덜컥 겁이 났다. 이 사람들을 따라가면 안 될 것 같아서 본능적으로 소리를 크게 질렀다.

"경찰 좀 불러 주세요!"

이메가 눈을 동그랗게 뜨고 진호를 내려다보았다. 진호가 또 소리를 지르려 하자 이메가 급히 진호의 입을 막았다.

"잠깐!"

이메는 주변의 시선을 느끼며 걱정스러운 눈으로 진호를 보았다. 그러나 그 눈빛은 곧 혼란스럽게 흔들렸다. 종업원이 다가오자 이메는 카페 안의 모두가 들으라는 듯 크게 말했다.

"뭔가 오해가 있었던 것 같은데, 일단 제 이야기를 들어 보시고 경찰을 부르든 하세요."

이메는 도망가지 않을 것이라며 종업원에게 자신의 휴대폰을 넘겼다. 종업원은 휴대폰을 받아 들면서도 미심쩍은 눈빛을 거두지 못했다. 진호는 마지못해 자리로 돌아간 종업원과 간간이 눈빛을 교환하면서 이메의 이야기를 듣기 시작했다.

며칠 전 이메가 활동하는 게이 사이트에 라온이라는 회원이 또 다른 중년 회원에게 속아 첫 경험을 하고 그 뒤로 협박당하고 있다는 사연을 공개적으로 올렸던 것에서 이야기는 시작되었다. 동성 청소년을 유린한 원조 교제인 데다 촬영까지 했다는 등 워낙 죄질이 안 좋았기 때문에 회원들은 사건의 진위 여부를 놓고 실랑이를 벌였다. 그러던 중 라온이 사이트의 운영자인 이메에게 쪽지로 실명과 연락처를 모두 밝혔다며 화면을 캡처해서 게시판에 올렸다. 이래도 사실임을 믿지 못하는 회원들이 있다면 오늘 서울역 카페로 나와서 만나자는 글도 함께였다.

실명과 연락처를 알고 있는 이메는 걱정이 되어 나왔고, 다른 회원들도 도움을 주려고 나온 것이었다. 진호는 자주 자기가 '진짜 사나이'라고 강조하며 게이들을 비하하곤 했지만, 막상 게이들 앞에 앉아 있으려니 어쩔 줄을 몰랐다. 이메의 이야기를 듣고 있는 사이 모르는 번호에서 문자 메시지가 오기 시작했다. 동성 간의 성관계를 제안하는 낯 뜨거운 내용이었다. 어깨 너머로 문자를 본 이메의 눈이 분노에 가득 찼다.

"사실이군요. 그놈이 라온 님의 연락처를 마구 돌려서 곤란한 문자를 받고 있다는 것이. 이런 놈은 끝까지 잡아야 합니다. 인상착의나 연락처를 말씀해 주시면 저희가 꼭 잡겠습니다. 우리가 소수라고 해서 계속 움츠러들면 안 됩니다. 우리가 비겁해지면 친구들도 위험에 빠지니까요."

진호는 이메에게 자신은 정말 그런 일을 당한 적이 없다고 호소했다. 모르는 번호에서 전화가 왔지만 이메와 계속 이야기를 나누기 싫어 일단 전화를 받았다. 음흉한 목소리로 상상도 하지 못했던 말들이 쏟아져 나와 깜짝 놀라며 휴대폰을 꺼 버렸다.

"협박이 무서워서 참으면 안 됩니다."

진호의 해명에도 이메 일행은 꿈쩍하지 않았다.

"전 정말 아니라니까요? 전 게이도 아니고 그런 일을 당한 적도 없어요. 그냥 시골에서 오늘 서울로 놀러 온 중학생이에요. 누가 제 이름과 연락처로 장난을 치나 봐요."

이메는 진호를 찬찬히 살폈다. 눈빛이나 표정이 진실을 말하는 것 같았다. 조심스럽게 진호에게 물었다.

"누가 이런 장난을 치는 걸까요? 왜? 그렇다면 그놈을 잡아야겠네요. 우리 사이트를 조롱한 것이니."

진호는 황당하다는 표정으로 "그야 저도 모르죠."라고 퉁명스럽게 답했다. 빨리 이 사람들에게서 벗어나고 싶은 마음뿐이었다. 이메는 진호를 쉽게 놔주지 않았다. 이번에는 진호가 아니라 자신들의 사이트를 위해서였기에 더 필사적이었다. 진호가 도망치려 하자 근육질의 남자가 진호를 막아서며 말했다.

"진호? 그래, 중학생이라고 했으니 일단 말을 놔도 되겠지?"

진호는 얼떨떨한 표정으로 "네."라고 조용하게 대답했다.

"진호야, 보통은 잘 모르는 비밀스러운 사이트까지 들어와서 너를 골탕 먹이려 했으니 그 사람에게는 분명 그만큼 너를 괴롭힐 이유가 있었을 거야. 범인을 찾는 게 너한테도 좋을 거다. 아니, 네가 범인을 용서한다고 해도 우리는 용서 못 해. 우리 사이트가 지질한 중딩들 장난에 이용되는 공간인 줄 알아? 그런 놈들이 판치기 시작하면 귀한 소통의 공간이 박살 난다고."

진호는 솔직히 게이 사이트가 어떻게 되든 말든 관심이 없었다. 하지만 누가 자기에게 이런 수작을 걸어왔는지는 알고 싶었다. 더구나 그 실마리를 찾지 못하면 이 사람들이 놓아줄 것 같지 않아 머리를 굴리기 시작했다. 진호는 학교에서 툭하면 자기를 놀리던 몇몇 애들을 떠올렸다. 그 애들이 이렇게까지 노력을 기울일 것 같지는 않았다. 진호는 누가 자기한테 원한을 품었을지 곰곰이 생각해 봤다. 떠오르는 얼굴이라고는 현민과 수빈밖에 없었다.

'혹시 걔들이 비밀 연애를 주변에 떠벌리고 다녔다면?'

생각만 해도 아찔했다. 혹시나 하는 마음에 진호는 다시 휴대폰을 켜서 현민에게 전화를 걸었다. 이번에는 전화를 받았다. 진호는 현민이 뭐라 말할 틈도 주지 않고 화를 버럭 냈다. 그런데 잠깐 조용하더니 모르는 여자의 목소리가 들렸다. 자기가 현민의 사촌이라고 밝히고는 현민이 약속 장소로 나가다가 사고를 당해서 병원으로 옮겨졌는데 경황이 없어 전화를 하지 못했다고 했다. 그리고 이제는 안정을 취해야 한다며 일방적으로 전화를 끊어 버렸다. 다시 전화를 걸었지만 연결되지 않았다.

진호는 수빈에게도 전화를 걸었다. 수빈은 여전히 밝은 목소리로 전화를 받았다. 약속 시간도 다시 확인했는데 전혀 이상한 낌새가 없었다. 통화를 마친 진호는 불쌍한 표정을 지으며 이메 일행에게 범인을 도통 모르겠다고 말했다. 그런데 진호가 두 명의 여자 친구에게 전화를 걸며 전혀 다른 모습으로 변하는 것을 다 지켜본 이메 일행의 반응이 싸늘했다. 근육질의 남자가 어금니를 꽉 깨물며 진호에게 으름장을 놓았다.

"모르면 끝이냐? 우리가 네 신상 줄줄이 꿰는 거 잊지 마라. 범인을 찾아내지 못하면, 진짜 믿기지 않을 정도로 끔찍한 사연의 주인공이 될 줄 알아."

한결같이 부드러운 표정이던 이메조차 매서운 눈으로 진호를 쏘아보며 말했다.

"쓰레기 주변에는 파리가 많은 법이지. 한 달 안에 우리가 원하는 파리를 찾아서 보내."

이메 일행이 나가고, 진호는 그 자리에서 바람 빠진 풍선처럼 푹 퍼졌다. 휴대폰이 울리기 시작했다. 반사적으로 받았더니만 좀 전의 음흉한 목소리가 들렸다. 후다닥 전화를 끊었다. 또 다른 번호로 전화가 왔다. 아예 받지 않고 휴대폰 배터리를 빼 버렸다. 그러고는 한참 동안 자신이 왜 이런 일을 당해야 하는지 고민했다. 하지만 답은 나오지 않았다. 시간을 보니 어느덧 수빈과 만나러 가야 할 때였다. 수빈과 엇갈리지 않으려면 휴대폰을 켜야만 했다. 진호는 휴대폰 알림을 무음으로 바꿨다. 게이를 욕하거나 야한 거래를 제안하는 문자, 이상한 사진, 전화가 쉴 새 없이 쏟아졌다.

"대체 누가 어디에 내 정보를 뿌린 거야?"

나중에 경찰에다 신고해야겠다고 다짐하면서 무시하려 했지만 신경이 계속 쓰였다. 어느덧 휴대폰 배터리가 절반 이하로 떨어져 있었다.

진호가 서울역에서 갖은 고생을 하고 있을 무렵, 리나는 예전에 자신이 살던 동네의 패스트푸드점에서 현민, 수빈과 함께 배꼽을 잡으며 웃고 있었다.

"지금 무슨 일인가 싶어 한창 쩔쩔매고 있을 거야."

현민은 서울에 사는 이모에게 양해를 얻고, 리나와 수빈과 함께 미리 올라와서 여행을 즐기고 있었다. 열흘 전에는 상상도 하지 못했던 여행이었다.

진호의 비밀을 알았을 때만 해도 현민은 그저 진호에게 복수하고 싶은 마음뿐이었다. 처음에 리나는 진호의 개인 정보를 게이 사이트와 음란 사이트 등에 뿌리겠다는 계획을 세웠다.

"현민이 네가 진호 메일 주소랑 연락처 알려 줘. 진호가 중간에 메일 주소나 전화번호를 바꿔도 계속 알려 줘야 해. 진호가 질릴 때까지 여기저기에 뿌릴 거야."

그런데 현민은 리나의 계획이 성에 차지 않았다. 평소 강한 척 잘난 척하는 진호의 입에서 벌벌 떠는 소리가 나오게 만들고 싶었다. 둘은 진호가 서울에서 직접 게이를 만나 황당한 일을 당한다는 시나리오를 생각해 냈다. 이틀 동안 시나리오를 주고받으면서 리나와 현민은 서로 사고방식이 비슷하다는 것을 확인할 수 있었다. 자신을 함부로 대하는 언니를 둔 것이나, 약간 남성적인 이미지를 갖고 있다는 것 등 공통점을 발견하면서 현민은 리나에 대한 화를 풀었다. 현민은 리나를 살갑게 대했지만 리나는 여전히 조심스러워했다. 그래서 현민이 먼저 씩씩하게 리나에게 제안했다.

"야, 우리 이거 끝나도 계속 친구 하자. 너만 괜찮다면 우리 다 잊고 새롭게 출발하는 게 어때? 그날 카페에서 네가 제안했던 것처럼 말이야."

어리둥절해하는 리나에게 현민은 미소 지으며 손을 내밀었다.

"그때 내가 화났다고 막말해서 미안했어……. 고마워. 너 아니었으면 지금도 진호한테 놀아나고 있었을 텐데 구해 줘서."

리나는 현민의 눈치를 살폈다. 진심이 보였다. 리나는 반갑게 현민의 손을 잡았다.

"아냐, 정말 내가 잘못했어. 그리고…… 그래, 우리 친구 하자."

리나와 현민은 두 손을 맞잡고 환하게 웃었다. 그리고 더 신바람을 내며 계획을 세웠다.

"진호 그 자식, 무뚝뚝하던 내가 적극적으로 나서서 데이트하자고 하면 이상하다고 생각할지 몰라. 어차피 수빈이도 진호 정체를 알아야 하니까 우리 계획에 끌어들이는 건 어때?"

현민의 제안에 리나는 머뭇거렸다. 힘들게 친구가 된 현민의 기분을 상하게 하고 싶지는 않았지만, 마음 여린 수빈이 진실을 알면 상처받을 텐데 복수극에까지 동참시키는 건 가혹한 듯했다.

"꼭 그래야 할까?"

"순종적이던 애가 뒤통수쳐서 복수하면 진호한테 충격이 클걸? 그리고 비겁한 놈이 나하고만 헤어지고 수빈이한테는 계속 추근거릴지 모르잖아. 그렇게 되면 수빈이한테는 더 나쁜 거 아냐?"

리나는 현민의 말도 맞는다며 고민했다. 이왕 알아야 하는 것이라면 일을 터뜨리기 전에 알려야 한다는 생각이 들었다. 현민이 리나의 부담을 간파한 듯 새로운 방법을 제안했다.

"부담되면 내가 전화할게. 넌 내게 비밀을 이야기한 적이 없어. 내가 진호 휴대폰에서 수빈이 번호와 사진을 보고 수소문해서 알아낸 걸로 할게. 아무리 착한 애라고 해도 내가 진실을 까발리면 폭발할걸? 그때 바로 수빈이한테 우리의 계획을 알리는 거야. 만약 수빈이가 너한테 상담하면 그때 합류하는 척해. 수빈이가 알리지 않으면 넌 뒤에 숨어서 계획만 같이 짜면 되잖아."

리나는 현민에게 하고 싶은 대로 하라고 했다. 현민은 바로 수빈에게 전화를 걸었다. 수빈은 큰 충격을 받은 듯 아무 말이 없었다. 현민은 아랑곳하지 않고 계속 이야기했다. 그때 리나에게 문자 메시지가 오기 시작했다. 수빈은 폭풍처럼 현민에게서 들은 내용들을 리나에게 전하면서 어떻게 하면 좋을지 물었다. 리나는 일단 깜짝 놀라는 척했다. 휴대폰 화면을 현민에게 보여 주고 서로 천천히 입만 벙긋거리면서 대화했다. 한참을 그러다 마침내 리나는 수빈에게 현민의 계획대로 하라는 문자를 보냈다.

통화를 끝낸 수빈은 바로 리나에게 전화를 걸었다. 리나는 수빈을 위로하고, 계획에 대해 맞장구쳐 줬다. 그 모습을 보며 현민은 의미심장한 표정을 지었다. 통화가 다 끝나자 현민이 말했다.

"너 오늘 있었던 일은 수빈이한테 끝까지 비밀이다. 괜한 오해 샀다가는 너희 우정 깨지고 나까지 수빈이 데리고 논 이상한 사람이 될 테니까."

리나는 고개를 끄덕였다. 그날 이후 셋은 빵집에서 만나 머리를 맞대고 계획을 세웠다. 리나는 '차원 이동술사'답게 참신한 아이디어로 계획의 뼈대를 세웠다. 언제 진호에게 전화해서 여행 계획을 말할지, 언제 서울로 올라오게 할지, 언제 어느 사이트에 어떤 사연을 올릴지, 적극적으로 반응하는 사이트 운영자가 있다면 그를 어떻게 추가로 자극할지, 서울역에서 당황해서 전화할 진호와 어떤 식으로 통화할지를 모두 리나가 정했다. 그리고 계획을 그대로 실행하면서 진호가 예측했던 반응을 보일 때마다 통쾌함에 소리를 질렀다.

밤 9시 30분. 서울역 계단을 오르는 진호의 다리가 후들거렸다. 빨리 집으로 돌아가고 싶은 마음뿐이었다. 집을 떠날 때만 해도 이런 일이 자기한테 벌어지리라고는 꿈에도 생각하지 못했다. 진호는 힘겹게 오늘 겪은 일을 돌이켰다.

오후 5시, 명동에서 만나기로 한 수빈은 십 분이 지나도 나타나지 않았다. 계속 전화를 거는데도 받지 않아서 진호는 또 현민처럼 약속이 취소될까 봐 불안했다. 길바닥에서 찬 바람을 맞으며 꽁꽁 언 손이 아프다 못해 감각이 없을 지경이었지만 진호는 전화를 걸 수밖에 없었다. 이상한 문자 메시지와 전화가 끊임없이 와서 차라리 수빈에게 전화를 하는 편이 나았다. 이상한 문자는 오후 2시부터 쉴 새 없이 쏟아졌다. 처음에는 게이 사이트와 관련된 내용이었는데 이제는 동성애를 싸잡아 욕하는 사람들까지 문자를 보냈다.

5시 30분이 넘어서야 수빈에게서 문자가 왔다. 글자만 봐도 한껏 미안해하는 수빈의 목소리가 느껴졌다.

이모가 저녁 먹고 가라고 붙잡아서 지금 식당으로 가는 중이야. 오늘 못 만나면 어떡해? 너랑 당당하게 다니면서 재미있게 놀고 싶었는데…….

수빈은 아쉬워했지만 진호는 속상할 지경이었다. 수빈이 적극적으로 나오는 오늘이야말로 진도를 나갈 수 있는 기회라고 생각했기 때문이다. 진호는 혀를 한번 차고 나서 물었다.

밥은 언제 다 먹는데?

수빈은 뜸을 들이더니 7시 정도라고 답했다. 그리고 식당 이름을 알려 주며 서로 모르는 척 밥을 먹은 다음 바로 같이 놀면 어떻겠느냐고 제안했다. 진호가 봐도 좋은 생각 같았다.

지금 내가 검색해 보니까 주변에 지하철역이 없네. 효자동이 명동이랑 가깝긴 한데, 버스는 많이 갈아타야 해서 헷갈릴지도 몰라. 그냥 빨리 택시 타고 와. 나도 이모 차 타고 가니까 비슷한 시간에 도착할 거야.

혼자서 서울에 온 게 처음인 진호는 수빈이 말한 지명이 낯설었다. 수빈의 말대로 택시로 이동하는 것이 좋을 듯했다. 원래 현민과 점심을 먹기로 했지만 이상한 일들이 생기는 통에 아무것도 못 먹어서 배가 고프기도 했다. 검색해 보니 명동과 효자동은 거리상으로 그리 멀지 않았다.

진호는 택시를 잡아탔다. 명동을 벗어난 택시가 광화문 쪽으로 방향을 꺾자마자 길이 막히기 시작했다. 처음에 진호는 여기만 지나면 괜찮겠지 하고 대수롭지 않게 넘겼다. 하지만 시청과 광화문에서 열린 행사 때문에 그 어느 때보다 체증이 심했다.

미터기의 요금은 계속 올라가는데 택시는 제자리걸음이었다. 진호는 걱정이 되어서 지갑을 열어 보았다. 현민과 수빈이 제대로 대접해 준다고 해서 기차푯값과 최소한의 돈만 가지고 올라온 것이 후회되었다. 차라리 걷는 편이 나을 듯해서 기사 아저씨에게 내리겠다고 말했더니, 막히는 곳에 차를 들어오게 하고 중간에 내리면 어떡하느냐며 화를 냈다. 진호는 그 기세에 눌려 입도 벙긋하지 못하고 미터기만 바라보았다.

그때 수빈이 메신저로 사진을 보내왔다. 식당 앞에서 찍은 사진과 가족인 듯한 사람들과 식사하기 시작하는 사진이었다. 진호는 수빈에게 길이 많이 막힌다는 문자를 보냈다. 몇 번 문자가 오갔지만, 이윽고 수빈은 더 이상 답장을 보내지 않았다. 진호는 아마 가족들과 이야기를 나누며 밥을 먹고 있기 때문일 거라고 짐작했다.

그러나 사실 수빈은 현민, 리나와 수다를 피우며 다른 동네 맛집에서 밥을 먹고 있었다. 진호에게 보낸 사진은 현민이 이모네 가족과 다른 식당에서 식사할 때 찍어 놓은 것이었다. 밥을 다 먹은 세 명은 서울역으로 향했다. 그리고 도착하자마자 진호의 지갑 속에 남아 있을 돈의 액수를 놓고 내기했다. 가장 금액 차가 크게 예상한 사람이 나중에 피자를 사는 조건이었다. 세 명은 서울역에서 진호에게 들려줄 이야기를 짜며 즐거워했다.

이런 사실을 꿈에도 모르는 진호는 한 시간 가까이 막히는 길만 골라 온 기사 아저씨에게 거금을 내고 나서야 효자동의 식당 앞에 설 수 있었다. 서울에 또 이런 곳이 있을까 싶을 정도로 낡은 골목을 지나니 갑자기 어울리지 않게 근사한 음식점이 나타나서 꼭 이상한 나라에 온 것만 같았다. 수빈에게 문자를 보냈다. 수빈의 답문을 본 진호는 깜짝 놀랐다.

어? 문자가 안 갔나 보네. 밥 먹고 기다리다가 이모가 차 태워 준다고 해서 서울역으로 가는 중이야. 너도 서울역으로 오라고 아까 문자 보냈는데.

진호는 급히 전화를 걸었다. 하지만 수빈은 받자마자 끊었다. 대신 짧은 문자가 왔다.

지금 함께 차 타고 가는 중. 통화 곤란.

진호는 그런 중요한 내용은 전화를 줬어야 하지 않느냐고 문자로 화를 냈다. 수빈은 미안하다는 말에 여러 이모티콘을 덧붙여 보내왔다. 그리고 진호에게 식당에서 밥을 먹고 오거나 다시 택시를 타고 서울역으로 오라고 했다. 진호는 택시를 다시 탈 엄두가 나지 않았다. 그렇다고 모르는 길, 그것도 이미 깜깜하고 으슥해진 서울 뒷골목을 한참 걸어가서 버스를 탈 용기도 없었다. 게다가 배가 너무 고팠다. 일단 밥을 먹고 나면 그동안 교통 체증도 좀 풀리지 않을까 하는 예상도 들었다. 진호는 음식점 안으로 들어갔다. 수빈이 보냈던 사진 속 풍경과 좀 다른 느낌이었지만 큰 음식점이라 층마다 다른가 보다 하고 넘겼다.

진호는 대기표를 받고서 한참을 기다렸다. 기다리는 사이에도 계속 이상한 문자가 왔다. 진호는 자기 연락처가 인터넷에 퍼졌다는 것이 두려웠다. 당장이라도 번호를 바꿔 버리고 싶었지만 중간중간 수빈과 연락을 해야 해서 어쩔 수 없이 휴대폰을 끄지도 못하는 상황이 답답했다. 수빈은 연달아 어떻게 할 거냐고 재촉하는 문자를 보내왔다. 밥을 먹고 가겠다는 답문을 보내는 사이에도 내내 이상한 문자와 사진, 전화가 끊이지 않았다. 이제는 배터리도 거의 다 되어서 수빈과 연락이 끊길까 점점 불안해졌다.

오늘 겪었던 일을 잠시 돌이켜 봤지만 어떻게 된 영문인지 알 수 없었다. 진호는 지쳐서 그냥 텔레비전만 멍하니 쳐다보았다. 한 시간을 기다린 끝에야 자리에 앉아서 메뉴판을 본 진호는 기겁했다. 한정식은 고사하고 가장 싼 비빔밥도 만 원이 넘었다. 진호는 밥을 먹을지 한참 고민했다. 아까처럼 택시를 탄다면 기차표 살 돈으로 밥을 먹어야 했다. 수빈에게 문자를 보냈다.

나 기차표 사 줄 수 있어? 밥 먹으면 돈이 부족할 것 같아.

수빈에게서 곧장 답문이 왔다.

그럼, 물론이지.

진호는 기쁜 마음으로 비빔밥을 주문했다. 허겁지겁 밥을 먹어

치운 진호는 다른 손님이 타고 온 택시를 잡으려고 기다렸지만, 저녁때가 끝나 갈 무렵이라 아무도 오지 않았다. 가로등도 없는 길을 걸어 나가고 싶지는 않았다. 진호는 삼십 분 동안 무료하게 택시를 기다리다 결국 식당 카운터에 부탁해서 웃돈을 주기로 하고 콜택시를 불렀다.

택시 안에서 진호는 지갑을 잡은 손이 벌벌 떠는 걸 감춘 채 미터기 화면을 질주하는 말과 그에 맞춰 점점 커지는 숫자만을 바라보았다. 결국 9시가 넘어서 아까보다도 많은 돈을 택시비로 주고 나서야 서울역 계단을 밟을 수 있었다.

서울역 대합실 입구에 서 있는 수빈이 보였다. 진호는 반가운 마음에 인사도 건너뛰고 자기가 얼마나 많은 돈을 쓰며 약속을 지키려 했는지를 무용담처럼 떠벌렸다. 수빈은 "어쩌면 좋아."라고 연신 맞장구치며 듣다가 조심스럽게 물었다.

"그래서 지금 얼마 남았어?"

진호가 자랑스레 지갑을 열어 보였다. 3,000원이 있었다. 그리고 바지와 점퍼 주머니에서 동전까지 꺼내 손바닥에 올렸다.

"내가 정말 오늘 널 만나려고 이 정도로 투자했다니까."

투자를 했으니 그만큼 뭔가를 뽑아내겠다는 속셈이 다분히 묻어나는 진호의 말투에 수빈의 얼굴이 차갑게 변했다. 수빈은 진호의 뒤를 보더니 짐짓 깜짝 놀란 표정을 지으며 오른손을 높게 쳐들고 흔들었다.

"어머, 쟤가 여기 웬일이지?"

진호는 뒤를 돌아보았다. 처음에는 누군지 못 알아보았다. 수빈은 처음 보는 여자아이와 손바닥을 마주 치면서 반갑게 인사를 나눴다. 그리고 진호에게 물었다.

"너도 알지? 내 친구 리나야. 너희 둘 같은 반이라며?"

짧은 머리에 환하게 웃으며 나타난 여자아이가 매일 고개를 푹 숙인 채 긴 머리카락 속에 얼굴을 묻고 다니던 전학생이라는 사실에 깜짝 놀랐다. 그리고 수빈이 전학생을 알고 있다는 사실은 더욱 놀라웠다. 리나는 빙긋이 웃으며 진호를 바라보았다.

"자식, 여기서 보니 더 반갑네."

진호는 귀를 의심했다. 방금 전 리나의 말투는 그동안 자신이 봤던 이미지와 전혀 달랐다. 진호가 넋이 나간 채 리나를 보는 사이 리나는 반갑게 또 다른 누군가를 불렀다. 그 주인공을 본 진호는 아래턱이 땅에 닿을 정도로 입을 쩍 벌렸지만, 정작 진짜로 땅에 부딪친 것은 진호의 엉덩이였다. 리나가 큰 소리로 말했다.

"현민아, 너 오늘 사고 났다며? 그런데 어떻게 여기까지 왔어? 사촌 언니가 너 오늘 검사받고 안정해야 한다고 아예 휴대폰도 꺼 놓은 거 같던데."

일부러 호들갑을 떠는 리나에게 현민이 손사래를 쳤다.

"대학 병원이 정말 좋기는 좋다. 구급차로 실려 들어갈 때는 오징어였는데, 주사 몇 대 맞으니까 바로 슈퍼모델처럼 당당하게 걸어 나왔잖아.”

“그래도 좀 쉬지 그랬어.”

“내 남자 친구가 서울까지 나를 보러 왔는데 내가 어디 병원에 누워 있을 수 있겠니?”

수빈이 어색하게 놀라며 끼어들었다.

“잠깐, 네 남자 친구라고? 진호는 내 남자 친구인데?”

수빈은 현민을 쏘아보고 진호에게 어떻게 된 일이냐고 따졌다. 진호는 다리에 힘이 풀려서 다시 일어나지도 못하고 있었다. 수빈이 물끄러미 진호를 내려다보더니 혀를 찼다.

“이렇게 보니 참 못났네. 에이, 이제 내 남자 친구 안 할래. 현민이 너 가져.”

현민은 입을 삐죽 내밀며 고개를 저었다.

“나도 지금 보니 영 아니다. 리나야, 네가 가질래?”

“그럼 내가 가질까?”

리나가 허리를 굽혀서 진호를 구석구석 뜯어보았다. 마치 전학 왔을 때 반 아이들이 자기에게 그랬듯이. 리나는 무릎을 탁탁 치며 몸을 일으켰다.

“흠…… 구제 불능이네. 뭐 하나 건질 게 없어. 나도 안 가질래.”

“우리 의견만 물어보면 안 되지. 야, 윤진호. 네 다른 여자 친구들한테도 의견을 물어봐야 하지 않겠어?”

현민의 물음에 진호는 뻘건 얼굴로 겨우 대답했다.

"다른…… 여자 친구라니?"

현민이 무섭게 진호를 노려보며 말했다.

"수빈이나 나한테 절대 휴대폰 보여 주지 않았잖아. 나랑 수빈 이랑 약속 잡을 때 수시로 변경한 걸 봐서는 또 다른 애도 만난 거 아냐?"

"더는 없어. 정말 너희 둘이 똑같이 좋아서……."

"됐어."

수빈이 진호의 말을 잘랐다. 수빈의 손과 입술이 동시에 부르르 떨렸다. 잠시 심호흡을 한 수빈이 입을 열었다.

"결백하다면 휴대폰을 넘겨. 우리가 검사해 볼게."

"야, 너 나 못 믿니?"

진호의 말에 현민과 수빈, 리나 세 명이 동시에 답했다.

"넌 이 상황에서도 그런 말이 나오니?"

현민이 억지로 진호의 휴대폰을 잡아챘다. 비밀번호로 잠겨 있 는 것을 본 리나는 진호에게 비밀번호를 불라고 윽박질렀다. 진호 는 세 명의 눈치를 차례로 볼 뿐 입을 열지 않았다. 현민이 차가운 미소를 띤 채 진호에게 빈정거렸다.

"그래, 그 잘난 휴대폰 가지고 있어라. 우리는 예산 내려갈게. 밤 새 노숙하고 내일 구걸해서 돈을 구하든, 집에 전화해서 어린애처 럼 데려가 달라고 질질 짜며 사정하든, 암튼 잘해 봐."

"야, 이렇게 두고 가면 어떻게 해! 나한테 무슨 일 생기면 너희는 괜찮을 거 같아?"

진호가 소리쳤지만 세 명은 서로 마주 보고 웃으며 어깨를 으쓱할 뿐이었다.

"너한테 진짜 무슨 일이 생겨서 우리가 후회하게 됐으면 좋겠어. 그것도 아주 많이."

수빈의 독기 서린 말에 현민과 리나도 차례로 단호하게 고개를 끄덕였다. 진호는 리나를 한참 노려보다 말했다.

"야, 넌 상관도 없잖아. 왜 그래?"

"왜 상관이 없어? 우린 친구야. 친구를 괴롭힌 놈은 나를 괴롭힌 놈이기도 하거든."

다시 고개를 떨군 진호에게 현민이 쐐기를 박았다.

"괜히 반성하는 척하지 마. 너 계속 누나 팔면서 여자애들 꾈 거잖아. 아니라면 왜 휴대폰을 못 주니?"

정적이 흘렀다. 진호는 바닥에 주저앉은 채 움직이지 않았다. 모르는 사람이 보면 여자 세 명이 연약한 남자를 폭행하고 있는 걸로 오해할 법한 모습이었다. 그러나 리나 일행의 서슬이 워낙 매서워서 어른도 참견하지 못하고 구경만 했다. 오히려 사정을 들은 뒤에는 진호를 도와주려던 사람을 막기도 했다. 어떤 사람은 사진인지 동영상인지 휴대폰으로 그 광경을 열심히 찍고 있었다. 그것을 본 진호는 정신을 차렸다.

진호는 고개를 더 아래로 내리고 비밀번호를 실토했다. 현민이 잠금을 해제한 후 세 명은 서로 귓속말을 주고받으며 주소록을 확인했다. 여러 여자애들의 번호가 있었지만 현민이 아는 이름이 한 개, 수빈이 아는 이름이 한 개였다. 현민이 진호에게 말했다.

"뭐야, 이렇게나 많았어? 사귀고 있었든 사귈 예정이었든 모두 다 연락해서 인연 끊어라. 핑계야 네 전문이니 알아서 대고. 인증샷 보내지 않으면 네가 비밀 연애를 미끼로 여자애들 등쳐 먹는 애라고 퍼뜨릴 거야. 자, 우선 그렇게 하겠다는 인증샷부터 찍자."

현민은 진호에게 코팅을 한 종이를 들이밀었다. 종이에는 "나는 여러 여자를 동시에 사귄 나쁜 놈이다."라는 글이 크게 적혀 있다. 리나가 시계를 보았다.

"막차 시간이 십오 분밖에 안 남았으니 서둘러야겠는걸? 빨리 결정하지 않으면 우린 그냥 떠날 거야."

진호는 속이 부글부글 끓었다. 자신이 잘못해서 벌받는 거라는 반성은커녕 애들이 지나치게 자기를 갖고 논다는 생각만 들어서 복수심이 불타올랐다. '복수'라는 단어를 떠올리자 번뜩 머리를 스치는 것이 있었다.

"야, 너희들 게이 사이트에 내 번호 올렸지?"

"나도 우연히 봤는데, 누가 올렸더라고. 그리고 앞으로도 말 안 들으면 계속 올릴 거래. 전화번호를 바꿔도 말이야."

리나의 천연덕스러운 대꾸에 진호는 음흉한 미소를 지었다.

"그 사이트 운영자들이 반드시 자기들 이용한 범인 잡아서 복수하겠다고 벼르던데. 자기들한테 주동자 연락처를 넘기면 해결해 준다고 했어. 어때? 이쯤에서 서로 덮고 비기는 게 좋지 않아?"

리나, 현민, 수빈은 의외의 변수에 당황하며 서로 눈치를 보았다. 리나가 결심한 듯한 표정으로 한 걸음 나섰다.

"그래, 공개해. 네가 그런다면 우리도 학교 게시판이든 홈페이지든 가리지 않고 실명으로 모든 일을 밝힐 거야. 어차피 나도 벌받을 각오하고 시작했으니까 새삼 잃을 것도 없어."

리나는 의미심장한 눈빛으로 현민을 돌아보았다. 현민은 아랫입술을 깨물었다. 리나는 다시 고개를 돌려 매섭게 진호를 쏘아보며 물었다.

"그런데 너는 잃을 게 많지 않니? 비긴다고? 대체 누가 더 손해일까?"

진호는 두 손을 들고 말았다. 눈을 질끈 감으며 현민에게서 건네받은 코팅된 종이를 가슴에 들었다. 리나가 쌀쌀맞게 말했다.

"뭐야, 증명사진 찍니? 우리가 원하는 건 동영상 인증이야. 거기 적힌 내용을 직접 읽어. 그리고 네 휴대폰에 있던 여자애들 이름도 말한 다음에 사과해."

진호가 기겁하며 사정했다.

"나머지 애들은 사귄 건 아니야. 그냥 일단 번호만 받아 놓은 거야. 정말이야. 내 영혼을 걸고 맹세해."

"그래, 너한테 진실한 영혼이 있다면 말이지."

수빈이 차갑게 쏘아붙였다. 그동안 '진심'과 '진실'이라는 단어를 많이 써서 수빈을 구슬렸던 진호는 고개를 푹 숙였다. 수빈은 아랑곳하지 않고 화를 터뜨렸다.

"나같이 친구 없이 혼자 다니는 애는 네 추잡한 계획을 영영 모를 줄 알았지? 학교가 다르니 평소에 어떻게 생활하는지 모르고, 네가 하는 말만 믿고 끝까지 따라갈 줄 알았지?"

현민이 수빈과 리나의 어깨에 손을 올렸다.

"봤지? 우리처럼 학교가 달라도, 심지어 전학을 온 애라고 해도 서로 연결되어 네 비밀을 알 수 있어. 아마 다른 애들은 더 쉽게 네 수작을 알아차릴 거야. 정신 차려. 이제 그런 짓거리 그만해. 만약에 또 걸리면 오늘보다 더한 일을 당할 줄 알아. 궁금하면 또 해봐. 우리는 그만큼 신 나게 준비하고 실행하면 되니까. 오늘처럼."

진호는 머뭇거리다 시계를 보고는 결국 시키는 대로 했다. 탑승 시간이 삼 분밖에 남지 않은 것을 확인한 리나가 지갑을 열어서 돈을 동전까지 딱 맞춰 꺼냈다.

"3,400원 있다고 했나? 수빈아, 네가 이겼다. 암튼 내가 2,300원 주면 되겠네."

진호는 어리둥절해하며 리나와 수빈을 보았다. 이겼다는 말 때문은 아니었다.

"왜 2,300원이야? 만 원은 더 줘야지."

"애 좀 봐. 설마 너 우리랑 같은 기차 타려고 한 거야? 수빈이가 막차 표 끊어 주겠다고 했잖아. 진짜 막차는 11시에 출발하는 완행이더라고. 어쩜 운명인가 봐. 우리가 예산에 도착하는 시간에 너는 출발하니까."

진호는 한 대 맞은 듯 뒤통수가 띵했다. 세 명은 그 모습을 보며 더 고소해했다. 리나가 한술 더 떠서 말했다.

"암튼 너는 새벽 3시 넘어서 예산에 도착하니까, 역에서 좀 있다가 첫 버스를 타면 될 거야. 난 그냥 기차푯값만 주자고 했어. 그런데 그래도 네 여자 친구였다고 수빈이가 새벽에 역에서 집까지 걸어가면 감기 걸린다고 버스비도 주라고 그러네? 그래서 더 주는 거야. 수빈이답지? 어이구, 착해 빠져 가지고."

진호는 상관도 없으면서 계속 나서는 리나에게 화가 치밀어 올랐다. 2,000원 정도는 자기가 구걸하면 그만이라는 말이 목구멍까지 솟구쳤지만 참았다. 진호는 어금니를 꽉 깨물며 돈을 받고는 뒤를 돌아보지 않고 걷기 시작했다. 서로 손바닥을 마주 치고 기차를 타러 가는 세 명의 웃음소리가 진호의 귀를 먹먹하게 했다. 진호는 나중에 꼭 이 치욕을 갚아 주겠노라 다짐할 뿐이었다.

녹아내린 생각

    겨울 방학이 끝났다. 아이들은 교실에 앉아 있는 리나의 모습을 보고 새로운 전학생인 줄 알고 놀랐다. 리나는 머리만 짧아진 것이 아니었다. 아이들은 리나의 자신감이 넘치는 눈빛에 당황해서 입을 다물지 못했다. 더 이상 불안하게 눈을 굴리며 눈치를 보던 리나가 아니었다. 심지어 반은 물론 사는 동네도 다른 현민과 친하게 말을 주고받기까지 했다. 현민은 리나네 반에 놀러 와서 예전에 친했던 친구들에게 리나를 소개했다.

    "얘, 진짜 괜찮아. 완전 의리 짱이야."

    다른 친구들이 그런 아이인 줄 몰랐다고 하자, 현민은 몇 달 동안 그것도 못 알아본 너희들이 문제라고 간단히 정리해 줬다. 한 친구가 어떤 면에서 의리가 있느냐고 묻자 현민은 어깨를 으쓱하더니 대답했다.

"그걸 굳이 꼭 집어 말해야 하니? 비밀을 잘 지키고, 부탁하지 않아도 친구 일에 앞장서면 의리 있는 것 아니야?"

현민의 말은 하나의 인증이 되었다. 리나를 직접 겪어 보지 않은 애들 사이에서도 리나에 대한 긍정적인 평가가 조금씩 퍼져 나갔다. 리나는 자신을 보는 주변의 눈빛이 점점 달라지는 것을 느꼈다. 그리고 기대를 저버리고 싶지 않아서 애들이 믿고 있는 모습에 가까워지려고 노력했다.

교과 진도를 다 끝냈기 때문에 교실에서는 수업 시간이든 쉬는 시간이든 공부 이외의 이야기들이 예전보다 훨씬 많이 오갔다. 이제 리나는 빨리 하교하기를 바라며 바닥만 보던 투명 인간이 아니었다. 반 애들의 화제에 관심을 기울이고, 무슨 문제가 있으면 한마디라도 거들었다. 처음에는 하고 싶은 말만 툭툭 던지는 식으로 했다. 하지만 그것보다 상대방에게 공감하고 맞장구쳐 줄 때 더 반응이 좋다는 것을 시행착오를 거치며 깨달았다.

리나는 수빈과 만나면 가슴이 따뜻해지는 듯했던 이유를 비로소 알 수 있었다. 리나가 언니와 다툰 이야기를 하면 수빈은 "그래도 너는 언니 덕에 외롭지 않겠다."라는 식으로 말하지 않고, "언니가 좀 심했네. 그렇게 매일 당하면 힘들겠다."라며 일단 리나의 입장을 살폈다. 현민이 "제대로 확 맞짱 한번 떠 봐. 지더라도 상관

없어. 그렇게 하면 언니가 또 그 난리를 치는 게 부담되어서라도 조심할걸?"이라고 이야기해 줘서 언니와 속 시원히 싸우는 상상을 했을 때와는 확실히 다른 느낌이었다.

현민의 말이 강렬한 반면 휘발유처럼 사라진다면, 수빈의 말은 잔잔하게 가슴을 적셔 주는 봄비 같았다. 리나는 수빈처럼 하고 싶어서 반 애들의 감정에 공감하려 노력했다. 그런 다음에 현민이 하듯이 강렬한 문제 해결책을 내놓으면 더 효과가 좋았다. 리나는 실행할 수 없는 방법이더라도 상상만으로 가슴이 시원해진다는 것을 경험해서 알고 있었다.

시간은 쏜살같이 흘러 봄 방학이 되었다. 리나는 두 달 전만 해도 겨울 방학을 반겼지만 이번에는 학교에 가지 못하는 것, 특히 새로 한창 친해지고 있던 반 아이들과 헤어지는 것이 너무 아쉬웠다. 그리고 급하게 친해지려고 다가섰다가 서로 사소한 오해가 생겨서 오히려 전보다 서먹서먹해진 아이들과 화해하지 못한 채 끝나는 것도 아쉬웠다. 서먹해진 아이 중 몇몇은 리나와 같은 3학년 3반에 배정되어 그나마 아예 끝은 아니었다. 하지만 진호까지 같은 반이 된 건 영 찜찜했다.

삼총사가 다 같이 모인 날, 혹시나 싶어 물어봤더니 현민은 3학년 2반이었다. 리나와 현민은 너무도 아쉽다며 소리를 높였는데, 수빈이 아예 학교가 다른 자기는 옆 반인 것만 해도 부럽다고 말해서 괜히 미안한 마음이 들었다. 현민이 화제를 바꾸려고 수빈에게 물었다.

"너 연합 도서부에서 행사 주최한다며?"

"응, 내가 좋아하는 작가를 초청했어."

"누군데?"

"정수연 작가님이라고 있어. 소설도 쓰고, 수필도 쓰고, 교양서도 쓰고, 신문이나 잡지에 칼럼도 써. 종합 작가인 셈이지."

리나는 수빈의 설명을 듣고 웃음이 터졌다.

"종합 예술인, 종합 무술인은 들어 봤어도 종합 작가는 또 뭐니? 좀 이상하다, 야."

"아니야, 너도 그분 책 읽으면 생각이 달라질 거야."

수빈은 리나에게 책을 추천해 줬다. 리나가 건성으로 나중에 읽어 보겠다고 대답하자 수빈은 아예 책을 빌려 주겠다고 했다. 그리고 강연회에도 와 달라고 부탁했다.

"귀한 분 초대했는데 너무 썰렁하면 안 되잖아."

수빈의 말에 현민이 툴툴거렸다.

"그러니까 우리는 머릿수나 채워라 이거구나."

"에이, 너희들도 좋은 이야기 들으면 좋지 뭐. 행사 끝나고 행운권 추첨 있으니까 꼭 끝까지 남아야 해."

행운권 얘기에 리나와 현민은 눈을 빛내며 고개를 끄덕였다.

다음 날, 수빈은 리나에게 정수연 작가가 쓴 인간관계에 대한 책을 빌려 줬다. 리나는 마지못해 집에서 책을 펼쳐 보았다. 인간관계에서는 재빨리 상대방의 마음을 사로잡는 말재주만 익히면 되는 줄 알았는데, 서문부터 사람을 대하는 진심을 바꿔야 한다고 해서 머리가 무거워졌다.

'진심? 실제로 사람을 만나는 게 좋으니까 더 사귀고 싶은 건데, 또 무슨 진심이 필요하다는 거야?'

책 곳곳에 예전 일을 떠오르게 하는 구절이 많아 좀처럼 진도가 나가지 않았다. 리나가 밤에 거실에서 텔레비전을 켜 놓고 뒹굴뒹굴하며 인간관계에 대한 책을 읽고 있자, 엄마가 한마디 했다.

"부전여전이냐? 그런 책이나 보고…… 넌 공부나 열심히 해."

"다 알아서 공부도 하고 있으니까 걱정하지 마. 그리고 인생 공부는 공부 아냐?"

리나는 퉁명스럽게 쏘아붙였다. 학교에서는 변화된 모습을 보이려 노력했지만, 집에서는 그러지 못했다. 여태껏 살아오면서 굳어진 게 있는데 나 혼자만 바뀌어도 별 소용이 없을 것 같아서 그냥 될 대로 되라는 식으로 예전처럼 행동했다. 오히려 엄마는 전과 다르게 행동하곤 했다. 일이 끝나고 집에 돌아오면 딸들의 방으로 쪼르르 와서는 수다를 떨었다. 특히 권위적인 할머니를 흉볼 때면 리나는 엄마와 친밀해진 느낌을 받곤 했다. 하지만 평소에는 좀처럼 엄마를 살갑게 대할 수 없었다.

리나의 쌀쌀한 대구에 엄마는 잠시 말문을 닫았다가 목소리를 누그러뜨리고 말했다.

"책에 있는 말 다 믿지 마라. 네 아빠도 회사 다닐 때 잘 보이고 싶은 사람한테 써먹으려고 그런 책들 한 트럭은 읽었는데 다 소용 없더라. 지금 봐라. 결국 네 아빠 도와주는 사람은 고등학교 친구들이잖니. 사회생활에서 인맥 넓힌다며 만난 놈들은 사기 치거나 연락도 되지 않고."

엄마의 말을 듣고 보니 그랬다. 아빠는 음식점을 시작할 때도 인맥을 이야기했다. 인맥을 잘 쌓아야 성공하는 법이라며 동네 가게 사람들과 괜히 어울리고 술을 마셨다. 평소에는 친한 척했지만 가게를 뺄 때는 어색한 표정만 짓던 사람들이 떠올랐다. 리나는 화가 나서 그만 목소리를 높였다.

"엄마는 또 나보고 아빠 닮았다고 그러네. 나는 나고 아빠는 아빠라니까!"

"딸이 아빠를 닮았다고 하는데 왜 화를 내고 그래?"

"엄마가 그래서 나쁘다는 식으로 말했잖아."

"자식이니까 닮을 수밖에 없지. 누가 단점만 닮았대? 장점도 닮았으니까 그런 쪽을 더 발전시키라고 말하는 거야. 아빠가 아이디어는 잘 떠올리잖니."

"그래서 우리가 지금 잘살아? 툭하면 뭐 좀 하다 접은 탓에 우리가 여기까지 오게 된 거잖아."

그때 화장실에서 아빠가 나왔다. 뻘쭘해진 리나는 방으로 들어갈까 했지만, 그렇게 잘못을 인정하듯이 사라지면 더 꼴이 우스워

질 것 같았다. 그래서 그냥 화난 듯이 몸을 홱 돌리고는 책에 눈을 박았다. 아빠가 리나에게 다가와서 조심스럽게 물었다.

"무슨 책을 보는데 그래?"

리나는 답 대신에 책을 덮어 제목이 보이게 했다. 아빠가 책을 양손으로 슬며시 집어 들었다. 아빠는 『성공과 행복을 위한 관계의 심리학』이라는 제목만 보고서도 내용을 다 알겠다는 듯한 표정을 지으며 말했다.

"인맥을 쌓아야 성공하기는 하지만, 벌써 이런 책을 읽는 건 이르지 않니?"

"나는 아빠처럼 성공하려고 이런 책을 읽는 게 아니야. 그냥 친구가 추천해 줘서 읽는 거야."

리나가 씩씩거리며 대꾸하자 아빠는 겸연쩍어했다. 그 모습에 더화가 돋았다. 리나는 방금 전에 읽었던 내용이 생각나서 말했다.

"그리고 인간관계가 왜 꼭 뭔가를 얻는 수단이어야 해? 그냥 그자체가 목적이면 안 돼? 아빠도 고향 친구들 만날 때 그냥 좋잖아. 친구들 이용해서 뭘 하려고 하는 거였어? 그런 거 아니잖아."

아빠는 말없이 리나를 바라보다가 고개를 천천히 끄덕였다. 그리고 뒤적뒤적 책장을 넘기며 내용을 살폈다. 눈길을 잡는 부분이 있으면 혼잣말하듯이 조용히 소리 내서 읽기도 했다.

"인간관계는 마치 실타래와 같다. 건강한 인간관계는 서로를 오래도록 튼튼하게 연결해 주면서도 각자의 길을 방해하지 않는다.

하지만 건강하지 못한 인간관계는 각자의 인생길이 술술 풀리는 것을 방해하며, 오히려 갈수록 문제를 복잡하게 만든다. 누구나 관계를 맺을 때는 자신의 인연이 엉킨 실타래처럼 될 것이라 생각하지 않지만, 살다 보면 엉킨 실타래를 들고 한숨짓게 되는 경우가 아주 많다."

아빠는 씁쓸한 미소 사이에 한숨을 한 번 길게 내뱉고 나서 다른 부분을 읽어 나갔다.

"엉킨 실타래를 푸는 방법은 두 가지이다. 하나는 고르기아스의 매듭을 자른 알렉산더 대왕처럼 단칼에 잘라 버리는 것이고, 다른 하나는 시간과 정성을 들여 얽힌 실을 한 올 한 올 풀어내는 것이다. 칼로 잘라 버리는 게 쉬워 보이겠지만 다시 돌이킬 마음이 없이 결단을 내려야 한다는 점에서 의지력이 약한 사람에게는 아주 어려울 수 있다. 그리고 기존의 실타래를 확 집어 던지고 완전히 새롭게 시작하는 고통을 감내할 용기도 있어야 한다."

아빠는 뭔가 생각하다가 고개를 갸웃거리더니 다시 책장을 넘겼다. 아빠의 목소리에 힘이 들어갔고 읽는 속도는 더 느려졌다. 그때부터 리나도 아빠가 읽는 내용을 더 세심하게 듣기 시작했다.

"엉킨 실타래를 하나하나 풀어낸다는 것은 시간과 정성을 많이 들여야 하기에 결코 쉬운 일이 아니다. 그러나 애초에 얽히기 전의 모습을 떠올려 보자. 지금은 아무리 얽히고설켜 있어도 결국에는 완전히 풀어내어 원래의 모습으로 되돌릴 수 있음을 알 수 있다."

아빠는 혀를 찬 다음에 책의 결말 부분을 읽었다.

"결론적으로 여러분에게 전하고 싶은 조언은 이렇다. 원래의 모습이 매우 좋았다면 엉킨 실타래를 풀어낼 가치가 있다. 하지만 그렇지 않았다면 과감하게 자르는 게 더 좋다. 시간과 정성을 들여 한 올 한 올 풀어낸 실이 서로의 상처에서 나온 피고름으로 가득하다면, 앞으로 어떤 노력을 기울여도 그 실로는 멋진 비단을 짤 수 없다. 반대로 지금은 심하게 엉켜 있어도 원래 귀하고 고운 비단실이었다면, 열심히 풀어서 멋진 모습을 펼쳐 나가는 편이 현명할 것이다."

아빠는 책을 리나에게 다시 건네주며 물었다.

"넌 어떻게 생각하니?"

리나는 아직 책을 다 읽지 않아서 모르겠다고 퉁명스럽게 대꾸했다. 아빠는 그냥 편하게 솔직한 생각을 말해 보라고 했다. 리나는 잠시 머리를 굴리는 척하다가 솔직히 아무 생각도 없다고 삐딱하게 대답했다. 아빠는 숨을 크게 들이마신 후 천천히 내쉬었다.

"리나는 아직 아빠가 미워서 마음이 많이 꽁한가 보구나. 갑자기 이사 와서 힘들겠지. 그리고 다른 아빠처럼 돈을 많이 버는 것도 아니고……."

리나는 정말 그런 이유로 아빠에게 짜증이 나는 건가 생각해 보았지만 스스로도 알 수 없었다. 그냥 아빠와 마주하며 대화하는 것이 부담스러웠다. 그렇다가도 어떨 때는 갑자기 아빠와 깔깔대면서 많은 이야기를 나누고 싶기도 했다. 그렇게 자기를 갈팡질팡하게 만드는 아빠나 가족들이 싫었다. 리나는 입을 꾹 다물고 있었지만 아빠는 넋두리처럼 말을 이어 나갔다.

"하지만 아빠는 시간이 천천히 해결해 줄 거라고 믿어. 실타래를 풀려고 해도 급하게 하면 오히려 더 엉키는 법이니 뭐든지 서둘러서는 안 된다는 것을 아빠는 경험으로 알고 있거든. 아빠가 조금만 미리 알았더라면 사기도 안 당하고 회사도 쉽게 그만두지 않고 너희도 고생하지 않았을 텐데, 미안하다. 그만큼 아빠가 더 노력해서 돈 많이 벌고 다 보상해 줄게."

리나는 돈을 많이 못 버는 아빠가 꼴 보기 싫다고 말한 적이 없는데도 아빠가 그렇게 단정하는 것 같아 기분이 나빠졌다.

"아빠는 확 단칼에 전부 끊고 서울에서 예산으로 가자고 해 놓고는, 이제 와서 천천히 실타래를 푼다고? 그냥 아빠 편한 대로 갖다 붙이면 되는 거야?"

리나는 쿵쿵 발소리를 내며 방으로 들어왔다. 결과적으로 지금 자신의 상황이 나쁘진 않지만 그래도 아빠의 이야기를 듣자니 전학 직후에 겪은 갖은 고생을 제대로 알아주지 않는 것 같아 맘이 상했다. 그리고 아빠가 다 알고 있다는 듯 자신의 마음을 넘겨짚어 말하는 것도 싫었다. 리나는 이런 소동이 일어난 게 모두 수빈에게서 받은 책 때문인 것 같아서 책을 집어 던져 버렸다.

리나는 며칠 후 강연회 때까지 정수연 작가의 책을 더 읽지 않았다. 아빠처럼 이론을 안다고 해서 사람을 잘 사귀고 성공하는 것도 아닌데 굳이 읽을 필요가 없을 것 같았다. 저자 초청 강연회도 가기 싫었지만, 수빈과 했던 약속 때문에 어쩔 수 없이 현민과 함께 강연장을 찾았다. 플래카드에 붙어 있는 작가의 사진은 마음을 척척 꿰뚫어 보는 지적인 심리학자라기보다 그냥 둥글둥글한 중년 아저씨였다. 생각보다도 참석자가 많지 않아서 수빈이 당황하고 있었다. 수빈은 리나와 현민에게 미리 만든 질문거리를 건네면서 질문하는 사람이 없으면 손을 들어 달라고 부탁했다.

정수연 작가는 질의응답 시간 전에 자기가 쓴 책의 핵심을 다시 강조하는 식으로 짧게 강연했다. 수빈이 자기는 진행 요원으로 일해야 하니 리나에게 대신 메모하면서 들어 달라고 했다. 작가는 청중과 자주 눈을 맞추며 강연했는데, 작가가 자신을 바라볼 때면 리나는 플래카드 속 사진의 인상과 달리 마치 마음속까지 꿰뚫리는 듯한 기분이 들었다. 특히 인간관계의 네 가지 유형에 대해서 이야기할 때는 더욱 그랬다. 정수연 작가는 칠판에 '나'와 '다른 사람' 항목으로 구성된 표를 그리더니 ○와 ×를 표시하며 설명했다.

"인간관계의 방향은 자신과 타인을 어떻게 생각하느냐에 따라 변하는데요, 크게 네 가지 유형으로 나눌 수 있습니다. 첫 번째, 자기 생각은 옳고 남의 생각은 옳지 않다고 믿는 사람이 있지요. 이런 사람은 매사에 자신을 앞세워 권위적이고 일방적인 인간관계를 형성합니다. 자기 기준에 타인이 맞춰 주기를 바라고 과도하게 기대하지요. 그러다 기대가 좌절되면 상처를 받기도 하고 쉽게 분노하기도 하고요."

작가는 인터넷에서 흔히 보이는 악성 댓글 작성자 중에 이런 유형인 경우가 많으며, 최근 청소년들의 인간관계에서도 흔히 발견된다고 말했다. 리나는 책에서 이 부분을 읽었을 때 특히 서울에 살 때의 자신을 많이 떠올렸다. 그리고 자기와 비슷하게 행동하던 다른 서울 친구들을 떠올리며 고개를 끄덕였다.

"두 번째 유형은 자기 생각은 틀리고 타인의 생각은 옳다고 믿는 사람입니다. 이런 유형은 사사건건 남의 생각에 자기 삶을 맞추려 해서 타인에게 극도로 의존하고 종속적인 인간관계를 맺게 됩니다."

리나는 서울에서 회사원일 때의 아빠를 떠올렸다. 엄마가 아빠는 남이 뭔가 좋다고 하면 그쪽만 쫓아다니다 결국 직장도 때려치우고 사기까지 당했다고 말하던 게 떠올라 기분이 나빠졌다.

"최근에는 어른들도 가급적 멘토의 조언을 듣고 일의 방향을 결정하려는 경향이 있지요? 두 번째 유형에 해당하는 사람이 많기 때문입니다."

"현명한 조언을 참고하는 것은 좋은 일 아닌가?"

나이 든 참석자가 혼잣말처럼 말했지만 워낙 강연장이 조용한 탓에 그 소리가 작가의 귀까지 들어갔다. 기분이 상해서 작가의 꼬투리를 잡으려던 리나는 마치 좋은 먹잇감을 빼앗긴 듯 아쉽기까지 했다. 작가는 나이 든 참석자에게 시선을 고정한 채 여유로이 미소를 지으며 말했다.

"물론 좋기는 합니다. 하지만 조언에 집착하느라 자기 주관을 세울 노력을 게을리한다면 문제가 될 수도 있지요."

정수연 작가는 고개를 돌려 강연장의 사람들을 빙 둘러보았다.

"그리고 이 유형의 사람은 남에게 의존적이다 보니, 혹시나 상대방이 떠나갈까 불안해하며 애정을 확인하는 일에 지나치게 매달려서 대등한 인간관계를 맺을 수 없다는 문제를 품고 있습니다. 자기가 보낸 문자에 답신이 늦으면 조바심을 내는 것도 그 예이지요. 이런 행동의 이면에는 타인의 반응을 궁금해하고 자신을 거기에 맞추려는 마음이 작용하는 것일 수도 있습니다."

리나는 수빈, 현민, 언니, 엄마 등 주변 사람들은 어떤 유형에 해당할까 생각하며 작가의 말에 귀를 기울였다.

"세 번째, 나도 틀리고 다른 사람도 틀리다고 생각하는 유형입니다. 이 유형은 세상의 모든 것을 비관적으로 봅니다. 뭘 하든 긍정적인 성과를 얻겠다는 기대가 없다 보니 열정적으로 도전하는 법이 없지요. 사람을 만나 봤자 별로 얻을 것이 없다고 머릿속에서 미리 판단하고 관계 맺기를 거부합니다. 이런 유형은 현재와 미래에 대한 기대가 없기 때문에 극단적인 선택으로 나아가기 쉬운데요, 가치 없는 자기를 파괴하거나 쓸모없다고 믿는 타인을 처단하기도 합니다."

리나는 막 전학 왔을 무렵의 자기를 떠올렸다. 그때는 자기가 세 번째 유형에 더 가까웠던 것 같았다. 특히 리나는 작가가 언급한 "극단적인 선택"이라는 말에 몸을 오르르 떨었다.

"마지막으로 네 번째, 나도 옳고 다른 사람도 옳다고 생각하는 유형이 있습니다. 자신의 생각을 편하게 드러내면서도 타인의 생각도 타당하다고 자연스레 받아들여서 폭넓은 인간관계를 맺는 것이 특징이지요. 이 유형의 사람들은 다른 사람을 만날 때 상대방과 자신의 공통점을 확인하기보다는 다른 사람에겐 있고 자신에겐 없는 차이점을 발견해서 더 넓은 경험을 쌓으려고 합니다."

리나는 저절로 미소가 지어졌다. 수빈과 현민의 장점을 찾아 그것을 배우려 노력하는 지금의 자신은 첫 번째가 아니라 네 번째 유형에 가까워 보였다.

짧은 강연이 끝나고 진행자는 본격적인 질의응답 시간이 시작되었음을 알렸다. 리나는 서둘러 메모지에 질문을 적었다. 그 모습을 본 현민은 수빈이 전달해 준 질문지를 펼쳐서 소리 안 나게 외우며 다시 연습하기 시작했다. 잠시 정적이 흘렀다. 사람들이 맨 먼저 질문하기를 주저하자 수빈이 현민과 리나에게 눈치를 주었다. 메모를 살펴보던 리나가 용기를 내어 손을 들고 질문했다.

"어떻게 하면 성공과 행복을 얻는 데 도움이 되는 더 바람직한 인간관계를 맺을 수 있을까요?"

정수연 작가는 표정을 진지하게 바꿔서 대답하기 시작했다.

"저는 사람들이 자신의 부족한 부분을 타인에게서 찾거나 타인을 통해 채우려 하는 걸 그만두기만 해도 인간관계가 훨씬 바람직해질 거라고 믿습니다. 내가 옳으냐 상대방이 그르냐를 평가해서 나에게 또는 상대방에게 더 이익인 선택을 하기 전에, 그냥 상대방을 있는 그대로 인정하면 어떨까요?"

작가는 리나를 똑바로 바라보며 이야기를 이어 나갔다.

"내가 변화하든 다른 사람을 변화시키든, 아니면 본래 훌륭한 누군가에게 접근하든 간에 인간관계를 맺어서 내가 더 성장하겠다는 생각도 욕심입니다. 저는 네 번째 유형을 설명할 때 이익이니 성장이니 하는 말을 한 적이 없습니다. 학생이 인간관계를 수단으로 보니 자동적으로 그런 생각이 녹아들어 갔겠지요."

리나는 깜짝 놀랐다. 자기는 아빠와 다르다고 큰소리로 대들기도 했는데, 실은 아빠와 다를 바 없던 것 같아 자기 자신에게 화가 나기도 했다. 리나는 다시 메모를 살펴보며 강연 내용을 떠올려 보았다. 정수연 작가는 정말 이익이나 성장 같은 말을 한 적이 없었다. 리나가 멋대로 네 번째 유형이 가장 바람직하고 효율적이라고 생각했음이 좀 더 분명해졌다. 뭔가 잘못을 들킨 것처럼 부끄러워서 볼이 홧홧 달아올랐다.

"자기도 모르게 이익을 따지며 접근하면 그런 생각이 행동으로 다 드러나게 마련입니다. 하지만 상대방은 내 욕심을 채워 주기 위해서 존재하는 사람이 아니기 때문에 부담을 느끼겠지요. 그렇게 긴장과 불안이 흐르는 관계가 바람직할 수 있을까요?"

리나는 천천히 고개를 가로저었다. 정수연 작가는 오히려 고개를 끄덕이며 말했다.

"혹은 인간관계에서 친밀감이든 돈이든 명성이든 뭔가를 얻겠다며 이익을 좇는 사람의 특성을 눈치채서 거꾸로 이용하려고 접근하는 사기꾼도 있을 것입니다. 이게 더 심각할 수 있지요. 한때 천사 같던 사람이 악마처럼 보이며 마음에 큰 상처를 입을 테니까요. 그러니 욕심내며 덤비지 말아야 한다는 것을 잊지 마세요."

리나는 작가의 말에 수긍하면서도 수빈과 현민의 장점을 배운다는 마음가짐으로 사귀어도 괜찮지 않나 생각하며 의심했다. 작가의 말에 의심을 품은 사람은 리나뿐만이 아니었다. 한 나이 든 참석자가 무뚝뚝하게 말했다.

"아니, 어디 그게 쉽나요? 뭔가 얻는 기쁨이 있어야 사귀고 싶은 마음이 들지요. 그렇지 않으면 왜 힘들여서 사람을 사귀어야 하나요? 그냥 혼자서 잘 지내며 살면 되지."

작가는 그 사람을 물끄러미 보며 되물었다.

"그래서…… 지금 질문하신 분은 뭔가를 꼭 얻어 내겠다는 방식으로 바람직한 인간관계를 이루셨나요? 원하시던 행복과 성공을 얼마나 오랫동안 얻으셨나요?"

반박했던 참석자는 대답 대신 쓴 입맛을 다셨다. 정수연 작가의 얼굴에는 전혀 흔들림이 없었다.

"여태까지 시도한 방식으로 충분히 행복하지 않았다면, 이제는 다른 방식으로 바꿔 볼 차례입니다."

수빈은 강연을 들으며 소극적인 자신과 다른 현민과 리나를 사귀려 했던 것이 잘못된 선택이었나 싶어 혼란스러웠다. 현민도 숨겨져 있는 자신의 여성스러움을 수빈과 나누려 하고, 리나에게서 창의성을 배우려 한 것이 잘못이었나 생각해 봤다. 리나 역시 혼란스러워서 답답했다. 꼭 좋았다가 싫었다가 마음을 갈팡질팡하게 만드는 아빠를 마주한 것 같았다. 그러자 막상 자신은 그렇게 살지 못하면서 인생의 교훈이라며 좋은 말만 늘어놓는 아빠와 정수연 작가가 겹쳐 보였다. 리나는 감정을 억누르지 못하고 아주 공격적으로 질문했다.

"그럼 선생님 자신은 그렇게 이상적으로 바람직한 인간관계를 맺으며 살고 있나요?"

원래 메모지 아래에 썼던 "네 번째 유형으로 인간관계를 더 잘 맺는 비법은 무엇인가요?"라는 질문은 이미 리나의 머릿속에서 지워져 있었다. 자신이 상처받은 만큼, 혼란스러웠던 만큼, 당황했던 만큼, 그대로 상대방에게 갚아 주고 싶은 마음만이 강했다. 진호를 혼내 줄 때 그랬듯이 한 방 먹이고 싶었지만 오히려 정수연 작가는 여유 있는 미소까지 지으며 되물었다.

"김연아의 경기를 본다고 해서 여러분이 훌륭한 피겨 스케이팅 선수가 될 수 있을까요? 박지성의 경기를 본다고 훌륭한 축구 선수가 될 가능성이 얼마나 높아질까요?"

리나는 이상한 대답, 아니 질문이라고 생각했다. 수준 높은 경기를 보면 자극을 받아서 더 좋은 선수가 될 수 있지 않을까? 하지만 작가는 그렇게 생각하는 리나의 마음을 다 꿰뚫어 보고 있는 듯했다.

"현실적으로 생각해 보세요. 다른 사람의 경기를 본 것과 관계없이, 자신이 노력하고 실천해야 훌륭한 선수가 될 수 있습니다. 지금 학생은 바로 실천에 몰두해서 성과를 얻으려 하기보다는 제가 하는 경기를 보고 평가하려 하고 있습니다. 평가는 실천이 아닙니다."

"실천할 만한지 아닌지 분석하고 평가부터 해 보는 것은 나쁘지 않잖아요? 그래야 실천도 잘할 수 있고요."

"정말 실천할 마음이 있다면 그렇게 평가할 시간에 잠깐이라도 직접 해 보고 느낀 바대로 어떻게 할지 세세히 결정하겠지요. 남들이 좋다고 하니까 무조건 자기 삶에 욱여넣는 게 아니라 좀 더 자기에게 맞는 방향으로 수정할 수도 있고요. 좋은 인간관계의 원칙에는 정답이 있는 양 이야기하는 책이 많지 않나요? 회사원 등 많은 사람이 그런 책을 꾸준히 읽는데도 막상 좋은 인간관계를 맺고 있는 사람이 적은 이유는 무엇일까요?"

정수연 작가는 리나가 스스로 답을 찾기를 바라며 질문했지만, 리나는 시원하게 답을 가르쳐 주지 않는 작가의 방식이 답답했다.

잠시 좌중을 둘러본 작가는 다시 리나에게 눈을 맞췄다.

"책을 아무리 많이 읽어도 실패할 수밖에 없는 이유는, 기존의 방식과 다른 무언가를 조금이라도 실천하려 하기보다 머리로만 계산하며 이리저리 평가하는 데 몰두했기 때문입니다. 학생의 부모님은 어떠신가요? 친척 어른들은요? 분석과 평가는 잘하는데 막상 실전에는 약한 해설가와 비슷하지는 않나요?"

리나는 줄곧 인간관계에 관한 책을 읽어 왔지만 결국 회사 생활과 사업 모두 망하고 시골까지 온 아빠를 떠올렸다. 작가의 말이 사실일 수 있다는 것이 더 기분 나빴다. 평소에는 자기도 아빠를 공격했지만, 막상 남이 아빠를 험담하는 건 두고 볼 수 없어서 어떻게든 반박하려고 머리를 굴렸다. 그사이 정수연 작가는 천천히 말을 이어 나갔다.

"저는 이미 어떻게 경기에 뛰어들면 되는지 이야기했습니다. 먼저 경기에서 하지 말아야 할 행동을 확실히 말했고, 그 뒤에는 변화무쌍한 인간관계에서 창의적으로 행동해서 기회를 만들어야 한다고 강조했습니다. 그런데도 학생은 '나는 옳지만, 다른 사람은 틀리다.'라는 첫 번째 유형처럼 제 말을 의심하며 확인부터 받으려 하는군요."

리나는 자기가 첫 번째 유형처럼 행동했다는 것에 충격받았다. 작가는 최면에 잠긴 사람을 깨우듯이 손바닥을 크게 마주 쳤다.

"좋습니다. 정 그렇다면 확인해 드리지요."

정수연 작가는 청중들에게 물었다.

"자, 여러분. 저는 여기 강연장에 어떻게 오게 되었을까요?"

작가는 눈을 지그시 감았다가 떴다. 마치 새롭게 전원을 켜듯이 눈빛이 달라졌다.

"저는 제 생각을 이야기하고, 여러분의 생각을 듣고 싶어 강연장을 찾았습니다. 마치 친구끼리 대등하게 이야기를 나누듯이요. 네, 그렇습니다. 인간관계를 맺을 때 대등하게 대하라고 원칙을 설명하기보다, 저 스스로 대등하게 이야기를 나눌 수 있는 친구를 찾는 마음으로 강연을 시작했습니다. 여러분이 제 모습이나 행동을 관찰하면서 자연스레 원칙들을 생각해 볼 수 있도록 말입니다."

여태까지 옆에서 가만히 듣고만 있던 사회자가 그래서인지 정수연 작가가 책에 대한 이야기는 이십 분을 넘기지 않고 나머지 한 시간 이상을 질의응답 시간으로 채우겠다고 고집했다는 말을 덧붙였다.

"질의응답도 그저 여러분의 질문에 제가 답하는 방식이 아니라, 저도 여러분께 끊임없이 질문을 해서 이야기를 들으려고 한답니다. 제가 옳다고 생각하는 것만 늘어놓지 않고 여러분이 옳다고 생각하는 것에 대한 이야기까지 주고받으며 각자의 세계를 더 키우는 것이지요. 그러는 중에 이미 제가 경험해서 옳지 않다고 깨달은 것이 언급되면 여러분이 스스로 다른 방향을 고려할 수 있도록 좀 까칠하게 이야기해 드리는 것입니다. 옳지 않은 방향으로 나아가며 사람을 만난다면 자기 세계가 넓어지기는커녕 좁아질 수 있으니까요. 물론 제가 옳다고 믿는 것이 실은 그렇지 않을 수도 있습니다. 하지만 오류를 발견하는 것은 위기가 아니라 제 세계를 키울 수 있는 기회입니다. 그래서 저는 오히려 더 도전적으로 여러분이 옳다고 생각하시는 것의 뿌리까지 닿도록 유도합니다. 여러분의 뿌리가 제 것만큼 튼실할지 궁금하니까요."

이런 설명을 듣자 리나는 그제서야 정수연 작가야말로 네 번째 유형이고, 그것도 옳다고 믿는 것을 머리로만 생각하고 마는 사람이 아니라 진짜 그에 맞춰 실천하는 사람이라는 인상을 받았다. 원래 질문하고 싶었던 네 번째 유형을 실천할 비법 따위는 없었다. 그냥 실천부터 하면 된다는 작가의 말이 무슨 뜻인지 어렴풋이 알 수 있었다. 작가를 보는 리나의 눈빛이 변하기 시작했다.

"유명하거나 성공한 사람과 아는 사이이고 직접 자주 만난다면 인간관계가 좋은 것일까요? 아니면 새로운 사람을 만나는 것을 두려워하지 않고, 기회가 있을 때마다 열린 마음으로 다양한 사람들을 만나 이야기를 나누고, 상대방과 적당한 거리를 유지하면서 자기 세계도 확실히 키우는 사람의 인간관계가 좋은 것일까요?"

리나가 두 번째 사람이라고 말하려 천천히 입을 여는데, 강연장 한구석에서 다른 목소리가 나왔다.

"이왕이면 둘 다 하는 게 좋지요."

정수연 작가는 고개를 돌려 웃으며 그 말을 받았다.

"맞아요, 이왕이면 그렇지요. 하지만 꼭 둘 중 하나를 선택해야 하는 상황에 처한다면 어떻게 하시겠습니까?"

둘 다 좋다고 했던 사람은 우물쭈물하며 답하지 못했다. 정수연 작가는 아예 간단한 투표로 청중 모두에게 의견을 물었다. 의외로 유명하거나 성공한 사람을 많이 알수록 바람직한 인간관계라고 답한 사람이 더 많았다. 작가는 투표 결과가 못내 아쉬운 듯했다.

"적어도 저는 유명한 사람을 많이 아는 인간관계가 만족스럽지 않았습니다. 세상에는 진짜보다 가짜가 많거든요. 그래서 진짜를 만났을 때 행복감이 그렇게 대단한지도 모르겠습니다. 진짜를 만나기 위해 그만큼 가짜를 많이 경험하며 불행을 겪어야 한다는 사실 때문이지요. 행복의 총량보다 불행의 총량이 더 클지 모른다면 과연 이것이 좋은 인간관계 전략이라고 할 수 있을까요? 여러분이 그런 단점을 가볍게 보고 그 길을 선택하셔서 정신없이 뜀박질할 수도 있습니다. 처음에는 나보다 말을 재미있게 하거나, 나보다 힘이 세거나, 나보다 공부를 잘하는 등 뭔가 나보다 뛰어난 사람의 옆에 서기 위해 노력하겠지요. 저도 그랬습니다. 하지만 저는 매번 그런 인간관계의 끝이 좋지 않았습니다. 그때 열심히 친해지려 했던 동창들이나 직장 동료들은 이제 연락조차 하지 않는 사이가 되었습니다."

작가는 누군가를 떠올리는 듯한 표정을 지은 다음 길게 한숨을 내쉬었다.

"왜 매번 기대하며 시작한 관계가 실망으로 끝나는 것일까 고심하던 저는 책에서 답을 구해 보려고 했습니다. 하지만 대부분의 책들이 인간관계를 친밀하게 쌓는 것은 당연히 좋은 일이라며 타인과 가깝게 지낼 수 있는 기술을 알려 주고 있었습니다. 저는 그런 조언을 실천해도 좀처럼 나아지지 않는 제 인간관계를 보고 아예 인간관계에 대한 관점을 바꿀 필요가 있다고 생각했습니다."

정수연 작가는 인간관계가 꼭 이득이 되거나 행복을 가져다주는 좋은 것만은 아님을 인정하고 지나치게 기대하지 않으며 담담하게 다른 사람을 만나야 한다고 다시 한 번 강조했다.

"저는 그 새로운 답을 찾고 나서 다시 기회가 주어진다면 다른 선택을 하기로 결심했습니다. 지금은 제가 믿고 있는 선택을 이야기하고, 그 선택을 실천하며 살고 있습니다. 여러분이 제 이야기를 듣고 간접 체험을 한 다음에도 자기 생각을 굳게 지키겠다면 자신이 믿는 세계를 직접 체험해 보고 거기서 교훈을 얻는 수밖에 없습니다. 단, 직접 체험하겠다면 오늘 제가 했던 이야기를 절대 잊지 마세요."

정수연 작가는 자신이 과거에 겪었던 여러 인간관계에 대해 더 자세하게 이야기했다. 리나는 한 편의 성장 드라마를 보는 기분으로 작가의 이야기를 들었다. 어떤 부분에서는 자신도 경험했던 혼란이 엿보였고, 어떤 부분은 어른의 세계에서 벌어진 일이라 아직 이해할 수 없기도 했다.

리나는 작가의 이야기를 열심히 들었다. 하지만 그 이야기의 진정한 의미는 일 년 후 졸업을 앞두고 중학교 생활을 되새기며 다시 작가의 이야기와 비교할 때까지 깨닫지 못했다. 정수연 작가는 자신의 과거와 변화에 대한 이야기를 마치고 준엄한 표정을 지으며 마지막으로 덧붙였다.

"여러분이 충분히 노력했다고 생각하는데도 실패를 거듭하고 있다면, 전술만 바꾸는 것이 아니라 저처럼 완전히 다른 방향으로 인간관계를 설계해야 하는 순간에 다다른 것입니다. 절망의 나락에 빠진 것이 아니라 새롭게 긍정적으로 변할 수 있는 신호를 받은 것임을 부디 잊지 말고 용기를 내세요."

오래된 새 학년

리나는 3학년 3반 교실에 들어가자마자 자동적으로 2학년 때 같은 반이었던 아이들의 옆자리로 가서 앉았다. 아주 친한 사이는 아니었지만 단지 같은 반이었다는 이유로 다른 애들보다 훨씬 친근하게 느껴졌다. 반대로 낯선 애들에게는 선뜻 다가가지 못했다. 다른 애들도 마찬가지였다. 2학년 또는 1학년 때 같은 반이었던 애들끼리 모여서 삼삼오오 이야기를 나누었다. 그 그룹에 끼지 못한 애들은 마치 전학을 왔던 때의 리나처럼 기죽은 모습으로 자기 자리에 박혀 있었다. 그런가 하면 겉으로는 신 나게 이야기하는 아이라 해도 마음은 편치 않아 보였다. 가시를 세운 고슴도치처럼 잔뜩 긴장한 모습을 숨기지 못하고 있었다.

리나 반의 담임인 설효원 선생님은 짤막하게 자기소개를 하고
는 생년월일 순서대로 정한 출석 번호를 알려 줬다. 그리고 일단
아이들을 전부 복도로 내보낸 다음 번호대로 불러서 자리에 앉게
했다. 생일이 12월인 리나는 자기 차례가 올 때까지 썰렁한 복도에
서 기다려야 했다. 자연스럽게 리나가 교실에 들어갔을 때는 이미
자리에 앉아 있던 애들의 시선을 받게 되었다. 문득 전학 첫날이
떠오르며 더 긴장되었다. 설효원 선생님은 아이들을 다 앉히고는
임시 반장을 뽑았다. 3학년 3반이라 33번을 지명했다. 아직 익숙하
지 않은 번호라 다들 눈치만 보고 일어나는 사람이 없었다. 선생님
은 출석부에서 다시 이름을 찾아 불렀다.

"33번, 김리나."

리나가 부스스 일어나자, 선생님은 22번을 임시 부반장으로 뽑
았다.

"22번, 노유진."

깔끔하게 생긴 여자애가 당당하게 일어났다. 선생님은 리나와 유
진을 교단으로 불러서 자기소개를 시켰다. 임시 반장인데도 리나
의 가슴은 기분 좋게 요동쳤다. 그래서 이 기회에 자기를 모르는
애들에게 좋은 인상을 심어 주고 열심히 하겠다고 말하려다 그만
서울에서 반장 선거를 나갔을 때 했던 공약 중 하나까지 언급해 버
렸다. 그 모습을 뱁새눈을 하고 지켜보던 진호가 한마디 했다.

"쳇, 자기소개를 하라고 했더니 당선 소감처럼 말하고 있네. 아

닌가? 사전 선거 운동인가?"

애들이 진호의 말을 듣고 피식피식 웃었다. 리나는 경솔하게 굴어서 좋은 첫인상을 주는 데 실패한 것 같아 후회되었다. 그리고 그렇게 분위기를 몰아간 진호가 더 싫어졌다. 진호는 쉬는 시간에도 일부러 들으라는 듯이 말했다.

"선생님이 여자인데도 도박을 좋아하나 봐. 삼땡, 이땡으로 임시 임원을 뽑았네. 이번 일 년이 어떨지 안 봐도 비디오구먼."

여자를 차별하는 듯한 말에 리나도 참지 못했다.

"거기에 '여자인데도'라는 말이 왜 들어가니?"

"어이쿠, 그럼 여자라서 도박을 좋아한다고 해야 했나?"

리나는 쌍심지를 켜듯이 진호를 노려보았다.

"여자이니 뭐니 차별하지 말라고. 지금이 어느 시대인데……."

"하긴 여자인데도 남자처럼 머리를 짧게 자를 정도로 시대가 변하기는 했지. 몰라봐서 죄송합니다."

진호가 얄밉게 고개를 까닥했다. 리나가 이판사판으로 달려들려 하자 유진이 나섰다.

"이러지 마. 너 지금 어쨌거나 반장이잖아. 문제를 일으키면 어떻게 해."

"문제는 쟤가 일으키고 있잖아."

리나가 유진에게 따졌지만 유진은 단호하게 고개를 가로저었다.

"그렇다고 이렇게 내키는 대로 행동하는 게 옳은 거니? 첫날부터 임시 반장이 싸워서 교무실로 불려 간다고 생각해 봐. 너도 그렇지만, 내 입장은 또 뭐가 되니? 우리 반 애들은? 첫날부터 반 분위기 정말 제대로 잡히겠다."

리나는 유진의 말에 정신을 차렸다. 아니, 차리려고 노력했다. 진호가 교실을 나가며 비아냥댔다.

"반장이라는 게 사람을 바꾸는 힘이 있기는 있나 보다. 예전 같으면 더 개지랄을 떨었을 텐데. 남의 일에 나서는 것도 좋아하니까 감투 쓰고 어디 잘해 봐. 임시 반장이라서 얼마 못 가겠지만."

리나는 쉬는 시간에 옆 반으로 가서 현민에게 진호가 도발한 이야기를 꺼냈다. 현민도 펄펄 뛰며 성을 냈다.

"야, 지가 뭘 잘했다고 너한테 그러냐? 그런 놈한테는 절대 깔보이지 말아야 해. 초반에 빈틈을 보이면 어떻게든 비집고 들어온다니까."

"나도 확 밟아 주려고 했는데, 부반장이 말려서 참았어."

"부반장? 누구?"

"유진이."

"잠깐만, 누구? 유진이? 노유진?"

현민이 유진의 이름을 잘근잘근 씹듯이 내뱉었다. 리나는 뭔가 있다는 것을 직감하며 조심스럽게 고개를 끄덕였다.

"야, 너 걔 조심해. 안 그런 척하면서 뒤로 호박씨 까고, 결국에 뒤통수치는 애니까."

"저…… 정말? 착하고 반듯하게 생겼던데?"

"그러니까 더 재수 없지."

"하긴, 어디나 그런 애들 있긴 해. 처음에만 좋고 사귈수록 별로인 애."

"아니, 그런 애보다 훨씬 나빠. 지금은 엄청 신경 써 주면서 착한 척하고 있을 거야. 그러면서 다 간을 보고, 자기가 맘대로 움직일 수 있는 애랑 없는 애를 구별해서 대하는 게 확 달라져. 그리고 다른 애들 조종해서 은근히 왕따도 시키고, 장난 아냐. 네가 가까워졌다고 생각하고 걔한테 비밀이라도 털어놓으면 나중에 그걸 미끼로 위협까지 한다니까? 내가 겪어 봐서 알아."

"어떤 일이었는데?"

현민은 뭔가 말하려다 입을 다물었다. 그리고 혀를 한 번 차고는 다시 입을 열었다.

"그냥 그런 일이 있었어. 암튼 넌 조심해."

리나는 서운했다. 다른 비밀도 공유한 사이인데 현민이 자기한테 감추는 것이 있다니. 삼총사 중 같은 학교에 다니는 현민과 더 가깝다고 생각했는데 보이지 않던 벽이 느껴졌다. 하지만 애써 티를 내지 않으려고 노력했다.

그날 하교 후 삼총사는 수빈의 제안으로 분식집에서 만났다. 수빈은 얼굴을 보자마자 선물이라며 자기가 직접 만들고 문구점에서 코팅까지 한 책갈피를 주었다. 세 명이 모두 똑같은 책갈피를 나눠 갖고 책을 볼 때나 공부를 할 때 쓰면 좋겠다는 생각에 만들었다고 말했다. 수빈이 정성스레 쓴 문구가 눈에 띄었다.

인생은 곱셈이다. 아무리 기회가 와도 자신이 제로(0)라면 아무것도 안 된다.──나카무라 미쓰루

문구를 읽자마자 현민이 장난기 머금은 표정으로 말했다.

"너 뭐야, 선물이라면서 저주하는 거야? 난 아무 준비도 안 해서 '제로'로 살 거라고?"

리나는 꼼꼼하게 선물까지 마련한 수빈의 마음 씀씀이가 고마우면서도, 같은 친구인데 준비하지 않은 게 미안해서 그냥 말없이 수빈의 얼굴만 보았다. 그런 리나에게 수빈이 미안해하며 물었다.

"너도 맘에 들지 않아? 책을 보다가 내 가슴을 움직인 말이라 너희에게도 좋을 것 같아서 만들었는데……."

"아냐, 좋아. 나는 네게 아무 선물을 준비하지 못한 게 미안해서 그러지."

현민도 뒤늦게 리나의 말에 맞장구치고는 다음에는 세 명이 함께 선물을 준비해서 나눠 갖자고 제안했다. 리나도 찬성했다. 그런데 수빈은 다음으로 미룰 게 아니라 당장 하는 것이 어떠냐고 했다. 현민은 지금 팬시점에 가서 뭐라도 사 와야 하나 눈치를 보았다. 수빈이 리나와 현민에게 분식점 테이블 위에 놓인 냅킨을 3장

씩 주었다. 그리고 가방에서 펜을 꺼내 건네주었다.

"우리 세 명이 3학년 기념으로 나눠 가지면 좋을 글을 써 줘. 그림까지 그려 주면 더 좋고."

현민은 말이 끝나기가 무섭게 아예 휴대폰으로 명언을 검색하기 시작했지만, 리나는 수빈에게 인터넷에 떠도는 것보다 멋진 선물을 하고 싶었다. 하지만 평소 책을 많이 읽지 않은 탓에 멋있는 문구가 생각나지 않았다. 분식집의 낙서를 둘러봤더니 여기 왔다 간다는 인증이나 사랑 고백, 그에 대한 질투, 아니면 욕뿐이었다. 리나는 수빈이 준 것처럼 멋진 선물을 만들어 내고 싶었다. 책갈피를 뚫어져라 바라보았다. "인생은"이라고 시작하니까 뭔가 장중하고 멋져 보였다.

'그래, 인생이라는 말부터 써야지.'

리나는 냅킨에 일단 "인생"이라고 썼다. 수빈이 그 모습을 보고 기대에 찬 눈으로 말했다.

"오호, 역시. 리나답다."

"엉? 뭐가 나다워?"

"역시 차원 이동술사야. 너 지금 네 나름대로 내가 준 명언을 재구성하려는 거 아니었어?"

리나는 얼결에 고개를 끄덕였다.

"기대된다, 어떤 참신한 말이 나올지. 난 멋진 말을 보면 그냥 주눅이 드는데, 역시 리나는 자기 식대로 생각하고 당당하게 아이디어를 내는구나. 난 그런 네가 부러워."

"에잇, 뭐야. 나는 무시하는 거야? 나도 멋진 명언 찾았다고."

현민이 끼어들었다. 현민은 지난 한 달간 '오늘의 명언' 게시판에 올라온 글들 중에서 가장 마음에 드는 거라며 냅킨에 적었다.

교육은 학교에서 배운 것을 몽땅 잊어버리고 나면 남는 것이다.─ 아인슈타인

글 아래에는 이모티콘처럼 혀를 쏙 내밀고 '메롱!' 하는 그림도 그렸다. 수빈이 배꼽을 잡고 웃으며 말했다.

"너, 이게 뭐야?"

"네가 준 글을 보니까 왠지 공부하지 않고 있으면 스트레스받을 것 같아서, 이렇게 스트레스를 막아 주는 부적 같은 명언을 준비했지. 어때? 학교 공부가 하찮게 느껴지지 않니? 그것도 인류 최고의 천재가 한 말이니 꼭 들어야 할 것 같고. 놀 때는 내가 쓴 글을 보면서 위안받고, 공부할 때는 네가 준 것을 보면서 힘내고. 얼마나 착착 잘 맞니?"

세 명은 까르르 웃었다. 한바탕 웃고 나자 자연스럽게 시선이 리나의 냅킨으로 모였다. 수빈이 삼행시의 운을 떼듯이 말했다.

"인생은?"

그래도 리나가 반응이 없자 수빈이 다시 물었다.

"인생이 곱셈이 아니면 뭐야? 덧셈?"

그제야 리나는 아까 수빈이 말했던 '재구성'의 의미를 알았다. 그리고 수빈이 자기한테 기대했던 것이 무엇이었는지 섬광처럼 깨달았다. 아이디어가 쏟아지기 시작했다. 자기 혼자 노력했으면 찾지 못했을 생각들이 수빈의 자극 덕에 만들어지는 과정이 즐거웠다. 리나가 천천히 입을 열었다.

"처음에 인생은 덧셈이라고 하려고 했어. 우리들의 우정처럼 하루하루 일들이 더해져 추억이 되는 덧셈."

수빈과 현민이 동시에 "멋지다."라며 감탄했다.

"그런데 나카무라 상이 쓴 글을 보고 좀 더 냉정하게 생각하니 인생은 뺄셈이더라고. 노력만큼 보상받기 힘들고, 살수록 남아 있는 날이 줄어들고 결국엔 사람들과 이별해야 하는 뺄셈."

수빈은 "어우, 야." 하고 울적하게 탄성을 질렀고, 현민은 "또 저주야?"라며 어이없다는 표정을 지었다. 리나는 그런 둘을 보고 웃으며 이야기를 이어 나갔다.

"그런데 더 잘 살펴보니 인생은 나눗셈 같더라. 인간은 혼자서 살 수도 없고, 다른 사람과 계속 함께하며 시간을 나누고 살아갈 때 지금 우리처럼 가장 행복할 수 있으니까."

수빈과 현민은 다시 "멋지다."라고 합창했다. 현민이 리나를 옆에서 꽉 끌어안으면서 말했다.

"얘가 아주 우리 마음을 들었다 놨다 하네."

현민은 금세 과장된 제스처를 풀고 리나를 팔꿈치로 툭 치며 물었다.

"자, 이렇게 이번 선물은 때웠다고 치고, 다음에는 뭘 준비할 거야?"

"선물을 미리 밝히면 재미가 있니? 그냥 깜짝 놀래 줄게."

삼총사는 새 학년 시작하며 선물을 교환했으니 끝을 맺는 졸업식 때 정말 정성이 가득한 선물을 주고받자고 약속했다. 공동의 적인 진호를 욕하고, 멋진 선생님에 대한 동경과 못된 선생님에 대한 불만과 무서운 애들에 대한 불평을 털어놓다 보니 기분 나빴거나 불안했던 일들이 잊혔다. 리나는 이게 친구들의 힘이라는 생각을 하며 집으로 돌아왔다.

다음 날, 등교하는 리나에게 몇몇 애들이 먼저 눈인사로 반가워했다. 어제 리나의 행동을 보고 현민처럼 시원시원하다고 생각한 아이들이 먼저 손을 내밀어 준 것이다. 그리고 평소 잘난 체하던 진호를 싫어한다는 이유만으로 리나에게 호감을 느끼는 아이들도 있었다. 잘 모르던 애들이 조금씩 곁을 허락하자 리나는 자신감을 얻었다. 그리고 그 애들과 작년에 같은 반이었던 애들을 서로 연결해 주며 이야기를 나누다 보니, 자신이 새로운 관계의 중심에 서는 듯했다. 며칠 동안 임시 반장으로 선생님의 심부름을 하며 얘기를 주고받을수록 전화번호를 교환하자는 아이들이 늘어났다. 요청을 다 받아들여서 며칠 만에 휴대폰의 연락처가 풍성하게 채워졌다.

리나는 이번 기회에 잘하면 임시 반장뿐 아니라 진짜 반장을 할 수도 있겠다는 기대를 품게 되었다. 좀 더 일찍 전학 와서 적응했더라면 학생회장도 노렸을 텐데 하는 아쉬움마저 들 정도였다.

일주일 후 반장 선거가 열리는 날, 리나는 기대에 가득 차 있었다. 하지만 선거 결과 리나는 부반장이 되었다. 운명처럼 유진이 최다 득표하며 반장으로 선출되었다. 처음에 리나는 부족한 자기 자신에게 실망했다. 하지만 시간이 갈수록 원망의 방향이 바뀌었다. 자기 앞에서 웃음 짓던 많은 애들에게 배신감 같은 것을 느꼈다. 이틀 동안 토라져서 혼자 다녔지만, 그런 리나에게 진심으로 먼저 손을 내밀어 주는 친구는 없었다. "너무 실망하지 마."라고 가볍게 한마디 하고 가는 애들은 있었지만 위로도 거기까지였다. 내 기분을 알아주는 사람도 없는데 계속 혼자 있어서야 자기만 손해인 것 같았다.

'이렇게 계속 3학년을 보내면 전학 와서 혼자 헤매던 때와 다를 게 없잖아?'

리나는 어렵게 잡은 반전의 기회를 그냥 날려 버릴 수 없다고 자신을 달랬다. 그리고 1학기에 더 잘 생활해서 2학기에는 기필코 반장이 되어 또 다른 반전을 만들고야 말겠다고 다짐했다. 졸업 앨범 편집팀에 들어가 맘껏 취향대로 꾸미고, 졸업식 날 마지막 종례 시간에 선생님과 반 친구들에게 평생 기억에 남을 인사를 남길 자신을 상상하니 새로운 힘이 솟았다.

리나는 반장이 되기 위한 사전 작업으로 반 친구들에게 지속적으로 좋은 이미지를 심어 줘야겠다고 생각했다. 한편 반 친구들에게만 신경 쓰느라 현민, 수빈과는 자주 만나지 못했다. 현민은 학교에서 볼 수 있었지만 점점 말을 나누는 시간이 줄어들었다. 그러다 보니 오히려 아예 모르는 애보다 서먹한 때도 있었다. 학교가 다른 수빈은 온라인 친구에 가까워졌다. 마음만 먹으면 버스를 타고 나가서 만날 수 있지만, 그날그날 생기는 일이며 반 애들과 한 약속 때문에 자꾸만 우선순위에서 밀려났다. 리나는 새 학년에 적응하는 수빈도 자기의 사정을 이해해 줄 것이라 믿었다. 이따금씩은 깊은 이야기를 나누던 현민이나 수빈의 빈자리가 느껴졌다. 그럴 때마다 새로운 친구들을 더 깊게 사귀면 그 빈자리가 없어질 것이라고 생각했다.

리나와 연락이 뜸해진 동안에 현민은 수빈과 더 긴밀한 사이가 되었다. 2학년 말에 자기가 소개해 준 친구들도 외려 리나와 더 가까워진 것 같아서 현민은 묘한 질투심을 느꼈다. 그런 감정을 수빈에게 이야기하면 수빈은 차분히 현민을 위로해 줬다. 현민은 삼총사 중 리나가 자신과 공통점이 많아서 잘 맞는 줄 알았지만, 수빈과 자주 단둘이 어울리면서 오히려 자신과 다른 점이 많기 때문에 수빈이 더 좋다고 생각하게 되었다.

그렇게 4월 말이 되었다. 중간고사 때문에 전교생 대부분이 더욱 예민해졌을 때 급식실에서 소동이 벌어졌다. 소동의 정황은 이러했다. 2학년 여학생이 급식을 먹고 나서 정수기에서 물을 받고 있는데, 리나네 반의 김다율이 말도 없이 2학년생의 컵을 툭 치고는 제 컵을 들이밀었다. 그런데 2학년생이 순순히 자리를 비키지 않고, "지금 뭐 하시는 거예요?"라고 따지고 들었다. 그러자 다율이 기가 차다는 듯이 후배를 윽박질렀다.

"이게 어디 감히 하늘 같은 선배한테 대들어. 야, 내가 너만 했을 땐 선배가 뭘 해도 참았어."

반에서 노는 축인 남자 친구를 따라다니며 자신도 일진인 양 거들먹대던 다율은 한껏 불량기 있는 표정으로 후배를 을렀다. 하지만 2학년생은 겁먹지 않고 더 강하게 반발했다.

"선배가 선배답게 성숙하게 행동해야 하늘 같은 거지, 후배 앞에서 새치기하는 게 선배다운 거예요?"

"뭐야, 이게 미쳤나!"

다율은 곧바로 2학년생의 귀싸대기를 날렸다. 2학년생도 반사적으로 주먹을 날려 다율의 배를 쳤다. 아프기도 했지만, 의외의 일격에 놀란 다율은 그 자리에 털썩 주저앉았다. 그러다 정신을 수습해서 주변을 둘러본 다음 다시 주먹을 날리려는데 2학년 국어 담당인 강경희 선생님이 뛰어왔다. 강경희 선생님은 두 명을 교무실로 데려가 사정 이야기를 듣고는 2학년생은 그냥 교실로 돌려보내고, 다율에게만 벌점을 부과했다. 처음에는 후배한테 맞은 다율에게 비난의 화살이 쏠렸다.

"오죽 덜떨어졌으면 2학년한테 얕잡히냐?"

"확실히 누르지도 못할 거면서 건드리긴 왜 건드려?"

이런 이야기가 나올 때마다 다율은 억울하다는 말을 계속했다. 완전히 밟아 주려 했는데 선생님이 나서는 바람에 선후배 기강을 세울 기회가 없어진 것이라는 등, 강경희 선생이 자기가 가르치는 학생을 무조건 보호하려 했다는 등 온갖 핑계를 댔다. 그러자 시간이 갈수록 다율과 비슷한 불만을 터뜨리는 3학년생이 늘어났다.

"우리는 선배들에게 더 심한 일을 당했어도 가만히 참았는데, 걘 대체 뭐냐?"

"그런 애 놔두면 나중에는 개나 소나 막 기어오를 거야."

"맞아, 무시하지 못하게 확실히 본때를 보여야 해."

다율이 남자 친구와 함께 소동의 장본인인 2학년생을 찾아 보복하려 하자, 다른 3학년생들까지 그동안 못마땅하게 여기던 후배들을 찾아서 집단으로 괴롭히기 시작했다.

부반장인 리나는 이러다가 큰일이 나겠다 싶어 안절부절못했다. 사고가 나면 제대로 예방하지 못한 임원진에게 먼저 꾸중이 날아들 것 같았다. 그래서 반장인 유진에게 어떻게든 조치를 취해 보자고 제안했다. 유진은 건성으로 알았다고 대답했다. 리나가 계속 채근하자 유진은 냉정한 태도로 말했다.

"쟤네들 독 오른 거 안 보이니? 이미 늦었어."

"아니야, 아직 기회는 있어. 네 말대로 저렇게 독을 품었으니까 막아야 해. 그게 후배도 위하고, 쟤들도 위하는 길이야."

"너보다 오래 이 학교를 다닌 내가 여기 애들은 더 잘 알아. 반장인 내가 나서지 않을 때는 그럴 만한 이유가 있는 거야."

반장을 들먹이며 얘기하는 유진이 얄미웠다. 숙제를 걷을 때는 학생부장을 시키고, 체육 시간에는 체육부장한테 인솔을 맡기는 등 반장이라고 해도 유진이 하는 일은 별로 없었다. 리나의 눈에 유진은 선생님이나 애들에게 가장 열심히 하는 척 티 낼 수 있을 때만 자기 이름을 들이미는 아이였다. 하지만 리나는 유진이 자기를 부반장 주제에 학생회장이나 되는 양 여기저기 나서며 반 전체를 끌고 가려 드는 분수도 모르는 애라고 여기는 줄은 몰랐다. 어쨌든 리나는 빈정이 상해서 곧바로 유진의 말을 받아쳤다.

"맞아, 하지만 부반장인 내가 일부러 나설 때도 그럴 만한 이유가 있는 거라고."

그러나 유진은 끝내 마음을 돌리지 않았다. 마지막에 유진은 귀찮다는 식으로 말했다.

"너 정말 머리가 안 돌아가는구나. 이건 단순히 선후배 기강을 세우는 문제가 아니야."

리나는 유진의 말에 눈만 끔벅거렸다. 유진이 코웃음을 치며 설명했다.

"안 그래도 학기 초에 자기가 얼마나 세고 잘나가는지 과시하고 싶어서 뭐든 핑계가 필요했던 애들이야. 얼마나 좋아? 후배 버르장머리 고쳐 준다는 명분도 있고, 자기들끼리 서열을 확실히 정하는 실리도 얻고 말이야. 이번 일은 노는 애들 사이에서 학생회장 선거를 하는 것이나 마찬가지라고."

"학생회장 선거"라는 단어가 유독 크게 들렸다. 순간 리나는 왜 노는 애들이 이 문제에 열을 올리는지 이해했다. 이 상황을 다 분석하고 있으면서도 짐짓 모르는 척 반의 얼굴마담 노릇만 하는 유진이 새삼 낯설었다. 유진은 말끔한 겉모습과 달리 속내는 훨씬 구릴지도 모르겠다는 생각이 들었다. 유진을 조심하라고 했던 현민의 충고가 갑자기 떠올랐다.

리나는 자기 힘으로 문제를 해결해야겠다고 마음먹었다. 선생님께 알려서 공개 토론회를 벌여 볼까도 싶었지만, 주로 모범생들이 참여하는 토론회로는 일진들이 주도하는 지금의 흐름을 바꿀 수 없을 것 같았다. 집에 와서도 답답한 마음에 언니에게 어쩌면 좋을지 물어보았지만, 어쨌거나 선배에게 대들지 말아야 한다는 불문율을 건드렸으니 한 번은 시끄럽게 사건이 터져야 끝날 거라며 괜히 나서지 말라는 말만 들었다. 리나가 막고 싶은 것이 바로 그런 사건인데 쉽게 말하는 언니가 야속했다.

3학년 일진들은 소동의 주인공인 2학년생이 누구인지 수소문했지만 좀처럼 정체가 드러나지 않았다. 비공식적으로 알아보는 데 한계를 느끼자 일진 중 한 명이 총대를 메고 강경희 선생님을 찾아가서 물어보았다. 강경희 선생님은 애초에 그 2학년생이 사건

다음 날 전학 갈 예정이었다며, 이미 이사를 갔으니 더 찾지 말라고 했다. 그 소식을 전해 들은 일진들은 전학 간 곳까지 쫓아가서 혼내야 한다고 했지만 더 이상 그 아이의 정보를 캐낼 곳이 없었다.

"이게 전학 간다고 막 나갔다는 거지? 다른 놈들은 아예 그런 깜찍한 생각을 못 하게 기를 확 잡아 놔야겠어."

혼내 줄 대상이 없어졌다는 사실에 일진들은 더 약이 올랐다. "너도 선생님한테 이를래?"라고 말하며 공공연하게 후배들을 못 살게 굴었다. 급식실 분위기는 냉랭해졌고, 운동장이나 복도에서도 선후배 모두 경직된 표정으로 다니곤 했다. 1, 2학년생들은 등하교 때 3학년생과 괜히 눈이 마주쳐서 시비가 붙을까 봐 땅만 보고 걸었다.

중간고사 이후, 원래 시험이 끝나면 스르르 풀리던 학교 분위기는 여전히 긴장 상태가 이어지고 있었다. 아니, 오히려 시간이 갈수록 심각해졌다. 곧 열릴 체육 대회 겸 축제마저 집어삼키려 하고 있었다. 1, 2학년생은 혹시나 꼬투리가 잡힐까 싶어 아무도 장기 자랑에 나서지 않았다.

학기 초에 이미 마음속으로 여러 번 학생회장까지 맡아 본 리나는 이런 사태를 도저히 참기 힘들었다. 어떻게든 문제를 해결하고 싶었다. 혼자서 아이디어를 짜내려니 삼총사가 다 함께 진호를 혼내 줬을 때 같은 묘안이 잘 떠오르지 않았다. 리나는 최근 멀어진 듯한 현민과 수빈에게 도움을 요청하는 것이 좀 꺼려지기는 했지만, 더 큰 목적을 이루기 위해 감내하기로 했다.

　리나는 현민과 수빈을 불러 놓고 고민을 이야기했다. 수빈도 현민을 통해 이미 리나네 학교에서 벌어진 소동과 이후의 사태가 얼마나 심각한지 알고 있었다. 그러나 선뜻 힘을 빌려 주려 하지 않았다. 수빈은 학교 전체를 리나 혼자서 바꿀 수는 없다며 마음을 접으라고 부드럽게 충고했다. 현민은 노는 애들이야 어차피 남이 무슨 말을 해도 자기 맘대로 행동해야 직성이 풀리는 법이라며 묘안을 생각해 내도 소용이 없다고 딱 잘라 말했다. 리나는 현민과 수빈이 말은 이렇게 해도 그동안 소원했던 게 서운해서 적극적으로 나서 주지 않는 것이라고 생각했다. 리나가 어떻게든 아이디어를 구하려고 계속 매달리자 현민이 손사래를 쳤다.

　"이번 일은 천재나 되어야 해결할 수 있어."

　그렇게 말하자마자 현민의 눈빛이 갑자기 달라졌다. 마치 전등이 번쩍 켜진 것 같았다. 현민은 훨씬 환해진 얼굴로 연신 고개를 끄덕였다.

　"맞아, 천재라면 해결할 수 있겠다."

　현민은 평소 마을의 궂은일을 도맡아 하는 청년에 대해 이야기하기 시작했다. 서울에서 공부하다가 내려와서 지역 문화 운동을 하는 사람인데, 박학다식하고 성품도 너그러운 데다 의지가 강해서 동네 어른들의 칭찬이 자자하다는 것이었다. 진호도 그 청년처럼 좋은 평가를 받고 싶어 말투와 행동을 흉내 낼 정도라고 했다.

현민은 예지가 그 청년을 좋아한다는 것을 알고는 그에 대한 호감을 접은 후 꿩 대신 닭처럼 진호에게 관심을 기울였던 기억이 떠올라 쓴웃음을 지었다. 현민은 청년의 전화번호를 찾기 시작했다. 오랫동안 저장만 해 놓고 연락하지 않았던 번호였다. 전화기 너머로 활기찬 목소리가 들려왔다.

"네, 박도형입니다."

현민은 평상시와 달리 콧소리를 넣어서 말했다. 수빈과 리나 모두 놀란 눈으로 현민을 보았다. 하지만 현민은 마치 지켜보는 친구들이 없다는 듯 전화 건너편의 사람에게만 집중했다.

"저예요, 현민이. 그때 마을 단합 대회에서 자원봉사했던……."

"아, 알지. 우리 현민이. 어쩐 일로 전화했어?"

현민은 리나의 사정을 이야기했다. 현민이 예상한 대로 도형은 자기 일처럼 생각하며 이야기를 진지하게 들었다. 도형이 먼저 직접 와서 설명해 달라고 제안했다. 전화를 끊은 현민이 도와줄 사람이 나타났다고 말하자 리나의 목소리가 가뭄 끝에 비를 맞은 채소처럼 살아났다.

삼총사는 곧바로 도형을 찾아갔다. 도형은 리나의 설명을 듣고는 턱을 쓰다듬으며 해결의 실마리가 보이는 것도 같다고 했다. 리나가 반가운 마음에 서둘러 그게 뭐냐고 물었지만 도형은 흥분하지 않고 담담히 말했다.

"아직 말할 수준은 아니야. 더 정교하게 설계가 되었을 때 말해 줄게."

뭔가 깊이 있는 도형의 목소리와 말투에 삼총사는 더 믿음이 갔다. 자신의 일처럼 나서 주는 도형의 모습에 모두 감동을 받았다. 리나는 현민이 도형에 대해서 처음 이야기했을 때만 해도 좀 이상한 괴짜일 거라고 짐작했다. 리나는 참지 못하고 도형에게 왜 이런 시골에 내려왔느냐고 직접 물어봤다.

도형이 빙긋이 웃더니 마치 느리게 리듬을 타는 래퍼처럼 이야기하기 시작했다. 여러 번 연습했는지 운율까지 맞아서 듣는 재미가 있었다.

도형은 고등학생 때까지 공부를 잘했다. 공부를 늘 가난했던 집안에서 벗어나기 위한 고성능 탈출 장치라고 여겼지만, 어느 때부터인지 가난보다 공부가 더 지긋지긋하고 자신을 옥죈다고 느껴졌다. 힘들게 들어간 대학교인데, 막상 입학한 뒤에는 다녀야 하는 이유를 찾을 수 없었다. 이런 식으로 공부만 하면 인간이라기보다 거대한 기계의 부속품이 될 것 같아서 휴학했다. 처음에는 꽉 막혔던 생활에서 벗어나 맘껏 자유롭게 살고 싶어서 무작정 떠돌아다녔다. 그러다 대학교에서 장기 휴학으로 제적 경고가 날아들었고, 그걸 계기로 대학이 자기 인생에 정말 필요한 것인지 진지하게 자문했다. 결국 답을 찾은 도형은 미련 없이 자퇴 선언문을 학내 게시판에 붙이고는 학교를 나가지 않았다. 리나는 도형의 이야기를 들으며 뉴스에서 봤던 명문대 자퇴 여학생을 잠시 떠올렸다.

그 후 도형은 음악에 빠져서 기타와 일 년 동안 씨름했고 베이스 기타리스트로 홍대 근처에서 무명 밴드 활동도 했다. 공연 때는 열정을 불태울 수 있어 좋았지만 일상으로 돌아오면 리듬이 뚝뚝 끊기는 것 같아 늘 허전했고, 연소시키지 못한 열정 때문에 마치 신내림을 받은 무당처럼 병까지 걸렸다. 그러던 중 연주 아르바이트를 하러 나간 어느 행사장에서 주최 측이 소개해 주어 프랑스의 지역 문화 운동이라는 것을 접하게 되었다. 그 후로 도형은 시골에서 자발적으로 문화를 만들어 삶과 예술이 함께 어우러진 멋진 생활을 만드는 데 열정을 쏟고 싶다고 생각하게 되었다. 그날부터 오늘까지 힘든 일이 있어도 그 목표를 이루기 위해 계속 두근거리는 삶을 살고 있다는 말로 도형의 이야기가 끝났다. 도형과 헤어지고 문화의 집에서 나오는데 현민이 입을 열었다.

"대단하지 않니? 도형 오빠 이야기는 들을 때마다 감동적이야."

리나와 수빈은 고개를 끄덕였다. 선머슴같이 행동하던 현민도 볼이 상기된 채 다소곳이 경청할 정도로 도형의 이야기에는 힘이 있었다. 리나는 기뻐하며 현민 덕에 좋은 사람을 알게 되었다고 고마워했다. 수빈도 마찬가지였다. 리나는 도형의 모든 것이 궁금해졌다.

"저 오빠는 어느 동네에 살아?"

"이 동네야. 문화의 집 근처 군립 체육관 숙직실에서 살아."

"뭐?"

놀라는 두 명을 보며 현민이 미소를 지었다. 자기도 처음 들었을 때는 똑같았기 때문이다.

"문화 운동 이외에는 하는 일이 없거든. 문화의 집 이보미 국장님이 군청에 사정을 이야기해서 체육관 숙직실을 숙소처럼 쓸 수 있게 해 주었대. 월세라도 아끼라고. 처음에는 오빠가 폐 끼칠 수 없다며 거절했는데, 체육관에 야간 경비원이 생기니 일석이조라고 하니까 그제야 좋다며 들어갔어. 돈이 없어서 제대로 먹지도 못해. 처음에 왔을 때보다 살이 많이 빠졌어."

"뭐? 빠진 게 저 정도야?"

리나와 수빈이 동시에 웃음을 터뜨렸다. 키 185센티미터에 90킬로그램은 족히 될 듯한 체형이었기 때문이다.

"엄청 빠졌다가 요즘은 다시 좀 살이 올라온 거야. 돈이 없으면 그냥 굶었대. 문화의 집 사람들이 오가면서 식사를 챙겨 줘서 저 정도가 된 거야."

"명문대 나와서 취직했으면 돈 많이 벌었을 텐데……."

리나는 체육관 숙직실에서 살면서까지 도형이 이루려는 문화 운동에 관심이 생겼다. 대체 얼마나 좋아서 그렇게 노력하는 것일까 궁금했다. 이번 일이 잘 처리된다면 그 보답으로 도형이 하는 일을 도와줘야겠다고 결심했다.

이틀 후 현민에게서 연락이 왔다.

"확실한 방법을 찾았대."

삼총사는 방과 후에 만나서 문화의 집을 찾았다. 도형은 문화의 집에 딸린 창고를 청소하느라 땀을 뻘뻘 흘리고 있었다. 삼총사를 본 도형은 일을 잠시 접고 문화의 집 본관의 회의실로 안내했다. 삼총사가 마저 일을 끝낼 때까지 기다리거나 도와주겠다고 말했지만 고개를 가로저었다.

　"어차피 누가 시켜서 하는 것도 아니니까 꼭 오늘 끝내지 않아도 돼. 그리고 너희들도 사정이 급해서 온 거지 나를 도우려 온 건 아니잖아. 일단 너희 일부터 해결하자."

　책상에만 붙어서 머리를 쓰는 것이 아니라 사소한 일에도 적극적으로 몸을 움직이는 행동력, 그리고 상대방의 입장을 먼저 헤아리는 마음이 리나에게 인상적으로 다가왔다. 자기도 저런 태도를 지녀야겠다는 생각이 들었다. 도형이 리나를 보며 물었다.

　"축제까지 며칠 남았다고 했지?"

　"열흘이요."

　"흠, 연극 연습을 하기에는 시간이 너무 부족하네."

　리나는 자기가 잘못 들은 줄 알았다. 뜬금없이 무슨 연극 연습? 도형은 종이에 자신이 생각하는 문제 해결책의 핵심 단어들을 쓰면서 계획을 풀어 놓기 시작했다.

　"해결책을 잘 이해하려면 문제의 원인을 올바르게 봐야 해. 자, 생각해 봐. 왜 선배가 후배 앞에서 목에 힘을 주고 못된 짓도 당당하게 하는 것일까?"

리나는 망설이다가 유진에게서 들은 이유를 얘기했다. 학기 초에 자기 힘을 과시하기 위해서라고 말이다. 그런데 도형은 그것도 분명 이유이겠지만, 학기 초가 지나도 후배들을 못살게 구는 건 왜일지 더 생각해 보라고 했다. 잠시 후 현민이 답했다.

"그야, 나이 많은 선배니까요. 자기 딴에는 경험이 많고 뭐 하나라도 능력이 좋을 테니……. 그래서 존중을 받고 싶으니까 그러지 않는 후배에게 벌을 주는 거예요."

"선배가 후배보다 나이나 경험이 많은 건 변치 않는 사실이잖아. 그게 진짜 이유라면 후배에게 못된 짓을 하는 것도 변할 수 없겠네? 그럼 우리도 굳이 문제를 해결하겠다며 고생할 필요가 없잖아, 안 그래?"

도형의 말에 현민은 대답 대신 너털웃음을 터뜨렸다. 자연스럽게 시선은 아직 답을 내놓지 않은 수빈에게 집중되었다. 수빈이 조곤조곤 말했다.

"자기들도 선배들한테 당했으니, 그게 억울해서 후배들한테 돌려주려는 거겠지요."

도형이 흐뭇하게 웃으며 고개를 끄덕였다.

"맞아, 나는 피해자였으니까 누군가를 가해할 수 있는 권리가 있다고 생각하는 거야. 하지만 그건 착각이지. 그런 권리 따위는 없어. 더구나 나를 가해한 사람한테 다시 도전하는 것도 아니잖아. 자기들의 행동이 그저 엉뚱한 사람한테 화풀이하는 데 불과하다

는 걸 깨닫게 만들어야 해. 즉 자기 딴에는 멋진 한풀이라고 생각하는 스토리를 변태나 저지르는 사건으로 바꿔 주는 거야."

도형은 종이에 '상처'라는 단어를 썼다. 그리고 그 옆에 '권리 행사'라고 적고 괄호 안에 ×를 그려 넣었다. 그리고 '변태'라는 말을 쓰고 크게 ○를 쳤다. 도형은 삼총사를 바라보며 물었다.

"그리고 다른 것도 깨닫게 하면 더 효과적인데, 뭘까?"

삼총사는 눈을 끔벅거리며 서로 눈치만 살폈다. 도형은 삼총사의 침묵을 오히려 즐기려는 듯한 눈빛으로 충분히 지켜보다 천천히 입을 열었다.

"유치원도 들어가지 못한 아기와 과자를 두고 싸우는 중학생을 본다면 어떨 거 같니?"

"아유, 지질해. 생각만 해도 짜증 나네요."

현민이 얼굴을 찌푸렸다. 리나와 수빈도 고개를 끄덕였다. 도형은 몸을 숙이고 마치 귓속말을 하듯이 소리를 낮춰 말했다.

"그래, 바로 그거야. 잘나가는 게 아니라 지질한 거지. 만약에 후배들 물건을 빼앗고 못살게 구는 선배나 아기와 과자를 두고 싸우는 중학생이나 서로 마찬가지라고 연극으로 보여 주면 어떨까?"

리나는 도형의 말이 정확히 무슨 의미인지는 몰랐지만, 뭔가 실마리가 잡히는 기분은 들었다. 도형은 추리소설 속에서 퍼즐을 맞추는 탐정처럼 하나씩 단어를 적어 가며 설명했다.

"선배가 후배를 경쟁자로 보니까 못살게 구는 거야. 이게 핵심

이야. 똑같은 과자라도 아기가 달라고 하면 순순히 줄 녀석들이 한두 살 어린 후배가 달라고 하면 삐딱하게 굴지. 오히려 과자를 빼앗기도 해. 후배에게나 아기에게나 자기는 똑같이 나이가 많은 사람인데 대하는 방식은 전혀 다르잖아."

도형은 아까 크게 동그라미를 쳤던 '변태'라는 단어 앞에 '지질한'이라고 적었다. 그리고 그 아래에 '경쟁심'이라고도 썼다. 도형은 마치 마인드맵으로 정리한 내용을 차례로 풀어내듯 이야기를 이어 갔다.

"진화 심리학에 따르면 인간이 생존을 위해 하는 모든 행동은 미리 프로그래밍되어 있던 거래. 원시 시대에 생존은 누가 얼마나 많은 자원을 갖고 있느냐로 결정되기도 했어. 추운 날에는 두꺼운 털옷을 가진 사람이, 맹수 앞에서는 날카로운 도구와 힘을 가진 사람이 생존하게 마련이었지. 물론 지금은 그런 원시 시대가 아니야. 하지만 진화를 거쳐 성장한 인간의 뇌는 아직도 자원을 두고 다투던 원시 시대에 맞춰져 있어. 그 오랜 세월 동안 프로그래밍된 행동에서 벗어나기에는 현대가 아주 짧았기 때문이야. 그래서 지금도 제한된 자원을 놓고 경쟁 상대가 될 수 있다고 보이는 사람을 견제하는 거지. 선후배뿐만이 아니야. 친구나 형제자매 사이에서도 상대방을 경쟁자로 보면 더 많이 갖기 위해서 아주 표독스러워질 수 있어."

리나는 유진과 언니를 떠올렸다. 서로 굳이 민감하게 반응하지 않아도 되는 일에 예민하게 날을 세우던 이유가 경쟁심이었을지도 모르겠다는 생각이 들었다. 현민이 꼭 집어 말했다.

"그럼, 자기보다 우스워 보이는 애를 못살게 구는 것도 사실은 졸아서 그랬다는 말이에요?"

도형은 미소를 머금고 고개를 끄덕였다. 현민도 머릿속으로 다른 애들을 을러메던 과거의 자신을 떠올리며 묘한 표정을 지었다.

"어, 이거 기분이 좀 나빠지는데요? 그런 애들이 제 경쟁자였다니……. 저는 그저 그래야 한다고 생각해서 세게 나간 건데, 한심한 쪽은 바로 저였다는 얘기잖아요?"

"바로 그거야."

도형이 아이처럼 손뼉을 쳤다.

"당당하게 후배를 괴롭혔지만 사실은 그렇게라도 미리 억누르며 선을 그어 놓지 않으면 안 됐던 거야. 자기가 후배와 그리 수준이 다르지 않은 사람이라고 인정하는 셈이지."

리나가 도형의 말을 머릿속으로 정리하는 사이, 도형은 수빈을 향해 말했다.

"선배가 후배를 괴롭히면서 '나도 당했던 사람이야.'라고 말하는 건 자신의 연약함을 은근히 인정하는 것이기도 하지."

도형이 종이에 쓴 '지질한 변태'를 손가락으로 가리켰다. 리나는 종이에 쓰인 단어들을 보며 혼잣말하듯 중얼거렸다.

"아기를 대하는 중학생처럼, 내가 압도적으로 강하다면 굳이 못

살게 굴 필요가 없을 거예요. 오히려 뒤처지는 부분이 보일수록 귀엽게 봐 주겠지."

도형도 리나의 말을 거들었다.

"무협 영화를 보면 진짜 고수는 상대가 누구든 별로 흔들리지 않는데, 동네 양아치들은 누군가 새로운 사람이 나타나기만 하면 호들갑을 떨잖아. 내가 생각한 연극 대본은 그런 장면에서부터 시작해."

"연극이요?"

리나는 아까 제대로 듣긴 들었구나 생각하며 되물었다.

"연극이라기보다 콩트에 가깝긴 할 거야."

"왜 콩트를 해야 해요?"

"사람은 자기가 저지르는 일을 객관적으로 보면 행동을 바꾸는 법이거든. 욕을 많이 하던 애들에게 자기가 욕하는 장면을 촬영해서 보여 주었더니 놀라면서 욕을 좀 줄이더라는 다큐멘터리도 있어. 암튼 자기 행동을 일종의 거울처럼 보여 줄 수 있는 장치가 필요한데, 난 그 장치를 콩트로 마련해 보려는 거야."

"콩트든 연극이든 하려면 일단 대본이 있어야 하잖아요."

"대본은 내가 쓰면 되지."

"네?"

현민을 제외한 두 명은 도형의 말에 놀랐다. 그리고 역시라는 표정으로 고개를 끄덕이는 현민의 반응에 한 번 더 놀랐다.

"학교 다닐 때 연극 동아리에서 글 썼어. 걱정하지 마."

도형에 대해서 알면 알수록 신기했다. 대체 알지 못하는 것, 해보지 않은 일이 있을까 싶었다. 수빈이 도형에게 조심스럽게 물었다.

"주인공들은 어떻게 섭외하고요?"

도형은 다율을 비롯한 주동자들을 불러서 직접 연극에 참여시키려는 심산이었다. 리나와 현민은 합창하듯이 누군가의 말을 들을 애들이 아니며 연극이라면 더더욱 안 할 것이라고 말했다.

"이 연극을 문화의 집에서 주최하는 주민 참여형 프로젝트로 만들 거야. 그리고 애들한테는 출연료를 주면서 '꼭 너 아니면 안 된다.'라고 섭외해야지. 여태까지 내가 마음먹어서 섭외에 실패한 사람이 없으니까 걱정하지 마. 일을 벌이기 전에 일단 행정적으로 문제가 없는지 확인하느라 이틀이 걸린 거야. 이보미 국장님과 상의했더니 문제없대. 협조 요청을 하면 너희 학교에서 공연하는 것도 가능할 것 같아. 자기네 학교 학생들이 주축이 된 연극을 굳이 막을 이유는 없겠지. 그런데 준비할 시간이 너무 부족하다."

도형은 잠시 말을 끊었다가 손가락을 딱 소리 나게 튕겼다.

"너희 축제 때 못 맞춰도 그냥 다음에 특별 프로그램으로 올리면 되잖아."

리나는 축제 때, 아니 축제 이전에 문제를 해결하고 싶어서 무슨 방법이 없을까 머리를 굴렸다.

"연극 말고 그냥 역할 바꾸기를 하면 어떨까요?"

도형은 단호하게 고개를 가로저었다.

"절대 안 돼. 그저 가해자와 피해자를 바꾸면 '너도 한번 당해 봐라.' 하는 것과 뭐가 다르니? 특히 선배는 이미 자기가 후배였을 때 비슷한 상황을 겪었는데도 입장이 바뀐 뒤에 결국 가해자의 편에 선 거잖아. 그러니 단순히 역할 바꾸기만 해서는 안 돼. 자기가 맡아야 하는 새로운 역할을 스스로 찾을 수 있도록 도와줘야지."

"새로운 역할이 뭔데요?"

"경쟁자가 아니라 협력자. 도움을 베푸는 시혜자. 이미 많은 경험을 거친 성숙한 인간. 무엇이 되었든 경쟁에서 벗어나 자신을 더 성숙한 존재로 여기게끔 하는 스토리가 필요해."

그래도 리나는 급한 속내를 감추지 못하고 조르듯이 말했다.

"사람들이 아무리 스토리, 스토리 해도 정말 그렇게 해서 문제가 해결될까요? 시간이 많이 드는 연극 말고 다른 방법은 없어요?"

"아니, 보상이건 처벌이건 간에 자기에 대한 스토리를 바꾸는 게 가장 빠른 방법이야."

도형은 스토리의 효과를 믿는 이유를 설명해 주었다.

"미국 버지니아 대학 심리학과의 티머시 윌슨 교수는 스토리의 힘을 확인하려고 성적이 좀 떨어지는 중학생들에게 작문 과제를 냈어. 수업 시간마다 십오 분 동안 나에게 가장 중요한 대상의 가치에 대해 써 보라고 시켰지. 가족, 친구, 공부, 종교, 음악 등 주제는 다양했는데 이 년 동안 이 숙제를 꼬박 해낸 학생들의 성적이 눈에 띄게 올랐어. 글을 쓰면서 자기의 새로운 가치를 확인할수록 학생들의 성취욕이 점점 커졌던 거야."

"우리는 일진 애들 성적 올리는 게 목적이 아닌데요."

"야, 이야기의 핵심을 봐야지. 자신에 대한 스토리를 어떻게 쓰느냐에 따라 사람이 변화한다는 거야. 티머시 윌슨 교수는 다른 실험도 했어. 어린애들에게 단순히 '쓰레기를 버리지 마라.' 하고 가르치기보다 여드레 동안 '너희는 깔끔해서 쓰레기를 버리지 않는 사람들.'이라는 스토리를 붙여 줘서 행동을 변화시켰지. 자신에 대한 이야기를 새롭게 편집해서 행동을 긍정적으로 변화시키도록 유도하는 게 스토리 기법의 핵심이야. 원래는 계속 글을 쓰게 해야 하지만 우리는 시간이 없으니 함께 대사도 만들며 연극을 올리는 거야."

그래도 리나는 이 문제를 한시라도 더 빨리 해결하고 싶어 하는 눈치를 숨기지 못했다. 도형은 그런 리나를 보고 눈을 반짝이며 말했다.

"이건 사람의 마음을 바꾸는 일이야. 로그인해서 캐릭터를 단번에 성장시키는 게임이 아니라고. 시간이 걸릴 수밖에 없어. 천천히 접근할수록 효과는 더 확실해지지. 암, 그렇고말고."

날 선 마음

리나는 사고를 칠 것만 같은 주동자들의 연락처를 도형에게 넘겼다. 도형은 '연극에 모집하면 좋은 애들'이라는 그룹으로 저장한 다음 리나에게 사건의 발단이 된 다율을 꼭 섭외하라는 임무를 주었다. 리나는 부담이 이만저만이 아니었다. 잘나가는 척 폼 잡기 좋아하는 다율이 어디로 튈지 전혀 예상되지 않았다. 일대일로 부딪쳤을 때 상대가 강하게 나오면 납작 엎드리다가도 여러 애들 앞에서는 센 척하는 아이였다. 그런 다율을 연극에 끌어들이기란 정말 힘들 것 같았다.

설령 섭외에 성공해서 일이 잘 해결되어도 고민은 남아 있었다. 이번 일로 다율이 혹시나 친한 척하며 달라붙을까 걱정되었다. 이번 소동이 잘 무마된 뒤에 다율은 예전처럼 자기네 패거리에나 기웃거리며 지냈으면 하는 게 리나의 바람이었다. 다율과 필요 이상으로 친해지면 자기 이미지도 덩달아 나빠질 것 같았다.

그래서 리나는 꾀를 내었다. 다율을 섭외하되, 반에서 가장 예쁜 송에스더도 끌어들이기로 마음먹었다. 리나는 우선 송에스더에게 접근했다.

"있잖아, 너 성당에서 연극 같은 거 해 본 적 있지? 비슷하다고 생각하면 돼. 넌 긍정적인 기운이 넘치니까 이런 의미 있는 콩트도 좋아하지 않아? 부탁할게."

에스더는 잠시 고민하다가 리나가 워낙 간절한 눈빛으로 부탁해서 대본을 보고 결정하겠다며 조건부 승낙을 했다. 리나는 곧바로 다율에게 가서 섭외를 시도했다. 예뻐서 섭외하는 것이고 출연료까지 있다고 말해도 다율은 콧방귀를 뀌었다. 단칼에 거절할수록 자기의 가치가 더 높아진다고 착각이라도 하는 듯했다. 다율은 출연을 거절했으면서도 연극에 대해서 떠벌리고 다녔다.

"길거리 캐스팅을 당해도 할까 말까인데, 고작 동네 연극에 캐스팅한다고? 누굴 뭘로 보고…… 리나 걔 어이없지 않니?"

오후가 되자 리나가 축제 때 올릴 연극을 준비한다는 소문이 반 전체에 쫙 퍼졌다. 에스더는 다율을 비롯한 일진들이 출연하는 콩트라는 걸 알고는 참여하지 못할 것 같다고 거절했다. 마지막 쉬는 시간에는 유진이 리나를 조용히 불렀다. 유진은 다율과 성향이 정반대였다. 여러 사람과 함께 있을 때는 온순한데 비해, 일대일이 되면 엄청 센 기운으로 달려들어서 당황시켰다. 성향은 다르지만, 둘 다 진심으로 사람을 대하지 않고 자기가 효과적이라고 믿는 기술을 써서 남을 밀어붙이는 것은 똑같았다. 리나는 이런 애들에게는 처음부터 밀리면 안 된다는 것을 본능적으로 알고 있었다. 예상대로 유진이 성난 개처럼 으르렁대며 따지고 들었다.

"야, 너 왜 반의 일을 반장인 나한테도 알리지 않고 맘대로 추진하고 그래? 너, 나 왕따시키려는 거야?"

"내가 이미 뭐든지 해야 한다고 말했잖아. 그런데 안 하겠다고 한 건 바로 너야. 반장이 없을 때 나서서 일을 처리하는 게 부반장이 해야 하는 일인 거 몰라?"

유진의 얼굴이 돌처럼 굳었다.

"너, 완전히 나를 개무시하는구나. 아니, 나뿐만이 아니지. 선생님은 또 뭐고?"

"선생님한테는 어느 정도 준비가 되면 말씀드리려고 했어."

"그게 무시잖아."

리나는 아차 싶었지만, 그렇다고 인정하면 싸움에서 질 것 같아 재빨리 머리를 굴렸다.

"무시한 게 아니라 오히려 존중하니까 선생님이 신경 덜 쓰게 해 드리면서 문제를 해결하려고 그런 거야. 너야말로 선생님을 무시하니까, 선생님하고 힘을 합쳐서 문제를 해결하려 하지 않고 노는 애들이 되는대로 화풀이하도록 그냥 놔두는 거 아니야?"

유진은 대답 없이 무섭게 리나를 째려보았다. 리나도 지지 않으려고 유진의 시선을 피하지 않았다. 유진이 천천히 말했다.

"너, 나 건드린 거 후회하게 될 거야."

"너한테 그런 능력이 있었으면 다율이 일도 지금처럼 커지지 않았겠지. 아무것도 못 하는 얼굴마담 주제에 큰소리는."

유진은 얼어붙은 표정으로 리나를 보다가 갑자기 휙 돌아서더니 쿵쿵거리며 사라졌다. 리나는 길게 한숨을 내쉬고 천천히 교실로 걸음을 옮겼다.

학교에서 나온 리나의 발걸음은 자연스럽게 문화의 집으로 향했다. 도형은 리나를 반기며 모든 출연자의 섭외에 성공했고 저녁에 만나기로 했다는 소식을 전했다. 일이 생각보다 훨씬 잘 풀리는 것 같아 믿기지 않았다.

"정말요? 이상하다, 모르는 사람이 한 전화로 움직일 애들이 아닌데……. 출연료도 솔직히 걔들이 맘먹고 다른 애들한테서 돈 빼앗으면 그것보다 훨씬 많이 모을 수 있고……."

"어허, 내가 해서 안 되는 일이 어디 있어?"

도형의 과장된 어투에 웃음이 나왔다. 농담처럼 말했지만 진짜 그럴 것 같았다. 도형은 뭐든지 알고, 뭐든지 해결할 수 있을 것 같았다. 도형은 심지어 리나가 송에스더를 섭외하려고 했던 일까지 알고 있었다. 어떻게 알았느냐고 물었지만 도형은 또 과장된 어투로 너스레를 쳤다.

"어허, 내가 모르는 일이 어디 있어?"

리나가 대본이 걱정된다고 말하자 도형은 내일이면 완성된다며 "내가 못하는 일이 어디 있어?"라고 마침표를 찍었다. 리나는 제 용건만 해결하고 가는 것이 미안한 나머지 도와줄 일이 없는지 살폈다. 도형은 안 그래도 일손이 필요한데 신세를 지겠다며 설문지를 배포하는 일을 맡겼다. 두 시간 동안 부지런히 설문지를 돌리고 돌아오니, 도형은 자원봉사 시간을 넉넉하게 계산해서 기대도 안 했던 증명서를 만들어 주었다. 리나는 좋은 일을 하고 뜻밖의 수확도 얻어서 기분이 더 좋았다.

다음 날, 일진 중 주동자인 김규환과 엄기호를 비롯해 연극에 출연할 아이들이 전부 문화의 집에 모였다. 리나가 직접 섭외한 송에스더는 끝내 참석하지 않은 것에 비해 도형의 섭외력은 100퍼센트 성공이었다. 심지어 다율과 그 남자 친구까지도 섭외한 것을 봤을 때는 입을 떡 벌릴 수밖에 없었다. 다율은 선배 일진 앞에서보다도 조신하게 서 있었다. 리나는 앞으로 차라리 도형에게 완전히 의지하는 게 낫겠다고 생각했다. 규환 역시 어른에게 말할 때 말끝을 흐리며 반말처럼 하는 애였는데 도형에게는 처음부터 형님이라며 깍듯하게 존칭까지 썼다. 리나는 도형의 기가 다르긴 다른가 보다 하며 새삼 감탄했다.

도형은 기본적 상황만 정해 주고 대사를 함께 만드는 식으로 연극 준비를 시작했다. 자기가 대본을 다 쓸 수도 있지만 연극의 효과를 높이려면 출연하는 아이들이 몰입해서 직접 자신의 이야기를 써야 한다는 것이었다. 각자의 경험이 있다 보니 후배를 못살게 구는 장면이 아주 실감 나게 구성되었다. 약 십오 분 정도 진행될 콩트의 대사가 완성되자 도형이 출연자들에게 말했다.

"자, 이제 배역을 정하자. 후배 역할을 할 사람은 좀 어리게 생겨야 하는데 누가 좋을까?"

애들은 험한 꼴을 당하는 역이라며 싫어했다.

"야, 이 후배 역할은 예쁜 옷도 입어."

"어떤 옷이요?"

"아기 옷."

도형의 말에 애들이 웅성웅성했다.

"어, 후배가 아니라 아기한테 이렇게 하는 거였어요?"

"이거 인간쓰레기로 보이겠는데요?"

"야, 안 그래도 넌 쓰레기였어."

"뭐야, 이 자식아?"

남자애들의 목소리가 커졌지만 도형이 눈빛만으로 소란을 정리했다. 리나는 이 모든 상황이 신기했다. 몰래카메라처럼 서로 합을 맞춰서 연기하는 건가 의심될 정도였다.

"야, 후배랑 너희 중에 누가 더 강하니?"

"그야, 당연히 우리죠."

"아기랑 너희 중에는 누가 더 강하니?"

"그야, 당연히 우리죠."

"그런데 왜 아기는 보호하려고 하고, 아기에게 나쁜 짓을 하면 쓰레기라고 하면서 후배는 괴롭혀도 괜찮다는 거지?"

"그야, 후배들부터 버릇이 없으니까요."

"어떻게 버릇이 없는데?"

애들은 저마다 경험한 한심하고 예의 없는 후배들을 고발했다. 그러나 전부 사소한 것들이어서 말하는 입장에서도 좀 치사하다고 느낄 법한 일들이었다. 도형은 그 점을 놓치지 않았다.

"그건 후배들이 버릇없는 게 아니라 실수하는 것에 가깝네. 아기가 실수한다고 매질하는 게 좋은 일일까? 그럼 너희들도 실수했을 때 맞아야겠네? 정말 그러면 좋겠어?"

도형의 말에 애들의 얼굴이 살짝 굳었다. 그럴수록 도형은 더 크게 미소를 지었다.

"뭘 잘 모르고 하는 어리광에 가깝다고 실수를 받아들일 수는 없을까? 그건 혼내야 하는 게 아니라, 가르쳐 줘야 하는 거잖아. 후배들은 너희 경쟁자가 아니야. 너희들의 도움이 필요한 연약한 존재지."

경쟁자라는 말에 모두들 움찔했다. 리나는 도형의 설계대로 전개되는 상황이 흥미진진했다.

"너희들이 잘 도와주면 후배들도 자연스럽게 너희를 존중할 거야. 아무것도 안 해 줘 놓고서 무조건 후배가 기어오른다고 말할 수는 없어. 후배들이 선배들 도움 없이는 우리도 그만큼 아래로 굴러떨어진다고 생각하면 너희들을 무시할 수 없겠지. 너희는 후배를 돌봐 줄 자신이 없으니까 말도 안 되는 일로 우격다짐하는 거잖아. 못난 놈들처럼."

도형은 규환에게 시선을 고정한 채 말을 이었다.

"너희는 그렇게 못난 놈 아니잖아, 안 그래? 사고는 좀 쳐도 나름 멋진 녀석들 아니었니? 정말 강해지고 싶은 놈들 아니었냐고. 고작 자기보다 약한 사람과 경쟁할까 봐 벌벌 떠는 놈들이었어? 뭔가 사고를 치려면 비겁하게 아래를 짓누르지 말고 위를 향해 도전해 보란 말이야."

규환은 입장을 바꾸어 생각해 보는 계기를 마련해 주려는 도형의 의도를 짐작할 수 있었다. 그래서 도형에게 굳이 연극을 하지 않아도 후배들을 괴롭히는 일은 없을 것이라고 다짐했다. 하지만 도형은 태도를 굽히지 않았다.

"너희가 지금 느낀 것을 제대로 살려서 콩트를 만들어야 네 후배들도 선배가 되었을 때 너희처럼 하지 않지. 희생하는 마음으로 후배의 앞길을 열어 줘야 진정한 선배 아니겠니? 그러니 잔말 말고 더 열심히 준비해. 내일부터 본격적으로 연습해야 하니까 오늘은 어떻게든 배역을 정해야 해. 어때, 내가 정해 줄까?"

애들은 강하게 도리질을 쳤다. 규환이 대표로 나서서 자기들끼리 정하겠다고 말했다.

"좋아, 그럼 내일부터 딱 닷새 동안 여기 나와서 연습하고 가. 축제 끝나면 자유니까 말이야."

도형은 리나를 데리고 회의실에서 나왔다.

"이제는 쟤네들한테 완전히 맡기면 돼. 넌 신경 쓰지 마. 쟤들이 스토리를 만들고 각색해서 올릴 거야. 그래야 효과가 있으니 그냥 두고 보자. 나도 더 이상 간섭하고 싶지는 않아."

리나는 이로써 문제가 말끔하게 해결된 것 같아 유쾌했다.

학교에서는 장기 자랑에서 콩트를 한다는 소식만으로도 큰 화제가 되었다. 담임 선생님은 출연진을 보고 처음에는 걱정했지만 리나에게서 사정을 듣고 조금 안심했다.

말이 좋아 3학년 3반 장기 자랑이지 사실상 일진들이 모여서 올리는 콩트였다. 일단 학교의 분위기를 심각하게 만든 주동자들이 출연자라는 데 전교생이 화들짝 놀랐다. 무대에 오른 일진들 역시 콩트를 보는 후배 관객들의 반응에 놀랐다. 여태껏 자신들의 거친 모습을 후배들이 무서워하면서도 동경할 것이라고 생각했는데, 콩트를 보는 후배들의 눈빛은 지질한 변태를 보는 듯했다. 콩트가 끝나고 출연진 모두가 고개를 숙여 무대 인사를 했다. 후배들은 그 모습이 꼭 자기들에게 사과하는 듯해서 가슴속이 후련해지는 느낌을 받았다. 다른 3학년생들도 그동안 벌어진 일을 방관한 데에 반성하는 눈치였다.

콩트는 인기상까지 받았다. 리나는 유진이 대표로 나가서 상을 받는 게 약간 속상했지만 그래도 보람이 느껴져 뿌듯했다. 축제 이후에 3학년들의 태도가 누그러지면서 학교 분위기는 예전으로 돌아왔다. 문제가 해결되는 데 한몫한 것 같아 리나는 자기도 모르게 양어깨에 힘을 주고 다녔다.

리나는 뭔가 도형에게 보답해 주고 싶었다. 그래서 축제 다음 날부터 문화의 집 주변 청소, 서류 분류 작업, 설문 결과를 컴퓨터에 입력하는 일 따위를 가리지 않고 도왔다. 대가를 바라지 않았지만 도형은 자원봉사 증명서를 알아서 챙겨 주었다. 리나는 도형이 자기 사정을 잘 이해해 주고, 자기를 한없이 긍정적으로 평가해 주어서 고마웠다. 도형에게는 계속 좋은 인상을 주고 싶었다. 그래서 별일이 없어도 문화의 집을 찾아 그 옆에 딸려 있는 조그만 도서관에서 책을 읽기도 했다. 빌려 보는 책의 주제는 기분에 따라 그때그때 달랐지만, 도형은 우연히 마주치면 어떤 책이든 막힘없이 통찰력 있는 논평을 들려주었다.

리나가 친구 관계를 어떻게 하면 잘 유지할 수 있을까 궁금해서 『인간관계의 4단계 기술』이라는 책을 보고 있었는데, 도형이 슬쩍 다가와서 말을 걸었다.

"이 책은 나도 읽어 봤어. 인간관계는 4단계로 진행이 되니 각 단계에 맞는 기술을 써야 한다는 심리학 이론을 소개한 책인데…… 내가 보기에는 말도 안 돼."

리나가 이유를 묻자 도형은 소년처럼 해맑은 미소를 지으며 신바람을 냈다.

"첫 단계인 '단순 접촉 단계'에서는 간단히 인사를 건네며 만나는 횟수를 늘리는 게 중요하다고 하지. 하지만 상대방이 바빠서 자주 만나지 못하면 어떻게 해? 그리고 어느 날 갑자기 심각한 이야기를 상담해 오면 어떻게 할 건데? 아직 2단계인 '교류 단계'가 아니니까 좀 더 기다려 달라고 해야 하나?"

책에는 2단계인 교류 단계에서 만남의 양이 아닌 질을 높이기 위해 점점 깊이 있는 대화를 나눠야 한다고 쓰여 있었다. 하지만 도형은 이것 역시 갑작스러운 변수들 때문에 그대로 따르기 힘들다고 반박했다.

"태권도 시범 중에 약속 겨루기를 보면 서로 호흡이 착착 잘 맞아서 멋지지만, 실제 시합을 보면 기술이 자꾸 어긋나서 자세도 제대로 안 나오잖아. 그런 것처럼 현실에서 이 책 내용대로 사람을 사귈 수는 없어. 친밀감을 깊게 나누려면 교류 단계에서 열심히 서로의 공통점을 찾아야 한다지만, 사람이란 무릇 공통점보다 차이점이 많은데 어떡해? 친밀감이 깊어지지 않았는데 어떻게 3단계인 '동화 단계'로 넘어가서 서로의 비밀을 공유하는 사이가 되고, 어떻게 완전히 둘이 하나가 되는 4단계로 나아가느냔 말이야."

도형은 책에서 3단계까지는 연인이나 친구도 어느 정도 다다를 수 있지만, 4단계는 결혼한 부부라고 하더라도 극소수만이 도달할 수 있다는 내용을 찾아서 손으로 가리켰다.

"이렇게 도달하기 힘들다면 차라리 2단계나 3단계 이론이라고 해야 하는 거 아냐?"

리나는 도형에게 직접 이론을 만들어 보는 건 어떠냐고 했다. 빈정거리는 것이 아니라, 뭐든지 척척 말하는 도형이라면 가능할 듯했다. 도형은 잠시 머뭇거리다가 대답했다.

"인간관계에서 왜 이론이 필요해? 난 이렇게 보편적인 요소가 인간관계를 좌우한다고 말하는 책들은 전부 쓸모없다고 생각해. 잘 봐. 사람들이 정말 서로 성격이 비슷하고, 세계관이 비슷하고, 생각이 비슷하고, 취향이 비슷하기 때문에 인간관계가 만들어지고 유지될까? 절대 아니야."

리나는 자신이 여태까지 경험한 친구들을 돌이켜 보았다. 아무래도 성격, 생각, 취향이 비슷하면 친구가 되기 쉬웠다. 이번에는 도형의 말에 쉽게 동의할 수 없어서 고개를 가로저었다. 도형은 리나가 부정하자 오히려 흥이 나는 듯 목소리를 높였다.

"우리가 친구들과 멀어질 때를 잘 생각해 봐. 성격 차이라고 나중에 이름 붙이지만, 그 계기가 뭐니? 노래방에서 자기가 선곡한 노래를 먼저 불렀다고 티격태격하다가 안 보게 되고, 맛난 거 몰래 먹은 게 치사하고 서운해서 멀어지고, 내가 좋아하는 물건을 맘대로 쓰다가 망가뜨리고는 사과하기는커녕 '야, 왜 이렇게 후진 걸

써.' 하고 속을 뒤집어 놓아서 절교하기도 하잖아. 결국은 사소한 문제야. 거창하게 세계관이니 성격이니 할 것 없이 아주 사소한 것이 어긋나서 관계가 정리된다고."

도형은 고개를 끄덕거리며 말을 이어 나갔다.

"사실 시작도 사소했어. 갑자기 툭 튀어나온 이야기 때문에, 예를 들어 좋아하는 배우나 가수, 싫어하는 선생님 등의 화제를 나누다가, 아니면 같은 버스를 탄다는 등 사소한 이유로 그냥 친구가 되는 거야."

리나는 도형의 말을 들으면서 정말 그런 면이 많다고 공감했다. 도형은 단호하게 자기 의견을 정리했다.

"원래 사소한 게 마음이 들어서 친해져 놓고 대단한 이유가 있었던 것처럼 착각하다가 현실에서 사소한 게 어긋나면 툭 끝나 버리는 게 바로 관계의 전부야."

리나는 도형의 말이 옳은 것 같기도 했지만, 그렇다면 참 쓸쓸하다는 생각도 들었다. 리나는 반박하고 싶어서 이것저것 궁리하다가 도형에게 물었다.

"오빠, 언제든지 관계가 끝나 버릴 수 있다는 걸 알면서 왜 여기 문화의 집에서 저나 다른 사람들하고 인간관계를 맺어요?"

도형은 잠시 머뭇거리다가 낮은 목소리로 대답했다.

"혼자서는 외로우니까. 결국 헤어지더라도 만나는 동안은 외로움에서 벗어날 수 있으니까."

리나는 왠지 도형이 딱했다. 그리고 늘 당당해서 전혀 그러지 않을 것 같은 도형이 자기처럼 외로움을 두려워한다는 말에 더 친밀감이 느껴졌다. 도형은 친밀감을 높이기 위해 공통점을 찾아야 한다는 책의 내용이 틀렸다고 말했지만, 문득 리나는 적어도 지금 자신에게는 맞는 이론이라고 생각했다. 도형은 옅은 미소를 머금은 채 덧붙였다.

"많은 사람들과 오랫동안 관계를 끌고 가야겠다는 기대나 욕심이 없으니까 오히려 관계를 맺는 게 두렵지 않아. 언제가 됐든 주변 사람들이 떠나기 전까지 행복하게 지내면 된다는 생각뿐이야. 사소한 계기로 잘못될 수 있다는 걸 아니까 세심하게 챙기게 돼. 그렇게 챙겨서 꼭 오랫동안 관계를 지키겠다는 건 아니고, 애초에 관계의 출발이 사소했으니 상대방이 끝내기 전까지는 작은 일에도 최선을 다하자는 거야."

리나는 도형이 자기에게 세심하게 해 줬던 말이나 배려 등을 떠올렸다. 진심이 느껴졌다. 리나도 도형에게 사소한 것까지 모두 챙겨 주는 사람이 되어야겠다고 결심했다.

그 이후에 리나는 문화의 집 행사에서 사진을 찍을 때도 도형보다 먼저 나서서 주변을 단속했다. 도형이 유독 사진에 찍히는 것을 싫어했기 때문이다. 도형은 자기가 못생겨서 그런다며 얼버무렸지만, 리나는 뭐든지 자기 나름의 신념과 이유에 따라 행동하는 도형이라면 더 깊은 이유가 있으리라 추측했다. 도형은 휴대폰을 쓰면서도 사진을 SNS에 올리는 등 온라인에서 다른 사람과 소통하는 활동을 전혀 하지 않았다. 빈 수레가 요란하다고, 조그만 일에도 인증이랍시고 호들갑스럽게 사진과 글을 올리는 자신과 비교가 되었다. 새삼 묵묵히 맡은 일을 처리하고 일상에 충실한 도형이 대단하게 느껴졌다.

방과 후에 반 아이들과 어울리기 바쁘던 리나는 문화의 집에서 도형의 일을 돕고 공부를 하는 일이 잦아졌다. 도형과 시간을 보내면 항상 새로운 자극을 받았고, 자기가 더 현명해지고 성숙해지는 것 같았다. 그러면서 상대적으로 학교 친구들과 어울리는 게 시시해 보였다. 그런 마음이 드러났는지 리나를 대하는 애들의 눈치 역시 달라졌지만, 그것을 감내할 만큼 도형과 보내는 시간이 좋았다.

집에서도 리나의 행동은 눈에 띄게 변했다. 도형의 조언에 따라 예전에는 짜증 냈을 일도 덜 예민하게 반응했다. 할머니는 집에서 샤워할 때 절약해야 한다며 언니와 리나에게 동시에 씻으라고 했다. 그 말을 듣지 않으면 할머니가 다른 잔소리까지 늘어놓아서 둘은 군말 없이 함께 씻었다. 하지만 언니는 리나보다 늘 먼저 샤워를 끝냈다. 언니가 욕실에서 나가면 할머니는 보일러를 꺼 버렸다. 할머니에게 보일러는 꼭 끌 테니 그냥 놔두라고 부탁해도 안 된다는 말만 되풀이했다.

리나는 자신을 배려하지 않는 할머니와 그런 할머니를 감안해

서 조금 기다렸다 같이 나가 주지 않는 언니를 욕했지만 최근에는
다르게 받아들였다. 할머니는 절약을 우선할 뿐 자기를 미워하는
게 아니며, 언니 역시 고등학생이라 바쁠 뿐 자기를 골탕 먹이려는
건 아니니 괜히 열 내지 말자고 마음먹었다. 그리고 겉으로 보이는
할머니와 언니의 모습에서 긍정적인 면을 발견하려고 노력했다.

애초에 가족들과 사고방식이 달라서 절대로 관계가 좋아질 리
없다고 단정지었는데, 사소한 행동을 바꾸기 시작하자 충돌이 줄
어들고 관계가 좋아지는 느낌이 들었다. 마음을 열고 바라보니 할
머니의 주름도 새삼 안타깝게 느껴졌다. 그러면서 할머니와 대화
하는 시간이 자연스레 늘어났다.

그런데 이상하게도 아빠와 엄마에게는 좀처럼 마음을 열 수 없
었다. 아니, 열고 싶지 않았다. 그래서 리나는 부모님과의 관계에
대해서만큼은 아예 도형에게 조언을 구하지조차 않았다.

굴뚝과 구덩이

리나는 딱히 정해진 일정이 있지 않을 때도 문화의 집에 자주 들렀다. 차라리 도형과 일을 만들기 위해서 문화의 집에 간다고 하는 게 옳았다. 리나는 도형의 그런 즉흥적인 면이 좋았다. 계획에 따라 일이 착착 진행되는 재미만 알던 리나에게 뜻밖의 일, 뜻밖의 시간, 뜻밖의 성과를 안겨 주는 도형의 세계는 새로운 세계였다. 그렇게 새로운 세계를 누비며 한 달이 흘렀다.

리나는 1학기 초와 달리 반 애들에게 많은 신경을 쓰지 않았다. 오히려 적당히 거리를 두고 도형에게 집중할 수 있어서 좋았다. 하지만 시간이 갈수록 애들이 아예 자기와 어울리길 피하는 게 느껴지면서 마냥 도형과 만나는 데만 집중할 수 없게 되었다. 교실에 있다 보면 애들 쪽에서 더 적극적으로 거리를 두고 있다는 인상을 받았다. 리나가 발표를 하거나 무슨 일 때문에 나서면 뒤에서 코웃음 같은 소리가 들릴 때가 많았다. 리나를 보고 수군거리는 애들도 생겨났다. 리나는 짐짓 모르는 척하며 그런 애들에게 다가가서 말을 붙이고 눈치를 살폈지만, 그럴 때면 이런저런 핑계를 대며 자리를 뜨기 일쑤였다. 다른 반의 일진 중에는 아예 다 들리게 빈정대는 애도 있었다.

"아빠가 술장사한다는 애가 쟤야?"

"백 믿고 까부는 애?"

일대일이라면 어떻게 대응해 보겠지만 여러 명이 마치 침을 뱉듯이 험담을 쏟아 놓으니 리나도 몸이 얼어붙었다. 상황은 점점 악화되었다. 오랜만에 연락하는 것이라 좀 낯간지러웠지만, 리나는 답답한 마음에 현민에게 구조 요청을 보냈다.

"현민아, 애들이 나를 두고 뭐라고 하는 것 같은데, 네 레이더에 혹시 뭐 잡히는 것 없니?"

"알면 너 상처만 입어. 그냥 조금만 더 버텨. 내가 알아서 다 해결해 줄게. 눈에는 눈이야. 너를 왕따시키려 했으니 왕따로 복수해야지."

현민은 의외로 담담했다. 그 말투가 마치 리나를 어린애로 치부하는 듯해서 기분이 나빴다. 도형과 어울리며 자신이 훨씬 성숙해졌다고 믿고 있던 리나는 빈정이 확 상했다.

"알아서 해결해 준다니, 뭐야? 넌 알고 있으면서도 나한테 얘기하지 않은 거야?"

"알아도 전하지 못하는 게 친구 마음이야."

"누가 내 대신 해결해 달래? 내 문제니까 일단 나랑 상의해야 하는 거잖아."

"야, 나 좋자고 그런 거니? 다 너를 위해서야."

"너 좀 오버한다. 이렇게 사람 우습게 만드는 게 정말 친구니?"

"너야말로 아쉬울 때만 찾아와서 징징거리는 게 정말 친구냐?"

"내가 얼마나 너희들한테 징징거렸다고 그래?"

리나는 발끈해서 전화를 끊어 버렸다. 하지만 다음 날이 되어도 현민의 날 선 목소리가 귀에서 떠나지 않았다. 자세히 들어 보니 아니었다. 마음 저편에서 현민과 비슷한 말을 하는 자신의 목소리가 들려왔다. 그동안 현민과 수빈에게 소홀했으면서 이제 와서 필요하다고 삼총사를 찾는 리나 자신도 친구로서 좋은 모습은 아니었다. 리나는 한참 망설이다가 옆 반으로 가서 조심스럽게 현민에게 사과의 말을 전했다. 현민도 머뭇거리다가 자기가 너무 몰아세운 것 같아 미안했다고 했다.

"그건 그렇고, 대체 무슨 이야기인데 내게 말 못 하는 거야?"

"나도 며칠 전에 들었어. 듣자마자 소문낸 놈을 찾아서 바로 아작 내려고 했지. 그런데 네 전화 끊고 가만히 생각해 보니 그게 아니더라. 그냥 한 달만 참으면 방학이고, 방학만 지나면 애들은 잊어버릴 거야. 괜히 없애겠다고 맞서면 헛소문은 더 오래가. 연예인들도 그렇잖아. 스캔들이 났을 때 적극적으로 부인하면 오히려 더 기억에 남고, 그냥 가만히 있으면 금세 다른 일에 묻혀서 잊히고."

리나는 순간 현민이 수빈과 더 자주 어울리더니 사고방식도 비슷해졌나 하고 생각했다.

"2학기에는 부반장이 아니니까 네가 나설 일도 없을 거야. 그러면 애들의 관심에서도 좀 벗어날 테고."

리나는 현민에게 사실 반장 선거에 나갈 생각이라는 말은 꺼내지 않았다. 그 대신 마음이 안정된 척하며 슬쩍 떠보았다.

"왜? 내가 많이 나댄대?"

"뭐, 그런 비슷한 말이 있어."

모두 학교와 반을 위해서 앞장선 것인데도 그런 평가를 받는다니, 리나는 무척 속이 상했다. 하지만 짐짓 아량이 넓은 듯이 아무렇지도 않게 말했다.

"현민아, 그 정도인데 뭐하러 상처받을까 봐 전하지 못한다고 그랬어."

현민은 아무 말이 없었다. 리나는 더 큰 이야기가 숨어 있다는 것을 직감했다.

"뭐야, 정말 뭔데 그래? 속 시원하게 다 이야기해 봐. 그래야 내가 제대로 대응하지."

현민이 전해 준 리나에 대한 소문의 내용은 지저분했다. 소문은

리나가 전학을 온 이유에서부터 시작되었다. 범죄를 저지르고 법
원의 소년 분류 심사원이라는 곳까지 다녀왔다는 소문 정도야 처
음 전학을 왔을 때 들었던 "갖가지 사고를 쳐서 서울의 학교를 돌
고 돌다가 결국 시골 학교로 권고 전학을 오게 되었다."라는 말의
변종이니 별로 신경 쓰이지 않았다. 하지만 리나가 서울에서 선배
에게 까불다 밉보여 은밀한 부위에 억지로 문신을 새겼다는 둥, 그
문신을 소년 분류 심사원에서 지웠다는 둥, 축제 때 콩트를 올려서
일진을 막은 것도 자신이 당했던 경험 때문이라는 둥 갈수록 내용
이 치밀하고 심해졌다. 마치 리나 자신이 수시로 만들어 내는 거짓
말처럼.

리나는 그런 소문을 퍼뜨린 사람이 누구일지 고심했다. 반에서 리나에게 앙심을 품고 있을 만한 인물은 진호와 유진이었다. 이상한 점은 나머지 애들은 그럴 이유가 없는데도 오히려 소문을 더 키웠다는 것이었다. 반장 선거에서 지지해 준 애들의 수만 생각하면 누군가는 소문을 막거나 리나에게 알려서 제대로 대처할 수 있게끔 도와줬어야 했다. 거기까지 생각이 미치자 가슴이 답답해졌다. 먹잇감이 생기면 일단 자기가 목표물이 아니라는 안도감에 일이 돌아가는 대로 그냥 놔두는 애들의 모습이 떠올랐다. 자기만 아니면 희생양이 후배이건 반 친구이건 상관없다는 것일까. 축제 때 선보인 콩트를 보고 많이 느꼈다는 게 고작 이 정도인가. 답답함은 곧 화로 바뀌었다. 리나는 현민에게 짧게 한마디 했다.

"네 마음은 고맙지만 내 일이니까, 내가 처리할게."

"어떻게?"

"불을 끄자면 주변이 아니라 바로 진원지를 박살 내야지."

리나는 일단 유진부터 공략했다. 교실로 돌아온 리나는 꾹꾹 감정을 누르다가 점심시간에 급식도 먹지 않고 유진을 불러냈다. 예전에 유진이 자신을 불러냈던 비밀 장소였다. 리나는 말을 돌리지 않고 바로 물었다.

"너, 내가 서울에서 일진 백을 믿고 나대다가 잘려서 예산으로 온 걸레라고 소문냈니?"

유진은 피식 웃더니 부정했다.

"아니, 번지수가 틀렸어."

"비겁하게 거짓말하는 거야?"

"아니, 거짓말은 너 같은 애나 하는 거지. 왜 내가 하니?"

리나는 유진의 확고한 태도에 살짝 흔들렸다.

"그…… 그럼 누가 소문을 낸 거야?"

"내가 그걸 어떻게 알아? 처신을 잘해 봐, 그런 소문이 왜 나돌겠어?"

"뭐라고?"

"너 학교 끝나면 아저씨들 만나서 용돈 벌러 다닌다고 그러더라. 지난번 콩트 추진한 것도 잘나가는 아저씨 힘으로 애들 꼼짝 못하게 한 거라며? 얼마 전에 사고 치고 전학 간 규환이가 그 아저씨 조심하라고 똘마니들한테 말했다는데?"

리나는 기가 막혔다. 도형과 관련한 헛소문까지 있다는 것이 더 기분 나빴다. 화를 못 참고 유진에게 소리를 빽 질렀다.

"야! 그딴 말도 안 되는 소문 누가 내는 거야? 넌 누구한테 들었어? 말해!"

리나와 달리 유진은 능글능글하게 웃으며 말했다.

"소문이 왜 소문인데. 누가 억지로 퍼뜨린다고 되겠니? 아니 땐

굴뚝에 연기 날까 하는 말도 있잖아. 뭔가 있으니까 소문이 퍼지는 거지. 나도 누구한테서 들었는지 기억이 안 나. 이 애 저 애 다 이야기하더라고. 너, 더 외톨이 되고 싶지 않으면 그냥 잠자코 찌그러져 있어."

유진은 몸을 홱 돌리고 천천히 멀어져 갔다. 리나는 온몸에 힘이 하나도 들어가지 않았다. 점심을 먹지 않아서 기운이 없어진 게 아니라 심장이 발 아래로 툭 떨어져서 쇳덩어리가 되어 버린 듯했다. 리나는 교실로 돌아왔다. 애들이 낯설었다. 아니, 무서웠다. 유진의 말은 자기한테 웃음 짓는 애 중에도 악의를 품고 소문을 퍼뜨리는 애가 있을지 모른다는 소리였다. 리나는 아이들 대부분이 자기에게 호의적이던 2학년 끝 무렵의 반 분위기가 그리웠다. 아니, 축제 바로 직전의 뒤숭숭했던 분위기라도 지금보다는 나을 것 같았다.

리나는 주변을 둘러보았다. 2학기 반장은 고사하고 학교에 적응하는 것부터 다시 시작해야 하다니, 자신의 처지가 한심했다. 오랫동안 잊고 있었던 기분이 되살아났다. 혼자 떨어져 있는 것이 얼마나 큰 슬픔인지 다시금 느껴졌다. 하굣길, 머리 위의 파란 하늘에는 흰 구름이 한 줄 풀린 실오라기처럼 붙어 있었다.

리나는 그날 저녁도 도형을 찾았다. 그리고 자신이 처한 상황을 어떻게 하면 헤쳐 나갈 수 있을지 물어보았다. 도형은 리나의 마음부터 살폈다.

"많이 상처받았겠구나. 그래, 많이 아프겠지. 하지만 이것만은 알아 두렴. 사람은 누구나 언젠가는 오해를 받기 마련이야. 지금 아프다면 다음에는 더 아프지 않게 오해를 미리 대비해야 해."

"어떻게요?"

"자두나무 아래에서는 갓끈을 매지 말라는 말처럼 아예 오해를 살 만한 행동을 피하는 것도 방법이겠지. 하지만 그보다는 오해의 근원을 그냥 이해하고 넘기면 돼."

"그러니까 어떻게요?"

"우리가 다른 사람을 보며 하는 생각은 지구에서 달을 바라보는 것과 비슷해. 지구에서는 지구의 그늘 때문에 달의 일부가 가려진 모습만 보이듯, 자기 마음에 있는 그늘이 넓을수록 타인의 전체를 온전히 보지 못하고 왜곡된 일부분을 보게 돼. 너에 대한 헛소문이 많다면, 그건 그만큼 너를 보는 사람들의 마음에 두려움이나 죄책 감 등 부정적인 그늘이 많다는 뜻이야. 즉 사실은 제 그늘이 드리워진 건데, 그걸 너의 그늘이라고 오해한 데 지나지 않아. 그래서 자기들이 더 흥분하는 거지. 그렇다면 너는 걔들처럼 흥분하거나 화를 내는 게 아니라, 오해를 만들어 낸 그 아이들의 그늘에 대해 안타까워하는 게 더 나은 행동 아닐까?"

"남의 그늘 때문에 왜 내가 피해를 봐야 하는데요?"

"피해?"

"억울하게 오해를 받아도 꾹꾹 참느라 스트레스가 쌓이니 그게 피해지요."

"하지만 꾹꾹 참는 것에서 한발 나아가 소문을 퍼뜨린 사람을 품어 안으면 어떻게 될까?"

"그게 어디 쉽나요?"

"쉽다 어렵다부터 따지지 말고. 품어 안으면 어떻게 될까?"

소문낸 범인을 품으라니 말도 안 되는 소리 같았지만 도형이 끈질기게 물어봐서 뭐든 대답해야 했다. 하지만 선뜻 마땅한 말이 떠오르지 않았다. 도형은 다른 일이 있으니 나머지는 내일 이야기하자며 리나를 돌려보냈다. 집에 돌아와서도 분은 가라앉지 않았다. 도형이 너무 여유롭게 이야기하는 것도 서운했다.

다음 날 리나는 문화의 집에 들르지 않고 바로 집으로 왔다. 그랬더니 도형이 전화를 했다. 리나는 일부러 전화를 받지 않았다. 곧바로 문자 메시지도 왔다.

문제는 해결했어? 오늘 와서 말할 줄 알았는데 왜 안 와?

답장을 미루고 있는데 전화가 또 왔다. 아예 휴대폰을 꺼 놓으려다가 도형이 어떻게 반응할지 몰라 걱정되었다. 속상한 마음을 어떻게든 표현하고 싶지만 그러다 도형과 관계가 완전히 틀어질까 봐 두려웠다. 리나는 할 수 없이 전화를 받았다.

"해결했어?"

"그 문제를 어떻게 하루 만에 해결해요."

"마음만 바꾸면 일 초 만에라도 해결할 수 있는데."

여전히 쉽게 말하는 도형이 얄미웠다. 하지만 이어진 도형의 말에 마음이 조금 풀렸다.

"일단 만나서 이야기하자. 매일 오던 네가 안 오니까 여기가 너무 썰렁하다."

리나는 문화의 집으로 향했다. 도형이 말한, 그리고 오늘도 또 말할 문제 해결책이 정말 타당한지 따져 봤다. 영화 같은 데서야 철천지원수도 품어서 화해하고 오히려 서로 더 깊은 사이가 되는 경우가 있지만 실제로 믿을 수는 없었다. 영화에서는 멋져 보이는 것을 얼마든지 사실처럼 만들 수 있지만, 현실은 멋지지 않을 때가 더 많은 법이었다.

도형은 미소를 머금은 채 리나를 기다리고 있었다. 아니나 다를까, 도형은 어제의 연장선상에서 이야기를 시작했다. 리나는 마지못해 짤막하게 말했다.

"제가 품어 준다면야 고마워하고 관계가 좋아지겠지요. 걔들도 인간이라면."

"그래, 맞아. 그렇겠지. 그러니까 네 목적이 소문을 없애거나 주동자한테 복수하는 게 아니라 어떻게든 애들하고 관계를 좋게 만드는 거라면 더욱 품어야 해. 네가 생각이 있는 인간이라면."

리나는 혼자서만 성인군자처럼 말하는 도형이 밉살스러워 여태껏 감춰 둔 소문도 마저 털어놓았다. 자신에 관한 소문도 있다는 말에 도형의 눈빛이 살짝 흔들렸다. 하지만 그뿐이었다.

"그건 사실이 아니잖아. 그러면 거짓된 소문을 믿는 사람들을 안타까워해야지."

"아니, 대체 오빠는 무슨 생각인 거예요? 그런 헛소문을 퍼뜨린 놈한테 화가 나지도 않아요?"

"화를 내면 상황이 나아지나?"

화나는 것이 당연하다고만 여겼던 리나에게는 역시 생각지도 않은 질문이었다.

"화내면 속은 시원해질지 몰라도 문제는 해결되지 않아. 결국 힘만 뺄 뿐이야. 그러니 에너지를 쓰려면 용서하는 데 써야지."

리나는 용서라는 말에 기가 막혀서 헛웃음이 나왔다.

"오빠는 무슨 간디 바이러스에라도 걸렸어요? 대체 어떻게 그리 속 편하게 용서할 수 있어요?"

"용서라는 말에는 상대방의 잘못을 덮어 준다는 의미만 있는 게 아니야. 상대방한테서 더 이상 부정적 영향을 받기 싫으니 이제 신경 쓰지 않겠다고 결심하는 의미도 있어. 네가 화냈을 때를 떠올려 봐. 상황을 이끌어 가는 사람이 상대방이지 네가 아니잖아. 저 사람의 이런 행동 때문에 내가 화났다는 거잖아. 그런 방식은 '모두 상대방이 잘못했고 나는 착한 사람이야.' 하고 주장하는 것처럼 보이지만 실은 자기가 수동적인 사람이라는 사실만 내보이는 거라고."

"제…… 제가요?"

"네가 하는 말만 잘 들어도 알 수 있어. 자신을 피해자로 보는 사람은 '누가 나를 속상하게 했어.'라는 식으로 말해. 하지만 그러지 않는 사람은 그냥 '나는 속상해.'라고 말해."

"그 말이 그 말이잖아요?"

"아니야, 앞의 말은 주어가 다른 사람이잖아. 뒤의 말은 내 감정의 주인은 나이고, 부정적인 상황에서도 관계를 주도하는 쪽은 자신이라는 걸 놓치지 않고 있지."

도형은 리나의 어깨를 툭 치며 말했다.

"널 힘들게 한 사람한테 운전대를 내주고 어떻게 네 노력으로 상황을 바꾸려고 하니? 운전대를 네 손으로 틀어잡아야지."

"하지만 용서야말로 틀어잡는 것이 아니라 그냥 포기하는 거 아닌가요?"

"그래, 포기하는 거야. 하지만 끝내는 건 아니야. 자신에게서 모락모락 피어오르는 공격적인 마음을 내려놓고 평온한 마음으로 갈아탄 다음 새롭게 출발하는 거지."

"제겐 너무 힘든 경지예요. 전 그냥 화내고 막 부딪쳐서 성질이나 맘껏 부릴래요."

"그럴 거면 넌 왜 나에게 조언을 구해?"

리나는 "그야……." 하고 눈만 끔벅거렸다. 도형이 리나 대신 대답해 주었다.

"그 결과가 결코 바람직하지 않을 거라고 너도 충분히 알고 있기 때문이야."

리나는 내키지 않았지만 도형의 말을 인정할 수밖에 없었다. 도형이 다시 한 번 리나에게 질문했다.

"만약에 구덩이에 빠진다면 어떻게 해야 할까?"

"도와 달라고 해야지요. 아니면 자기 힘으로 기어 나오거나."

"맞아, 그런데 너는 지금 화가 난다면서 그 구덩이 안에서 땅을 더 파려고 하고 있어. 네가 소문의 주동자를 공격하면 상대방의 앙심은 더 커지고 너는 계속 구설수에 휘말리게 될 거야."

"그래도 억울하잖아요."

"너 자신이 피해자라고 생각하니까 억울한 거야. 넌 피해자라는 말이 좋니, 승리자라는 말이 좋니?"

"그야 당연히 승리자죠."

"그럼 누가 자꾸 날 괴롭힌다고 떠벌리는 피해자 노릇 그만하고, 새로운 네 이야기를 써. 네가 하고 싶은 것에 성공하는 승리자의 이야기를 쓰란 말이야. 지난번 축제 때 말했던 스토리의 힘 까먹었어? 먼저 스토리를 바꾸면 인생도 그렇게 바뀔 거야."

리나는 잠시 고민했다. 리나도 도형이 말한 구덩이에서 빠져나오고 싶었다. 하지만 헛소문을 퍼뜨린 애들을 그냥 놔두자니 왠지 비겁한 것 같았다. 그 마음을 다 꿰뚫어 보고 있다는 듯이 도형이 선수를 쳤다.

"행여나 정의 구현을 위해서라도 용서하지 못하겠다고 버티지는 마라. 그건 그냥 사적인 화풀이지 정의 구현 같은 게 절대 아니니까."

"그래도 저는 용서하기 싫어요. 차라리 모른 척하고, 걔네들 철저히 무시하면서 오빠가 말한 것처럼 승리자의 이야기를 쓸래요."

"상대방을 용서하고 바로 짝짜꿍하면서 잘 지내라는 말은 아니야. 상대방 입장에서는 그럴 수도 있었겠다고 인정하는 정도로 충분해. 그런 다음에 상대방한테 내 입장도 인정해 달라고 당당히 요구하면 돼. 만약에 상대방이 받아들이지 않으면 더 멀리 떨어지는 것도 용서의 길 중 하나야. 용서는 상대를 위해 내가 희생하는 게 아니라, 내가 새 출발하기 위한 선택임을 잊지 마."

리나는 도형의 말을 듣고 곰곰이 따져 보았다. 여태까지 현명한 도형이 건네는 조언을 따랐을 때 나빴던 적은 없었다. 하지만 이번에는 선뜻 그렇게 하겠다는 말이 나오지 않았다. 머리로는 그래야 한다고 생각했지만 가슴에서는 답답함이 사라지지 않았다. 결국 삐딱하게 반응하고 말았다.

"도인처럼 말씀하시네요. 새 출발을 하려고 해도 구체적으로 어디서부터 시작하면 될지 알아야 하잖아요. 그냥 시스루 룩 입고 간디 코스프레한다고 쉽게 용서가 되나요?"

리나가 비아냥댔지만 도형은 호탕하게 웃어넘겼다.

"용서하려고 굳이 간다나 도인이 될 필요는 없어. 그냥 너한테 상처를 준 사람들부터 다르게 대하려고 노력하면 그게 변화를 만드는 출발점이야. 이 사건의 유력한 용의자인 반장과 진호부터 용서하고 포용해 봐. 그러면 변화가 일어날 거야. 가장 관계가 틀어진 애들부터 다시 시작하면 나머지는 따라오게 마련이거든."

소문의 근원지부터 박살 내겠다고 마음먹은 게 바로 어제인데, 이제부터는 정반대의 마음으로 유진과 진호를 대해야 한다니 선뜻 내키지 않았다. 도형은 두 애가 왜 앙심을 품었다고 생각하는지 리나에게 물었다. 리나는 어차피 도형에게는 숨겨 봤자 소용없을 것 같아 모든 일을 털어놓았다. 도형은 특히 진호의 이야기에 관심을 보였다. 삼총사가 만난 계기가 곧 진호와 틀어진 이유라는 것에 재미있어했다. 이야기를 다 듣고는 잠시 생각하다가 조심스럽게 입을 열었다.

"진호는 네가 용서해야 하는 게 아니라, 오히려 용서를 구해야 할 사람인걸?"

"아니, 왜요? 그 애가 잘못한 거잖아요."

"그건 맞아. 그렇지만 너희들이 내린 벌이 죄에 비해서 너무했다고 생각하지 않아? 잘못을 지적해서 진호가 비밀 연애 상대들한테 사과하는 수준이었으면 괜찮았겠지. 하지만 진호 본인이 너무 심한 처사라고 생각할 정도로 몰아붙인 건 문제 아니니?"

리나가 뾰로통하게 입을 삐죽 내밀자 도형이 더 단호히 말했다.

"너는 네가 받은 상처는 그렇게 아파하면서 네가 꾸민 일 때문에 다른 사람이 받았을 상처는 별일 아닌 걸로 치부하는구나. 너도 진호한테 말 안 들으면 소문 퍼뜨려서 왕따 만들겠다고 협박까지 했다며?"

"저는 진호처럼 나쁜 일을 저질러서 벌받는 게 아니잖아요."

리나가 하소연했지만 도형은 여전히 단호한 표정으로 고개를 저었다.

"리나야, 잘 봐. 사실은 복잡하게 잘잘못을 따질 필요도 없다. 그냥 단순하게 계산해 보자. 네가 진호를 공격한 것은 과거야. 그런데 과거에서 문제를 끝내지 못하고 현재와 미래의 학교생활에도 분쟁의 불씨가 살아남아 있는 거잖아. 너도 무슨 일만 생기면 불편하게 계속 부정적인 생각을 하면서 진호를 봐야 하니, 그게 스트레스가 아니고 뭐니? 스트레스를 안고 사는 것과 털고 가는 것 중에 현실적으로 어느 쪽이 네 대인 관계에서 이득일지 생각해 봐."

"그래도 저는 오빠 같은 사람하고는 달라서 결정을 내리기 힘들어요."

"어허, 넌 자꾸 나와 네가 다르다고 하더라. 알고 보면 우리는 별로 다르지 않아. 그래서 더 친해진 거고."

"에이, 무슨 말이에요. 저는 무엇 하나 잘하는 게 없고, 오빠 발끝에도 못 따라가요. 그래서 오빠처럼 넓은 마음으로 용서할 수가 없는 거예요. 저도 이러는 제가 싫지만 어쩔 수 없다고요."

리나가 강하게 도리질하자, 도형은 어쩔 수 없다는 듯 자신의 옛날이야기를 털어놓기 시작했다.

"넌 내가 아무하고나 잘 지내는 것 같지? 하지만 예전에는 인간관계를 잘 맺지 못했어. 지금 네가 예전의 나처럼 행동하려 하니까 이렇게 열심히 충고하는 거야."

"정말 오빠가 저 같았다고요?"

"그럼, 사람을 보자마자 머릿속으로 점수를 매겨서 친구가 될 만한 애, 피해야 할 애, 무시해도 좋은 애, 무시하지는 않지만 적당히 만나다 끝낼 애 등으로 구분해서 사귀었거든."

도형의 말은 마치 리나의 대인 관계 전략을 한 문장으로 요약한 것 같았다.

"왜냐하면 나는 친구라면 꼭 이래야 한다는 분명한 기준을 정해 놨었거든. 그 기준에 맞지 않는 사람은 바로 거절했지. 누군가 나를 좋아한다고 해도 내 기준에 맞지 않으면 마치 없는 사람처럼 대했어. 그 사람이 서운해하거나 나를 이상한 애라고 욕해도 상관없었어. 어차피 나랑 어울리지 않는 애라고 생각했으니까."

리나는 고개를 끄덕였다. 도형이 한숨을 길게 내쉬었다.

"문제는 내 기준이 너무 이상적이었다는 거지. 아니, 이기적이었다고 해야 하나? 내가 원할 때는 뭐든지 도와줘야 하고, 나를 귀찮게 하지 않아야 하고, 항상 나에게 즐거움을 주고, 그래야 친구라고 생각했거든. 하지만 현실에서 그런 친구를 얻는 것은 불가능했어. 만약 친구가 기대에 못 미치면 나는 잘못이 없다, 친구가 나를 배신했다, 쟤는 나랑 수준이 안 맞는다, 하는 식으로 상대방의 탓으로 돌렸지. 그리고 일방적으로 관계를 정리한 다음에는 내 기준에 맞는 사람을 찾아서 사냥하듯 돌아다녔어."

리나는 자기도 비슷하기는 하지만 도형이 훨씬 심했다고 생각했다.

"가족에게도 마찬가지였어. 아빠라면, 엄마라면, 동생이라면 이렇게 해야 한다는 기준이 있었고, 기준에서 벗어나면 크게 실망해서 마음의 문을 닫았지. 그리고 내 기대를 채워 줄 사람을 찾아 집이 아닌 다른 곳을 기웃거렸어. 상대방의 입장은 생각하지 않고 내 입장만 생각했지. 내 방에서 상상 속 인물을 만들거나, 학교 선생님에게 의지하려고 했지만 뜻대로 되지 않더라. 관계를 맺으려고 할수록 상처받으니까 아예 나 스스로 왕따가 되는 길을 택하게 되더라고. 더 고통스러운 길에 제 발로 걸어 들어간 거지."

도형은 그때가 떠오른 듯 쓴웃음을 지었다.

"혼자만의 세계로 기어 들어가서 책만 읽었어. 현대 철학인 상대주의에 대해서도 그때 알게 되었는데, 상대방이 내 기대를 못 채웠다고 해서 그 사람한테 나와 관계를 맺을 자격이 없다고 섣불리 판단해서는 안 된다는 걸 깨달았지. 비난의 화살을 밖이 아니라 내안으로 돌리니까 아프기는 한데, 문제가 더 잘 보이더라. 그때 감명 깊게 읽은 책이 많은데 그중에 우정에 대한 책도 있었어."

도형은 초심을 잃지 않기 위해 휴대폰에 메모해 놓고 지금도 수시로 본다며 한 구절을 리나에게 보여 주었다.

　사람들은 대부분 부당하게도 자신이 오르지 못할 경지에 오른 친구를 원하며, 자신들도 해 줄 수 없는 것을 친구가 해 주기를 바란다네. 그러나 먼저 자신이 선한 사람이 되고, 그런 다음 자기와 비슷한 사람을 구하는 것이 이치에 맞네. 그런 친구들 사이에서만 우정이 안정적일 수 있네.

　"고대 로마의 철학자 키케로가 쓴 『우정에 관하여』에 나오는 말이야. 나는 처음에 이 말의 의미를 잘 몰랐어. 여러 번 읽으니까 알겠더라고. 좋은 친구를 만나려면 내가 먼저 좋은 사람이 되어야 하는 거야. 왜냐하면 좋은 사람의 눈에는 자기처럼 좋은 행동을 하는 사람이 먼저 보일 테니까. 키케로는 좋은 사람이 되려면 우선 무엇이 좋은 것인지에 대해 명확한 기준을 세워야 한다고 말했어. 그저 저 사람 좋아 보이네 하고 호감을 주거나, 예전의 나처럼 조금 나빠 보인다고 바로 거부하는 게 아니라 말이야."
　"그래서 책을 많이 읽고 다양한 경험을 하는 거예요? 좋은 기준부터 세우려고?"
　"그렇다고 할 수 있지. 내가 준비만 하고 가만있지는 않아. 키케로의 말처럼 내가 먼저 좋은 것을 직접 베풀려고 노력도 해. 그러면 꼭 상대방도 좋은 사람이 되어서 좋은 관계로 보답하더라. 그래서 내가 문화의 집에 와서도 여러 사람과 잘 지낼 수 있는 거야."

도형은 여전히 머뭇거리는 리나에게 진지하게 물었다.

"리나야, 지금부터 내가 묻는 질문에 빨리 대답해 볼래? 행복한 사람은 인간관계가 두루 좋은 사람이겠지?"

"네."

"인간관계가 두루 좋은 사람은 자기가 좋아하는 사람을 많이 사귀고 있는 사람이겠지?"

"네, 뭐…… 그렇겠지요."

"누군가를 좋아하려면 상대방을 존중하는 마음부터 있어야겠네?"

리나는 잠시 고민했다. 도형이 빨리빨리 대답하라고 손짓했다. 리나는 눈을 조심스럽게 굴리며 답했다.

"지질한 애는 좋아하기 힘드니까 당연히 그렇겠지요."

도형이 갑자기 손바닥을 치며 정리했다.

"네가 답했듯이, 그래서 상대를 존중하는 마음을 바탕으로 용서하고 사과해야 하는 거야. 다른 사람을 위해서가 아니라 바로 나 자신이 행복하기 위해서 말이야."

리나는 뭔가 당한 기분이었다. 하지만 크게 화가 나지는 않았다. 리나의 눈은 도형을 째려보았지만 입가에는 보조개가 피어 있었다.

"일단 해 보라니까? 그러면 내 말이 무슨 뜻인지 알 수 있을 거야. 내일은 꼭 네가 싫어하던 애들을 용서하고, 너를 싫어하는 애에게 사과해 보는 거야. 미션을 완수하면 멋진 선물을 줄게."

"선물? 그게 뭔데요?"

"선물을 미리 공개하면 무슨 재미냐."

리나는 선물이 뭔지 알아야 도전할 게 아니냐고 했지만 도형은 꿈쩍도 하지 않았다. 리나는 순순히 물러나기 전에 장난으로라도 도형에게 한 방 먹이고 싶었다.

"그런데 그렇게 사람들 사귀는 걸 좋아하고 행복으로 가는 지름길을 아는 오빠가 왜 SNS는 안 해요?"

"초창기에 해 봤지. 그런데 나랑은 안 맞더라. 언제나 내 의지로 로그인하고 로그아웃할 수 있다 보니 마치 내가 세상의 중심인 듯한 착각을 하게 되더라고. 아까 내가 예전에 이기적으로 인간관계를 맺었다고 했잖아. 그때의 잘못이 반복될지 모른다는 위험을 느꼈어."

"위험이요?"

"분명 SNS에서 접하는 상대가 인간인 걸 알긴 해. 그런데도 상대방을 가상 현실에 존재하는 아바타 정도로 여겨서 함부로 하게 되더라고."

"아니, 오빠 같은 사람도요?"

"그게 의지만으로는 잘 안 돼. SNS에서는 '좋음' 아니면 '싫음', '반응' 아니면 '무시', 이런 식으로 사람을 접하잖아. 그러다 보니까 현실에서도 인간관계를 단순화해서 생각하게 되더라고. 넌 그런 것 같지 않니?"

"뭐, 그런 면이 있기는 하지만 다른 사람들도 웬만하면 SNS에서는 단순하게 대하잖아요. 그런 식으로 해도 다들 이해하지 않을까요?"

"다른 사람이 내 실수를 이해해 줄지 따지기 전에, 내가 스스로 그런 방식을 인정하지 못해. 인간관계는 서로 정성을 다하는 것이 핵심인데, 그냥 컴퓨터 바탕 화면의 아이콘을 삭제하거나 폴더에 넣어 정리하거나 즐겨찾기로 따로 관리하는 것처럼 내 맘대로 대하게 되잖아. 그런 건 내가 예전에 많이 했던 짓이었어. 시행착오를 겪고 이미 실패할 수밖에 없는 방식인 걸 아는데, 이제 와서 더 해 볼 필요는 없지. 오히려 적극적으로 피해야 하니까 지금도 SNS는 절대 안 해."

그때, 리나는 도형이 정말 인간관계에서 정성을 다하기 위해 SNS를 하지 않는 줄 알고 감명받았다. 도형이 원래 알던 사람이나 아직 만난 적 없는 누군가에게 자신에 관한 정보가 우연히 퍼질까 봐 핑계를 대는 줄은 꿈에도 몰랐다.

관계적 공격

미국의 심리학자 에릭 에릭슨의 이론에 따르면 청소년은 소속 감에 민감한 성장 단계에 놓여 있으며, 그들에게 가장 큰 상처는 바로 외톨이라는 느낌이다. 홀로 남았다는 기분은 쉽게 청소년을 집어삼킨다. 추상적인 사고보다 구체적인 관찰에 익숙한 청소년은 대부분 자기 자신을 주변 친구뿐 아니라 연예인을 포함한 다른 사람과 비교한다. 그러고는 '못생겨서', '멋진 옷을 입지 못해서', '날씬하지 않아서' 등의 이유를 대며 '난 남보다 못해. 별 볼 일 없는 인간이야.'라고 결론을 내린다. 그리고 다른 사람의 눈에 띄지 않는 곳에 숨는다. 그러다 자신을 조금이라도 인정해 주는 곳이 나타나면 거기에 마음의 배를 정박시킨다. 그곳의 실체가 안락한 항구가 아니라 거친 해적들이 모인 섬이라고 해도 개의치 않는다. 이내 그곳에서 상처를 받으면 또 다른 곳을 찾아 떠난다. 더 거친 곳이나 어두컴컴한 동굴이라도 마다하지 않으며 표류한다.

청소년은 처음에 가족의 범위를 벗어나 다른 집단에 소속되어 새로운 자기를 발견하고 만족과 안정을 얻고자 여기저기 기웃거리면서 방황을 시작한다. 하지만 정신없이 살다 보면 새로운 자기를 발견하겠다는 의지가 아닌 다른 힘이 삶에 깊이 작용하기도 한다. 다른 힘이란 바로 방황하는 과정에서 만난 사람들이 퍼붓는 '관계적 공격'(relational aggression)이다.

관계적 공격이란 '관계나 우정, 소속감을 훼손하거나 훼손하겠다고 위협하며 남을 공격하는 행위'를 일컫는다. 관계적 공격은 신체적 공격과 달리 매우 심리적이다. 공격 대상에게 명백히 부정적인 행동을 하며 집단으로 따돌리거나, 무관심이나 침묵으로 일관하거나, 악의 있는 소문을 퍼뜨리거나, 상처를 주고서 장난이었다고 발뺌하거나, 말을 안 들으면 관계를 끊겠다고 위협하는 등의 정신적인 고통을 가한다. 관계적 공격은 잘 모르는 사람보다 친구나 가족처럼 잘 아는 사람에게서 당했을 때 상처가 크다. 앞서 삼총사와 진호 등이 얽히고설키며 보여 준 사례처럼 말이다.

관계적 공격으로 누군가를 왕따시키는 이유는 자신의 외로움을 감추고 삐뚤어진 자존심을 강화하려는 것이다. 즉, 누군가를 따돌림으로써 자기들의 관계가 단단해지고 자기 존재감도 확인받을 수 있으리라 생각한 것이다. 하지만 왕따 가해자는 나중에 자기가 피해자가 될까 봐 불안해하고, 결국 스트레스 때문에 불평하는 것

말고는 속마음을 진지하게 털어놓지 못한다. 항상 약점을 잡힐지 모른다고 걱정하기 때문에 여럿이 함께해도 더 외로워하곤 한다.

　미국의 사회 심리학자 니키 크릭이 연구한 바에 따르면 현대인은 처음 가정의 문턱을 넘어서 유치원에 들어간 이후부터 관계적 공격에 노출된다. 관계적 공격은 싸움이되 승자가 없는 싸움이다. 모두 정신적 고통을 입고 패배자가 될 뿐이다.

　현민과 수빈을 농락하던 진호를 공격할 때의 리나는 얼핏 행복해 보였다. 승자에 가까운 것 같았다. 하지만 혹시나 있을지 모를 진호의 반격에 대비하느라 긴장한 채 시간을 보냈다. 또한 진호를 괴롭힐 계획에만 몰두하느라 정작 삼총사끼리 어떻게 긍적적으로 관계를 맺을지 제대로 고민하지 못했고, 서로 유대감을 나눌 수 있는 놀 거리를 찾지 못했다. 문제점은 삼총사가 3학년이 되자마자 드러났다. 삼총사에게 소홀했던 리나의 인간관계가 또 한 번 리셋될 위기에 빠진 것이다. 이렇듯 공격은 장기적으로 평화로운 인간관계 형성이나 행복에 도움이 되지 않는다.

　관계적 공격은 말 그대로 '관계'에서 비롯된다. 관계가 행복을 향한 지름길이라 믿었던 사람이라도 관계적 공격을 받으면 관계가 불행의 원천처럼 느껴져 방어적 태도를 취할 수 있다. 방어적 태도를 취하는 것은 인간의 특성이 이득보다 손실에 민감하기 때문이다. 똑같은 5,000원이라도 우연히 길에서 주웠을 때의 기쁨보다 주머니에서 흘렸을 때의 아쉬움이 크다. 그래서 관계적 공격을 당한 사람은 관계를 쌓을 때 즐거움이라는 이득보다 상처라는 손실에 신경을 쓴다. 매사에 도전하지 않고 자기를 방어하는 태도만 취하게 된다. 플러스가 아닌 마이너스로 접근하다 보니, 관계가 행복의 원천에서 스트레스의 근원으로 변해 버리는 것이다. 설문 조사에서 청소년과 성인에게 가장 큰 고민이 무엇인지 물어보면 인간관계가 상위권에서 빠지지 않는 것도 이런 이유 때문이다.

이미 현대 사회에서 관계는 진실한 마음의 교류가 아닌 생존 전략이 오가는 사냥터가 되어 버렸다. 리나가 당한 혹은 가하려 한 관계적 공격은 현재 청소년들이 서로 주고받고 있는 숱한 공격의 한 단면일 뿐이다. 관계적 공격을 피하겠다고 그저 적당히 관계를 유지하면서도 정작 본심을 나눌 사람이 없다며 외로워하는 청소년이 참 많다. 그런 청소년에게 인간관계 유지 기술을 가르치는 것이 과연 효과적일까? 청소년은 가장 먼저 왜 장기적 관점에서 관계를 맺어야 하는지, 자신은 그 관계를 통해 어떻게 변하면 좋을지 생각해 봐야 한다. 그래야 기술도 자신에게 도움이 되는 방향으로 올바르게 사용할 수 있다.

기술을 배우고 활용하는 게 관계의 목적 그 자체는 아니다. 관계를 맺는 진정한 목적은 상대방은 물론 나 자신의 정신적 안정과 성장이다. 이런 점을 고민하지 않고 상대방의 마음을 얻는 기술에만 능숙해지면 수단과 목적이 뒤바뀐 상태에서 왜곡된 관계를 맺게 된다. 즉, 관계를 통해 안정을 얻고 성장하겠다는 진지한 고민

없이 상대방을 기술을 써먹을 대상으로만 보는 것이다.

예를 들어 상대방이 화내는 상황을 맞닥뜨렸다고 하자. 그동안 기술에만 의존했다면, 관계를 잃고 싶지 않다는 욕심에 솔직한 감정을 표현하기보다는 상대의 반응을 보고 기술적으로 마치 조건 반사처럼 사과할 것이다. 하지만 그렇게 순간순간 땜질하는 식으로 모면하다 보면 자신의 감정은 제대로 정리되지 않는다. 그런 사람에게 관계는 행복을 주는 멋진 기회가 아니라 부담스러운 도전이 되고 만다. 결국 화를 낸 상대방을 뒤에서 욕하다가 전학이나 진급 같은 기회가 오면 미련 없이 관계를 끊기도 한다. 자기가 피해자라고 생각하지만 사실은 관계를 끝장낸 가해자인 것이다.

혹은 차라리 혼자가 편하다며 모든 관계를 끊기도 한다. 그러곤 외로움에 몸부림친다. 외로움이 쌓이고 쌓이면 어딘가에 소속되고 싶어 여기저기 기웃거리고 실제로 참여하기도 한다. 하지만 집단에서 떨려 날까 봐 싫은 일도 억지로 참다 폭발하거나 집단 내에서 일어나는 관계적 공격을 방관하는 등 악순환에 빠진다.

이런 악순환에서 벗어나려면 집단 내부에 관계의 긍정적 힘에 대한 신뢰를 회복시킬 수 있는 존재가 있어야 한다. 위스콘신 대학의 해리 할로우 박사가 했던 '치료자 원숭이'(therapist monkey) 실험이 그런 역할의 필요성과 효과를 증명했다. 할로우 박사는 갓 태어난 원숭이를 어미와 집단에서 격리시키고 한동안 혼자 살게 했다. 그러자 격리된 그 원숭이는 우두커니 앉아 있거나 급기야 자해를 하기도 했다. 그리고 나중에 새끼를 낳아도 돌보지 않았고 다른 원숭이와 함께 있으면 무리와 어울리지 못하거나 다른 원숭이에게 위협적인 행동을 했다. 연구자들은 격리 원숭이들이 있는 우리에 붙임성이 좋은 치료자 원숭이를 집어넣었다. 처음에는 격리 원숭이들이 불안해했지만 시간이 갈수록 치료자 원숭이와 어울리기 시작했다. 치료자 원숭이는 상대가 자신을 경계하고 밀쳐 내도 계속해서 친밀하게 접근했다. 그러자 몇 주 후에는 격리 원숭이들도 함께 털을 고르고 예전에 경험한 적 없던 정서적인 교류를 스스로 하기 시작했다. 나중에 연구자들은 원숭이 전문가에게 치료자 원숭이와 격리 원숭이를 구별해 보라고 요청했다. 전문가는 원숭이들을 제대로 구별해 내지 못했다. 즉 격리 원숭이가 정상적인 상태로 완벽하게 치료된 것이다.

관계적 공격의 피해자가 되는 것도 문제이지만, 어쩔 수 없다며 계속 가해자인 채 관계를 맺는 것도 문제다. 관계적 공격에서는 피해자나 가해자 모두 행복할 수 없다. 치료자 원숭이처럼 진심을 다해서 다른 사람들에게 접근하면, 그 전에는 두려워서 피하고 화냈던 사람도 결국 웃으며 돌아오기 마련이다. 그리고 관계에서 비롯된 마음의 상처도 서로 치유할 수 있다. 상처받은 피해자가 아니라, 상처가 있음에도 따뜻함을 잃지 않고 앞으로 나아가는 승리자의 역사를 쓰기 위해 다시금 관계에 도전해 보는 것은 어떨까.

3부

상처를 받으면 우리는 두 번 다시 상처받지 않으려고
우리 둘레에 벽을 친다. 하지만 벽을 치면……
더 많은 상처를 받게 된다.

지두 크리슈나무르티(Jiddu Krishnamurti, 인도의 철학자·명상가)

비참한 사람들

등굣길에 리나는 진호와 마주쳤다. 진호는 평소처럼 리나를 한 번 째려보고는 못 본 척 걸음을 재촉했다. 리나는 진호에게 사과해야 한다는 도형의 말을 되새겼다. 리나는 1교시가 끝나고 진호와 이야기를 나누려 주변을 서성였지만 첫마디를 꺼낼 자신이 없어서 결국 실패했다. 리나는 수업 내내 진호의 반응을 상상했다. 아침에 본 표독스러운 진호의 눈빛이 떠올라 온통 부정적인 상상으로 머릿속이 꽉 찼다. 문득 도형의 얼굴이 떠올랐다. 리나는 도형의 선물이 무엇인지 확인하고 싶었다. 도형은 항상 리나의 상상을 뛰어넘는 것을 보여 줬기 때문에 기대가 컸다. 2교시가 끝난 뒤, 리나는 주먹을 꽉 쥐고 진호에게 다가갔다. 리나가 딱딱하게 굳은 얼굴로 잠깐 밖에서 할 이야기가 있다고 말하자 진호의 얼굴이 벌겋게 달아올랐다.

"무…… 무슨 이야기인데?"

반 애들의 시선이 집중되었다. 리나는 더 강하게 말했다.

"그럼 여기에서 말할까?"

진호가 주변의 눈치를 살피며 마지못해 자리에서 일어났다. 진호는 애써 담담한 척하려 했지만 목소리가 떨리고 있었다.

"대체 무슨…… 말인데, 그…… 그러는 거야?"

쫓아오는 애들을 레이저가 나올 듯한 시선으로 제압한 리나는 진호를 데리고 상담실로 들어갔다. 상담실에 있던 선생님이 갑작스러운 방문에 놀라 무슨 영문인지 물었다.

"저희 둘이 애들 모르게 해결할 문제가 있는데, 학교에서 가장 적당한 곳이 여기 같아서요."

상담 선생님은 리나와 진호를 번갈아 보았다. 진호는 어리둥절해하는 표정이었다. 선생님은 진호가 실수해서 리나가 화를 내는 상황으로 이해하고는, 잠시 복도에서 대기할 테니 무슨 일이 있으면 큰 소리로 부르라고 하며 나갔다. 둘만 남게 되자 리나가 무겁게 입을 열었다.

"저기…… 그때 서울에서 널 당황하게 했던 일 말이야, 내가 미안해."

진호는 얼이 나간 듯 눈만 깜박였다. 자기가 무언가 잘못했나 지레 겁먹고 있었기 때문이다. 하지만 진호는 이내 정신을 수습해서 리나를 위아래로 훑어보고는 턱을 내밀며 물었다.

"대체 무슨 말이야?"

"네가 수빈이랑 현민이를 속였다고 해도 전화번호를 인터넷에 뿌리고 서울에서 그런 식으로 괴롭히면 안 됐는데, 당황하게 해서 미안해."

진호가 갑자기 웃음을 터뜨렸다.

"당황? 당황이라고?"

진호는 웃음을 뚝 그치더니 불같이 화를 냈다.

"당황은 실수로 여자 화장실에 잘못 들어갔을 때나 하는 말 아닌가? 내가 너희한테 농락당했던 게 그저 당황스러운 일이었다니 그 말이야말로 당황스럽네."

진호는 씩씩대며 거칠게 숨을 몰아쉬다가 말을 이었다.

"아니, 게다가 이제야 사과를 해? 이제 와서 사과하면 내가 '아이고, 그러셨어요.' 하면서 넙죽 받아들일 줄 알았냐?"

"알아, 내가 잘못한 거. 이렇게 늦게 사과해서 더 미안해."

"미안하다는 애가 아까 교실에서 나를 그렇게 불러내? 애들은 내가 또 뭘 잘못한 줄 알 거 아냐?"

리나는 순간 멈칫했다. 그 점은 미처 생각하지 못했다. 리나는 진호에게 창피할 수 있는 기억을 애들 앞에서 꺼낼 수는 없었다고 변명했지만 진호의 귀에는 곧이 들리지 않았다. 진호는 흥분을 가라앉히지 못하고 자리를 차고 일어나 나갔다. 상담 선생님이 큰 소리로 불렀지만 무시하고 계단을 뛰어 올라갔다.

진호와 리나가 한판 했다는 소문을 듣고 현민이 찾아왔다. 리나는 현민에게 서로 싸운 것이 아니라 자기가 사과한 것이라고 설명했다. 현민은 어안이 벙벙한 표정으로 한참을 가만히 있다가 눈에 힘을 주더니 애초에 그게 사과할 일이냐며 리나에게 쏘아붙였다.

"너, 내가 진호한테서 얼마나 모멸감을 느꼈는지 몰라? 너도 아니까 우리를 도와줬다고 생각했는데, 아니었어?"

리나는 현민의 손을 잡으며 말했다.

"아냐, 그건 알아. 너희들은 뭘 어떻게 했어도 시원하지 않았겠지. 하지만 단순히 진호한테서 사과받고 끝내면 될 문제를 내가 나서서 키운 바람에 진호도 힘들게 지냈잖아. 그때 너무 심했다고 생각해서 사과한 거야."

리나의 해명에도 현민은 매몰차게 손을 빼냈다.

"야, 그런 말이 어디 있어? 친구가 상처를 받았으면 자기 일처럼 아파하고 나서 줄 수 있어야 하는 거 아냐?"

리나는 절대 그런 게 아니라고 했지만 말을 할수록 오해만 더 깊어져 버렸다. 현민은 이야기를 끝맺기도 전에 자기 반으로 돌아가 버렸다. 혼자 남은 리나는 어쩔 줄 몰라 하며 발만 동동 굴렀다. 머릿속에 한 가지 생각만이 맴돌았다.

'도형 오빠라면 이럴 때 무슨 말을 해 줄까?'

너무 고민하다 보니 수업 중에 먹은 것이 다 올라와서 화장실에서 토해 버렸다. 모두들 그런 자신을 보며 얼굴을 찌푸리는 것 같았다. 결국 리나는 보건 선생님에게 가서 조퇴하고 싶다고 말했다. 리나의 창백한 얼굴을 본 보건 선생님은 바로 담임 선생님께 말씀드리겠다며 허락해 주었다. 리나는 교실을 나서자마자 병원에 갈 생각도 않고 도형에게 전화를 걸었다. 이런 상황에서 의지할 사람이 친구도 언니도 부모도 아닌 최근에 만난 도형뿐이라는 생각에 눈물이 왈칵 쏟아져 나왔다. 도형은 침착한 목소리로 리나에게 문화의 집에서 자세한 이야기를 하자고 했다. 문화의 집에 도착한 리나는 다시 기운을 차려서 도형한테 오늘 겪은 일을 모두 들려주었다. 리나의 이야기를 들은 도형이 혀를 차며 말했다.

"그래, 일단 네가 진심을 표현한 것만으로 됐어. 진호도 화가 나서 그랬을 거야. 네 진심을 알았으니 화가 풀리면 오히려 오늘 화낸 걸 사과하며 다가올 거야."

"진호가 사과하는 건 됐고, 그냥 제 사과나 받아들이고 일이 끝났으면 좋겠어요."

"그래, 그런 날도 곧 올 거야. 내가 중재해 줄까?"

"오빠, 진호도 잘 알아요?"

리나는 묻자마자 처음 도형을 소개받던 날 진호가 도형의 흉내를 많이 낸다는 말을 들었던 게 떠올랐다. 도형은 장난기 가득한 얼굴로 되물었다.

"에이, 내가 모르는 사람이 어디 있어?"

리나는 무엇을 이야기해도, 누구를 이야기해도 다 아는 도형에게 더 큰 신뢰를 느꼈다. 하지만 도형이 중재해 준다고 해도 당분간은 다시 진호와 대면하고 싶지 않았다. 리나는 자신의 솔직한 마음을 밝혔다. 그러자 도형은 마치 미리 답을 준비했다는 듯 지체 없이 말했다.

"다음에 진호랑 마주치면 괜히 다가가서 자극하지 말고 그냥 미안해하는 표정을 보이기만 해. 네 진심을 믿을 수 있도록 말이야. 그리고 사소한 걸 챙기면서 서로 공통점을 만들려고 노력해 봐. 같은 동호회에 들고, 같이 많이 어울리고, 사소한 일에서 서로 공통점을 발견하면 더 친근한 감정이 들 수도 있어. 진호뿐만 아니라 지금은 좀 멀어진 듯한 친구들과도 이렇게 공통점을 찾으면서 다시 시작하면 실마리가 풀릴 거야."

리나는 고개를 끄덕였다. 이런 분위기에 뭣하지만 도형이 주겠다는 선물이 무엇일지 기대되었다. 그런데 도형은 초조한 눈빛으로 자꾸 휴대폰을 확인했다. 이야기를 나누는 짬짬이 휴대폰을 확인하던 것이 떠올라 도형에게 약속이 있느냐고 물었다.

"아니, 그게 아니라……."

여태까지 무엇이든 시원하게 답하던 도형답지 않게 말끝을 흐렸다. 리나는 주의 깊게 도형을 관찰했다. 혹시 자기한테 주려고 주문한 선물이 제시간에 도착하지 않아서 저러는 건가 싶어 내심 더 설렜다. 도형은 주변의 눈치까지 살폈다. 리나는 침을 꼴깍 삼켰다. 도형이 몸을 리나한테 가까이 기울이고는 낮은 목소리로 말했다.

"엄마가 병원에서 암 검사 받으셨거든. 오늘 결과가 나오는데 전화가 안 오네? 괜히 불안해서 계속 휴대폰을 보게 돼."

리나는 깜짝 놀랐다. 실망할 겨를도 없었다.

"아…… 그런데 저랑 얘기하느라……. 지금이라도 전화해 보세요."

도형이 전화하고 오겠다며 자리에서 일어났다. 리나가 집에 돌아갈 테니 편하게 통화하라고 했지만 도형은 식사 시간이 되었다며 같이 밥을 먹자고 했다. 리나는 자신도 힘들면서 끝까지 신경써 주는 도형에게 새삼 감동했다. 자기도 도형처럼 다른 사람을 대할 수 있는 그릇을 갖추었더라면 오늘 현민에게 오해받지 않았을 거라는 아쉬움이 들었다. 안 그래도 마음이 복잡할 도형에게 차마 현민의 일까지 상담할 수는 없어서 속으로 해결법을 고민했다. 그 사이 밖에서 통화한 도형이 돌아왔는데 얼굴이 굳어 있었다. 리나가 걱정하며 무슨 일인지 묻자 도형이 억지웃음을 지으며 말했다.

"밥은 다음에 사 줘야겠다."

"왜요? 아니, 지금 밥이 문제예요? 엄마가 어떠시다는데요?"

도형이 한숨을 길게 내쉬었다. 그러고는 뭔가 이야기하려다 말고 입을 다물었다. 리나는 다시 한 번 물었다.

"여태까지 오빠만 저를 도와줬잖아요. 저도 도울 일이 있으면 말해 주세요."

도형은 아까보다도 크게 한숨을 쉬고는 입을 열었다.

"그냥 혼자만 끌어안기에 답답하니까 말할게. 자궁암이래."

도형의 목소리가 떨렸다.

"평소에 정기 검진만 받았어도 일찍 발견했을 텐데, 돈이 아까워서 한 번도 검진을 받지 않았어. 보험도 들지 않았거든. 큰 병에 걸렸다고 하면 돈이 많이 깨질 테니까 무서워서 아예 병원 근처도 안 간 거야. 그러다 동생이 우연히 엄마가 하혈하는 걸 발견해서 병원에 데리고 갔는데…… 심각하대. 일주일 안에 결정해서 항암 치료를 시작하면 완치될 수도 있다고 하는데……."

리나는 더 캐물을 수 없었다. 드라마에서 봐도 항암 치료는 돈이 많이 들고 치료 후의 간병도 만만치 않았다. 정적이 흘렀다. 어느새 사무실 밖은 두 사람의 표정처럼 어두워져 있었다. 다른 직원들이 퇴근한다며 인사를 건네러 오면 둘 다 애써 미소를 지었지만 심각한 분위기는 어쩔 수 없었다. 리나는 무슨 일 있느냐고 묻는 사람들에게 도형 대신 나서서 사정을 이야기하고 싶었지만, 늘 당당한 도형이 싫어할까 봐 참았다. 도형이 자기보다 훨씬 현명하니 일단 상황을 보는 게 좋을 듯했다. 이윽고 문화의 집에 단둘이 남게 되었다. 멍하니 앉은 채 시름에 잠겨 있던 도형은 갑자기 고개를 들어 시계를 보았다.

"어, 시간이 이렇게 되었네. 부모님이 걱정하시겠다. 집에 빨리 가야지."

"발이 잘 안 떨어지네요. 이렇게 힘들 때 혼자 남겨진다는 게 어떤 기분인지 알거든요."

도형은 따뜻한 눈빛으로 리나를 바라보았다.

"그래도 네가 있어서 힘이 돼."

그 말에 리나는 가슴이 뭉클했다. 하지만 반사적으로 본심과 다른 말이 튀어 나갔다.

"저 같은 애가 뭐가요. 저보다는 여기 문화의 집이랑 동네에 오빠를 믿어 주는 어른들이 많잖아요. 아 참, 그분들에게 도와 달라고 하는 건 어때요? 아마 저보다 훨씬 큰 힘이 될걸요?"

도형이 손사래를 쳤다.

"함께 일하고 내가 좀 도와줬다고 해서 돈을 요구할 수는 없어. 그럼 관계가 무너진다고. 나는 가난하지만, 누구를 만나든 끝까지 차별 없이 대하고 당당하게 내 생각을 밝혔어. 돈이 많으면 굽히고, 돈이 없으면 깔보고, 어리석으면 무시하고, 똑똑하면 기죽는 게 아니라 늘 진심을 있는 그대로 드러낼 수 있었던 건 나한테 빚이 없었기 때문이야. 바로 그게 내가 진실하면서도 폭넓은 인간관계를 맺은 비법이라고. 그런데 빚을 진다면 그동안 쌓은 모든 걸 잃어버릴 거야."

"아니에요. 모두 오빠가 이 마을에 해 주는 일에 얼마나 고마워하고 있는데요? 그리고 돈을 거저 달라는 것도 아니고 빌리는 거 잖아요. 다 갚을 텐데 오빠가 당당하지 못할 이유가 뭐예요?"

"그래도 사람은 자기가 뭔가를 해 주면 그 이상의 보답을 바라게 마련이야. 난 그게 부담스러워."

"누가 부담스러운 사람들한테서까지 도움을 받재요? 아주 가까운 사람, 오빠의 숙소를 해결해 준 이보미 국장님 같은 사람들이면 되잖아요?"

"그래도…… 그게 쉽지 않아."

"오빠, 왜 자기 자존심과 인간관계만 생각해요? 엄마는 소중하지 않아요?"

도형은 리나의 말에 얼어붙은 채 입을 열지 못했다.

"오빠가 이야기하기 힘들면 제가 나설게요."

"잠시만…… 생각할 시간을 줘. 그때까지 이 일은 비밀이다, 알았지?"

리나는 비밀을 약속했다. 집으로 돌아오는 내내 머릿속으로 도형에게 돈을 얼마나 줄 수 있을지 계산했다. 3학년 초에 친구들 사귄다며 그동안 모아 둔 세뱃돈이며 용돈을 다 까먹지만 않았다면 제법 많이 있었을 텐데. 리나는 뒤늦게 후회하며 자신의 머리를 콩 쥐어박았다. 어차피 그리 친해지지도 못한 애들을 챙기느라 정작 도형을 도와줄 수 없다는 데에 시간이 갈수록 화가 났다.

다음 날, 종례 시간 직전에 도형이 리나에게 문자를 보내왔다.

오늘 문화의 집에 꼭 들러.

안 그래도 매일 출근하다시피 하는데 굳이 문자까지 보낸 게 심상치 않아서 바로 전화를 걸었다. 도형은 전화를 받고서도 그냥 빨리 오라는 말만 하고는 끊었다. 리나는 서둘러 문화의 집으로 향했다. 그런데 사무실에 들어가자마자 깜짝 놀랐다. 뜻밖에 현민과 수빈도 와 있었다. 도형이 리나에게 자리를 권했다. 그러고는 어떻게 알았는지 현민과 리나 사이에 있었던 다툼을 이야기하기 시작했다. 수빈은 현민과 리나의 눈치를 보며 안절부절못했다. 도형은 리나와 현민을 번갈아 보며 말했다.

"사정은 들었어. 사소한 오해로 이게 뭐냐? 오해한 일이 있고, 서운한 일이 있고, 화나는 일이 있어도 너희들 마음속 깊은 곳에서 흐르고 있는 상대방에 대한 믿음, 그것만은 건드리지 않아야 친구인 거 아냐?"

도형의 말에도 리나와 현민은 쉽사리 굳은 표정을 풀지 못했다. 오히려 리나는 도형의 말처럼 서로 믿어야 함에도 불구하고 현민이 그러지 않고 자기를 의심했다는 것 때문에 마음의 문을 더 굳게 닫았다. 도형이 한층 더 강한 말투로 설득했다.

"너희들은 내년에 같은 여고에서 만날 거잖아. 이렇게 불편한 채 삼 년 동안 다닐래? 지금 어떤 선택을 하는 게 이득일지도 생각해 봐."

그래도 두 사람이 꿈쩍도 안 하자 도형은 리나를 똑바로 보며 말했다.

"의심은 나쁘지 않아. 의심하고 꼼꼼히 살펴보았는데도 결국 믿을 수밖에 없는 사람을 친구로 삼는 게 좋지. 현민이는 더 단단한 우정을 쌓기 위해 리나를 의심한 거야. 아무 상관 없는 애라면 의심하고 자시고 할 것도 없지. 믿었던 친구니까 의심도 한 거야. 그렇다면 리나는 현민이의 의심을 씻어 낼 만한 행동으로 우정에 답해야 해. 결국 리나의 선택이 더 중요하단 말이야. 진짜 우정을 나눈 사이라면 친구가 의심했을 때 화를 내야 할까, 아니면 그렇게 오해하게 만든 것을 사과해야 할까?"

"저는 이 사람 저 사람한테 사과만 하고, 이게 뭐예요!"

리나는 화를 못 참고 소리를 질렀다. 도형이 리나의 손을 잡았다. 부드럽고 따뜻했다. 그 손길에서 자신을 봐서라도 사과하는 것이 어떻겠느냐는 도형의 메시지가 느껴졌다. 리나는 고개를 들고 현민과 수빈을 보았다. 잠깐 자존심을 버리면 좋은 친구들과 다시 가까워질 수 있고 고등학교 생활도 더 재미있게 할 수 있다는 도형의 말을 되새겼다. 그러자 결론이 쉽게 나왔다.

"어제 일은 미안해. 난 그런 뜻이 아니었어. 진호가 너희한테 저지른 행동이 잘못됐다는 생각은 변함없어. 현민아, 다시 전처럼 잘 지내자."

리나의 사과에 현민도 마음이 많이 누그러진 듯 고개를 끄덕였다. 수빈이 현민의 손을 잡고 리나의 손 위에 포갰다. 어색한 미소가 흐르는가 싶더니 이내 삼총사는 함박웃음을 터뜨렸다.

삼총사는 문화의 집을 나와 분식집에서 수다를 떨었다. 도형의 말대로 의심을 이겨 내니 우정이 더 단단해진 것 같았다. 그럴수록 리나의 마음속에서는 자신의 거의 모든 면에 도움을 주고 있는 도형에게 보답하고 싶다는 생각이 강해졌다. 그날 밤 리나는 수빈에게 먼저 전화를 걸었다.

"수빈아, 나야. 미안한데…… 돈 좀 꿔 줄 수 있니?"

수빈은 당황한 기색이 역력한 목소리로 리나에게 얼마가 필요한지 조심스럽게 물었다.

"많을수록 좋아."

"대충 얼마나?"

리나는 재빨리 머리로 대충 셈을 해 봤다. 현민과 언니에게서 빌리고, 할머니와 엄마에게서 받을 수 있는 돈을 따져 보고는 입을 열었다.

"최소 5만 원은 넘어야 하는데……."

수빈은 한동안 말이 없다가 주저하며 물었다.

"어디에 쓸 건데?"

양심에 찔리긴 했지만, 도형이 자기 사정을 맘대로 퍼뜨렸다며 화낼까 봐 적당히 둘러댔다.

"사정이 딱한 친구를 도와주려고 그러는 거야."

거짓말로 딱한 친구의 사정을 지어냈다. 수빈은 리나의 이야기를 듣는 간간이 한숨을 내쉬었다. 리나는 이야기 끝에 눈치를 살피며 얼마나 빌려 줄 수 있는지 물었다. 수빈은 대답이 없었다. 리나가 다시 묻자 천천히 대답했다.

"내가 용돈이 정말 없어. 아빠가 트럭 타고 엄마와 출장 갈 때도 딱 생활비만 주고 가거든."

리나는 괜히 친구의 자존심을 건드린 것 같아 더 미안했다. 애써 실망한 기색을 감추며 전화를 끊었지만, 수빈과 리나 모두 뒤끝이 찝찝한 것은 마찬가지였다.

리나는 현민에게 전화를 걸어서 물어보았다. 현민도 힘없는 목소리로 돈이 없다고 말했다. 리나는 친구들에게 돈 얘기를 꺼내는 바람에 미안한 상황만 만들었다며 후회했다. 다음 날 리나는 그동안 친하게 지냈던 반 애들에게 돈을 빌려 달라고 부탁했다. 학기 초였다면 어렵지 않게 가능했겠지만 최근 한 달 동안 사이가 벌어진 탓에 만 원을 꾸는 것도 힘들었다.

리나는 최후의 보루인 가족에게 도전했다. 우선 언니에게 도형의 사연을 하소연했다. 언니는 고민하다가 자신의 비상금을 헐어서 주겠다고 했다.

"우리 동생을 많이 도와준 사람인데……."

언니는 리나에게 돈을 꺼낼 테니 잠시 눈을 감으라고 했다. 다른 때 같았으면 동생도 믿지 못하느냐고 화를 냈겠지만, 가장 적극적으로 도와준다고 했기 때문에 고마울 뿐이었다. 리나가 잠깐 눈을 감았다 뜨자 언니가 손에 말아 쥔 돈을 건네주었다.

"7만 2천 원이야. 네 용돈과 합치면 어떻게 되지 않을까?"

친구들 사귄다고 세뱃돈도 다 쓰고, 용돈도 그때그때 애들 생일 선물이나 함께 노는 데 쓴 리나는 차마 언니에게 돈이 2만 원밖에 없다고 밝힐 수 없었다. 언니가 힘내라며 리나의 손을 꼭 잡아 주었다. 부드럽고 따뜻했다. 티격태격할 때는 언니의 숨소리도 듣기 싫었는데, 막상 어려운 일이 생기니 언니가 가장 먼저 나서 주어서 감격스러웠다. 리나는 언니에게 연신 고맙다고 했다. 언니는 머쓱해하다가 괜한 핑계를 대며 방에서 나갔다.

리나는 여세를 몰아 다른 가족에게도 부탁해 봐야겠다고 맘먹었다. 할머니 방에 가서 안마를 하며 애교를 부린 다음에 노골적으로 필요한 것이 있다고 말했다. 할머니는 정말 세상에 공짜는 없다며 허허 웃으시더니 2만 원을 주었다. 리나가 여름옷을 사야 하는데 이걸로는 부족하다고 투정을 부렸지만, 할머니는 언니도 있는데 리나만 용돈을 줄 수는 없다며 손사래를 쳤다. 리나는 할머니를 더 곤란하게 하고 싶지 않아서 꾸벅 인사를 하고 방에서 나왔다.

마지막으로 엄마 차례였다. 언니에게 했듯이 구구절절 사연을 늘어놓을 수 없어서 여름 방학 때 볼 문제집 세트를 사겠다고 핑계를 댔다. 나중에 용돈을 모아서 문제집을 한 권씩 사면 완전히 거짓말은 아니라고 머릿속으로 포장했다. 문제집 세트의 가격을 들은 엄마는 첫마디부터 강경했다.

"너 또 문제집 사 놓고 썩히려고 그러지? 방학 때마다 똑같잖아, 작심삼일. 이번에도 속아 달라고?"

리나가 이번에는 진짜라고 장담해도 소용없었다. 엄마는 여름방학이 되면 사라고 할 뿐이었다. 그것도 전 과목이 아니라 주요 과목만 먼저 사서 끈기 있게 공부하면, 그때 나머지도 사 주겠다는 것이었다. 리나가 학원도 다니지 않는데 이 정도는 투자해야 하는 것 아니냐고 따졌지만, 엄마는 언니도 학원을 다니지 않지만 서울에서보다 성적이 올랐다고 맞섰다. 리나는 상황을 지켜보고 있던 언니에게 구조 요청을 보냈다.

"엄마, 리나가 이번에는 정말 결심한 거 같아. 자기가 한다고 할 때 밀어줘요. 나중에 자기가 놀아서 성적 떨어진 걸 엄마가 안 밀어준 탓이라고 원망하기 전에."

자기를 놀리던 때와 똑같은 어투였지만 느낌이 달랐다. 엄마는 지갑을 열어서 돈을 세기 시작했다. 그리고 혀를 한 번 차고는 돈을 건넸다.

"옜다, 10만 원이야. 정말 공부할 의지가 있으면 나머지는 네 용돈으로 해결해."

엄마는 자리를 차고 일어났다. 결국 돈을 받아 냈지만 리나는 그저 기쁘지는 않았다. 여름이 가까워지면서 봄과 달리 막걸리 판매가 잘 안 된다는 말을 자주 들었기 때문이다. 리나는 돈을 꼭 쥐고 방으로 돌아와서 봉투에 넣기 전에 다시 세어 보았다. 모두 합해서 21만 2천 원.

리나는 방 안을 둘러보며 내다 팔 물건이 없는지 살폈다. 아이돌 팬클럽 물품들이 먼저 눈에 들어왔다. 작년에 살 때는 비쌌는데, 되판다면 어떨지 가늠해 보았다. 일단 학교에서 같은 아이돌의 팬을 찾아도 웬만하면 이미 갖고 있을 물건들이라 팔 수 있을지조차 미지수였다. 더구나 요즘 가장 인기 있는 아이돌도 아니고, 신상품도 아니어서 생각하면 할수록 자신이 없어졌다.

리나는 필기도구 중에 여자애들이 탐냈던 예쁜 것들을 골라 보았다. 그중에는 생일 선물로 받았던 것도 있었다. 자기 나름대로 가격을 정하며 계산했다. 원하는 가격에 다 팔려도 만 원이 채 되지 않았다. 그때 머리를 번쩍하고 스치는 것이 있었다. 우유 배달이나 신문 배달을 하면 어떨까? 하지만 월급을 선불로 줄 리가 없다는 생각에 실망의 한숨이 나왔다. 그때 언니가 방으로 들어왔다.

"너 돈 이제 충분하지?"

남의 속도 모르고 말하는 언니가 살짝 야속했다. 언니는 손을 내밀며 말했다.

"너무 급한 것 같아서 내가 가진 돈 다 줬는데, 딱 필요한 돈만 빼고는 일단 돌려줄래? 정말 더 필요하면 또 빌려 줄게. 나도 급하게 쓸 일이 있을지 모르니까."

성녀 같던 언니가 점점 예전으로 돌아가는 듯했다. 언니의 입장에서야 그럴 수도 있긴 하지만, 한 시간도 지나지 않았는데 다시 돈을 달라고 하니 실망스러웠다. 그래도 목소리를 높여서 진짜 싸우면 그나마 빌린 돈도 모두 돌려줘야 할 것 같아서 꾹꾹 참으며 부탁했다.

"언니, 돈이 남으면 정말, 정말, 정말 다 돌려줄게. 일단 어떻게 될지 모르잖아. 며칠만 참아 줘."

언니는 입맛을 한 번 다시고는 고개를 끄덕이며 아무 말 없이 자리에 누웠다. 리나는 불을 끄고 열심히 돈을 벌 궁리를 했다. 도형이 얼마나 가슴을 졸이고 있을지 상상만 해도 괴로웠다. 학교에 퍼진 헛소문과 진호, 유진과 화해하는 일은 더 이상 신경 쓰이지 않았다. 힘들어하는 도형을 위해 자신이 희생해서라도 뭔가 해 주고 싶은 마음뿐이었다.

다음 날 리나는 짧은 시간에 빨리 돈을 받을 수 있는 일을 구했다. 답은 전단지 배포 아르바이트였다. 예전에 문화의 집 일을 도와줬던 경험이 이렇게 쓰이는구나 싶어 운명 같은 것을 느꼈다. 리나는 이틀 동안 방과 후에 열심히 전단지를 돌렸다. 그렇게 겨우 모은 돈을 합쳐 보니 25만 6천 원이었다. 도형이 필요해할 금액에는 한참 부족해 보였지만, 더는 지체할 수 없었다. 많은 돈도 아닌데 도형의 자존심에 상처를 내면서 건네고 싶지 않았다. 그래서 리나는 문자 메시지로 도형에게 계좌 번호를 물었다. 도형은 직접 만나서 돈을 받고 감사 인사를 해야겠다고 답했다. 잠깐 문자로 실랑이를 벌였지만 결국 다음 날 저녁에 만나기로 했다.

리나는 조금밖에 돕지 못해서 죄지은 사람처럼 봉투를 건넸지만, 도형은 진정 기뻐하며 봉투를 받았다. 돈을 세어 보지도 않고 고맙다는 말만 계속했다. 리나는 오히려 더 미안해졌다.

그 후 이 주가 흘렀다. 언니에게 돈을 갚고 도형을 더 돕기 위해 리나는 여전히 아르바이트를 하고 있었다. 그러던 어느 날 도형이 갑자기 리나를 불러내서 봉투를 건넸다. 봉투에는 5만 원권이 여섯 장 들어 있었다. 무슨 돈인지 몰라 어안이 벙벙한 리나에게 도형이 웃으며 말했다.

"오늘이 월급날이었어. 평소에는 돈에 별로 구애받지 않던 내가 이날을 얼마나 기다렸는지 알아? 가장 먼저 엄마한테 병원비 보내고, 네게 빌린 돈 갚는 거야."

"오빠, 이 돈까지 엄마 병원비로 보내 드려요. 저한테는 천천히 갚아도 돼요."

아무리 사양해도 도형이 완강히 버텨서 리나는 한발 물러설 수밖에 없었다.

"그렇다면 좋아요. 제가 25만 원밖에 빌려 주지 못했으니까 오빠도 25만 원만 줘요. 여기 나머지 돈은 가져가요."

도형이 고개를 가로저었다.

"아니, 학생인 너에게 25만 원은 어른의 25만 원보다 몇천 배는 되는 돈이잖아. 내가 돈이 없어 봐서 좀 알지. 너는 그런 상황에서도 나를 위해 돈을 빌려 줬어. 그런 돈에 대한 이자로 몇만 원은 아무것도 아니야."

끝까지 자신을 배려해 주는 도형의 마음에 리나는 눈물이 왈칵 쏟아졌다. 도형은 리나의 손을 잡아 봉투를 쥐여 주며 고맙다고 말했다. 리나는 도형과 훨씬 더 가까워진 것 같았다. 그리고 가까워진 만큼 관계에 대한 책임감도 더 많이 느꼈다.

여름 방학이 되면서 리나는 부모님 일을 돕고 운동도 겸한다는 핑계로 아빠 회사에서 포장 일을 돕기 시작했다. 엄마 아빠는 처음에 공부나 하라고 했지만, 힘든 일을 하면 부모가 고생하는 것도 알고 철이 들까 싶어 허락했다. 리나는 작심삼일로 문제집을 내팽개친 애들에게 중고 문제집을 구해서 공부도 시작했다. 리나의 바뀐 모습에 가족 모두 흐뭇해했다. 현민과 수빈도 자주 공장에 들러 함께 놀며 일을 거들었다. 모두 아르바이트비로 돈을 벌어서 좋기도 했지만, 함께 시간을 보내며 갖가지 이야기를 나누는 게 가장 즐거웠다.

삼총사 모두 공부는 주말에 문화의 집 도서관으로 우르르 몰려가서 했다. 모르는 것이 있으면 마치 과외를 받듯이 도형에게 물어보았다. 어떤 때는 자기가 얼마나 잘 이해했는지 자랑하려고 "이게 맞아요?"라며 일부러 물어보기도 했다. 마치 누가 더 도형과 가까운지 경쟁이라도 하는 듯했다. 하지만 리나에게 질투심 따위는 없었다. 자기는 현민이나 수빈도 모르는 도형의 엄마에 대한 비밀을 아는 더 특별한 사람이라고 생각했다.

리나는 돈을 차곡차곡 모아서 도형을 도와줄 상상을 하며 자신을 대견해했다. 누군가를 위해 뭔가를 하는 기쁨을 체험하며 도형의 기분도 마찬가지였을 것이라고 생각했다. 도형이 많은 사람과 만나고 최선을 다해 그들을 도와준 건 이런 행복을 더 많이 느끼기 위해서 아니었을까. 그동안 도형에게서 다른 사람을 행복하게 만들면 자신도 행복해질 수 있다는 말을 수없이 들었는데, 이제야 비로소 진정한 인간관계의 힘이 무엇인지 깨달았다. 그렇게 정신없이 일하고 공부하고 친구들과 어울리다 보니 여름 방학이 금세 지나갔다. 리나는 그사이에 헛소문에 대한 걱정과 고민을 까마득히 잊었다.

2학기에 새로운 전학생이 왔다. 아이들은 괜히 전학생을 무리에 받아들였다가 나쁜 일이 생길까 걱정했지만, 리나는 일 년 전의 자기를 떠올리며 전학생에게 먼저 다가갔다. 도형에게서 배웠듯이 사소한 것을 챙겨 주고 공통점을 발견하다 보니 얼마 안 돼 친해질 수 있었다. 그리고 다른 애들과도 어울릴 수 있는 계기를 만들어 주었다. 어느새 리나에 대한 소문은 잦아들었고, 애들은 더 따뜻하고 여유로워진 리나와 자연스럽게 어울려 주었다.

하지만 리나는 예전처럼 아이들과 친해지기 위해서 돈을 많이 쓰지는 않았다. 쉬는 시간에 하는 잡담이나, 체육 시간 등을 통해서도 많이 친해질 수 있다는 게 처음에는 신기하기까지 했다. 리나는 곰곰이 생각했다. 그간의 경험을 돌이켜 보면 돈을 많이 쓴다고 꼭 좋은 애들을 사귈 수 있는 것은 아니었다. 내가 먼저 좋은 사람이 되어야 좋은 친구를 사귈 수 있는 건데, 진심을 전하는 데 자신이 없다 보니 그저 편하게 빨리 친해지려고 이벤트에 의지했던 것이었다. 앞으로는 도형이 알려 준 대로 진심을 먼저 내보이고 사소한 것까지 배려하며 친구를 사귀어야겠다고 다짐했다.

역주행

어느덧 추석이 다가오면서 예산의 거리 풍경이 달라지기 시작했다. 제사 음식으로 쓰일 먹거리와 선물 세트가 진열대로 나오고, 사람들의 발걸음도 빨라졌다. 특히 어디에 있었는지도 몰랐던 여러 지역 단체에서 내붙인 플래카드가 눈길을 사로잡았는데, 모두 귀향을 환영한다는 내용이 끈끈한 문구로 쓰여 있었다. 리나는 작년에 이런 풍경을 제대로 즐기지 못했던 것을 후회했지만 한편으로는 그래서 더 행복하기도 했다.

리나는 문화의 집에서는 플래카드에 어떤 문구를 쓰는지 물어보려고 도형에게 전화를 걸었다. 그런데 도형의 목소리가 좋지 않았다. 왜 그러느냐고 묻자 도형은 긴 한숨을 내쉬고는 이야기를 꺼내기 시작했다.

"엄마가 임시방편으로 받는 약물 치료를 더는 할 수 없다고 수술해야 한대."

도형은 수술비가 엄청나다며 상금을 많이 주는 텔레비전 퀴즈 대회에 응모해 볼까 하는 농담 같지 않은 농담도 했다. 리나는 평소 사진에 찍히는 것도 싫어하는 사람이 얼마나 급하면 저럴까 싶어 가슴이 아팠다. 그래서 도형에게 별 도움은 안 되겠지만 그동안 모아 둔 돈이 있다고 선뜻 제안했다. 도형은 이번에도 꼭 빨리 갚겠다고 약속했다. 그리고 이번 추석에는 몇 년 만에 집에 가서 엄마와 함께 보내야겠다고 씁쓸하게 말했다.

"마지막이 될지도 모르는데 맛난 거 많이 사 드리고, 가족끼리 즐겁게 명절 보내려고 해."

한마디 한마디가 리나의 가슴을 후벼 팠다. 도형은 고향인 의정부로 올라가기 전에 처리해야 할 일이 많다며 나중에 통화하자고 했다.

다음 날, 리나는 그동안 모은 돈을 들고 도형을 찾았다. 아깝다는 생각은 들지 않았다. 오히려 추석 지나서였다면 친척들에게서 받은 용돈까지 보태 줄 수 있었을 텐데 하며 아쉬워할 정도였다. 리나가 봉투를 건네자 도형은 고맙다는 말만 짧게 하고는 일이 바쁘다며 자리를 뜨려 했다. 리나가 자기도 돕겠다고 했지만 도형은 이번 일은 자기밖에 할 수 없다며 한사코 거절했다. 이렇게까지 마음의 여유가 없는 도형은 처음 보았다. 리나는 할 수 없이 먹먹한 가슴을 진정시키며 문화의 집을 나왔다.

리나는 추석 연휴 첫날에도 도형에게 문자 메시지를 보냈다. 도형은 답문을 더디게 보내왔다. 리나는 도형이 오랜만에 가족과 즐겁게 지내고 있는 모양이라고 짐작했다. 그래서 혹시라도 방해될까 봐 연휴 내내 연락하지 않았다.

연휴가 끝나는 날, 리나는 더 이상 참지 못하고 도형에게 문자를 보냈지만 답이 없었다. 다음 날 오후에는 아예 잘못된 번호라는 문자가 돌아왔다. 이상해서 곧바로 전화를 걸었더니 마찬가지로 없는 번호라는 안내가 나왔다. 문화의 집에도 전화해 봤지만 아직 출근하지 않았고 자신들도 연락이 안 된다고 답할 뿐이었다. 불길한 예감에 가슴이 두근거렸다. 다음 날에도 도형에게서는 아무 연락이 없었다. 리나는 문화의 집 직원에게 도형의 고향 집 연락처를 물어보았다. 직원은 안 그래도 이보미 국장님이 전화했지만 잘못된 연락처였다고 답해 주었다. 국장님과 실장님이 수시로 여기저기에 도형의 연락처를 수소문하는 중이라고도 했다.

며칠이 지나도 도형의 소식은 없었다. 리나가 답답한 마음에 문화의 집을 직접 찾았더니 다양한 연령대의 사람들이 모여서 웅성대고 있었다. 가장 목소리가 큰 건 할아버지 할머니들이었다.

사람들이 모인 사정은 이랬다. 도형은 그동안 거동이 불편한 어르신을 대신해 공과금을 내고 돈을 찾아오는 등의 은행 일을 봐주었다. 처음에는 도형이 어르신들을 공무 차량으로 은행까지 모시는 정도였다. 그러다 몇몇이 아예 도형에게 심부름을 부탁했고, 도형은 아무리 믿는 사이라도 자기 혼자 가진 않겠다며 꼭 마을 어른 중 한 명과 함께 가서 은행 일을 보았다. 그렇게 한 지 이 년이 다 되었다는 것이다. 그런데 이상하게 이번 추석 전에는 도형이 다들 추석 준비로 바쁠 테니 자신이 빨리 다녀오겠다며 혼자서 갔다. 늘 같이 다녔던 마을 어른은 여태까지 쌓은 신뢰도 있고 실제로 추석 준비로 바빠서 도형에게 은행 일을 맡겼다. 그리고 그 뒤로 마을 사람들은 도형을 보지 못했다.

어르신들은 도형이 깜박하고 통장과 카드를 가져오지 않나 보다 하며 며칠 동안 기다렸다. 연휴가 지나도 도형이 나타나지 않자 걱정되어 문화의 집에 찾아갔지만 이미 도형은 연락이 끊긴 상태였다. 어르신들이 혹시나 하고 우르르 은행에 몰려가 확인했더니 모두 잔고가 깡그리 없어져 있었다. 적게는 몇만 원에서 많게는 몇백만 원까지 없어진 것을 보고 모두 입을 다물지 못했다. 은행 직원은 안타까운 마음에 왜 남한테 통장을 맡기고 비밀번호까지 알려 주었느냐며 어르신들을 타박하기도 했다. 하지만 어르신들의 귀에는 그 말이 제대로 들어오지 않았다.

처음에는 대부분 대체 이게 무슨 일이냐며 노발대발했다. 하지만 한바탕 화를 쏟아 내고 진정되자 무슨 사정이 있을 거라며 기다려 보자고 하는 사람이 많아졌다. 도형도 없는 살림에 그나마 모은 돈이 얼마나 귀한지 다 아는데 그걸 갖고 튀었을 리가 없다는 말이었다.

그리고 오늘, 더 이상 기다릴 수 없어서 문화의 집에 다시 몰려온 어르신들은 문화의 집 이보미 국장에게 어찌 된 일이냐고 따졌다. 이보미 국장은 경찰에게 실종 신고를 냈고 지금 알아보는 중이라고 해명했다. 리나는 도형이 얼마나 마음이 급했으면 이런 일을 저질렀을까 싶어 가슴이 아렸다. 리나는 살짝 이보미 국장에게 다가가서 도형에 대해 할 말이 있다고 전했다. 이보미 국장은 무슨 단서라도 얻을까 기대하며 리나를 급하게 사무실로 데리고 갔다. 리나는 도형의 엄마가 암에 걸렸고, 돈이 많이 필요해서 이런 일을 벌인 것 같다고 털어놓았다. 리나가 자기도 돈을 줬다고 하자 이보미 국장은 눈을 커다랗게 뜨고 입을 다물지 못했다.

"너랑 같이 다녔던 수빈이라는 애도 똑같은 이야기를 했는데……."

리나는 도형이 자기 외에도 비밀을 털어놓았다는 데에 살짝 실망했다. 하지만 여러 사람에게 알릴 정도로 절박했다는 증거가 아니겠느냐고 도형을 감쌌다. 이보미 국장이 혀를 차면서 실토했다.

"실은 나도 도형이가 그렇다고 해서 돈을 줬어."

불길한 느낌이 더욱 강해졌다. 하지만 도형의 말처럼 아무리 상황이 나빠도 가슴속 깊이 흐르는 서로에 대한 믿음만은 흔들리면 안 된다며 마음을 다잡았다. 이보미 국장은 씁쓸함을 감추지 못했다.

"도형이 말이 사실이기를 바라야지. 그 녀석 지금까지 드러난 돈만 천만 원이 훌쩍 넘어."

그때 이보미 국장에게 전화가 왔다. 통화하는 국장의 목소리가 떨렸다. 리나는 혹시나 하는 마음으로 귀를 기울였다. 이보미 국장은 한동안 말을 잇지 못하다가 상대방에게 되물었다.

"그러니까…… 박도형이라는 사람은 우리가 아는 사람과 전혀 다르다는 거지요?"

리나는 귀를 의심했다. 전화를 끊은 이보미 국장이 자리에 털썩 주저앉아서 멍하니 리나를 쳐다보며 넋두리처럼 통화 내용을 알려 주었다.

"도형이가 도형이가 아니라는구나. 진짜 박도형은 주민 등록증을 분실한 적이 있대. 우리가 아는 도형이 인상착의도 물어봤는데 그런 사람 모른단다."

고개를 푹 숙인 이보미 국장은 한숨만 푹푹 쉬었다.

"월급 통장을 안 만들고 매번 일당으로 돈을 받아서 이상하다 싶었지만……. 원래 독특한 녀석이라 뭔가 이유가 있겠거니 하고 존중해 주었는데. 이런 어처구니없는 일을 당하다니……."

리나는 이보미 국장이 무슨 소리를 하는지 알아들을 수 없었다. 아니, 믿고 싶지 않았다. 자리에서 겨우 일어나 사무실 밖으로 나왔다. 현민과 수빈이 눈에 들어왔다. 둘은 걱정이 가득한 눈빛으로 물었다.

"도형 오빠에게서 무슨 소식 없었어?"

리나는 우두커니 둘을 쳐다보았다. 타임머신을 타고 과거로 가서 몇십 분 전의 자신을 보는 기분이었다. 리나는 일단 여러 사람이 정신없이 아우성치는 문화의 집에서 둘을 데리고 나왔다. 현민과 수빈은 리나의 입만 바라보았다. 하지만 리나는 둘에게 진실을 전할 엄두가 나지 않았다. 그렇게 계속 발걸음만 옮기다가 마침내 멈춰 섰다. 리나는 우정이란 의심을 견뎌 낼 때 더 단단해진다는 말을 떠올리며 용기를 내서 물어보았다.

"너희들 혹시 오빠에게 돈 주었니?"

수빈이 머뭇거리다 고개를 끄덕였다. 그 모습에 리나보다 현민이 더 놀랐다. 현민이 수빈의 양어깨를 잡으며 말했다.

"야, 네가 돈이 어디 있다고 도형 오빠한테 줘?"

"오빠네 엄마가 암에 걸렸대. 그래서 그런 거야."

리나가 수빈을 대신해 설명하자 현민이 안타까워하며 수빈을 나무랐다.

"아…… 그래도 그렇지. 너희 엄마보다 도형 오빠를 먼저 챙기면 어떻게 해?"

수빈은 어리둥절해하는 표정으로 현민을 보았다. 도리어 현민이 당황하며 더듬더듬 말했다.

"베트남에 계신 너희 외할머니…… 위독해서 엄마가 가야 하는데 비행기 표 살 돈 없다고……. 엄마가 맨날 우는데 아빠 장사는 잘 안 된다고……. 깜짝 선물로 비행기 표 주면서 이제는 진짜 엄마라고 더 다가가고 싶은데…… 돈이 없어서 답답하다고 했잖아. 그래서 리나네 아빠 공장에 나가서 아르바이트도 한 거잖아……."

"뭐? 내가 언제?"

수빈이 눈을 휘둥그렇게 뜨고 현민에게 되물었다.

"도형 오빠가 비밀이라고 알려 준 건데……. 그래서 난 너 도와주려고 리나네 공장에 나갔던 거야. 내가 번 돈은 도형 오빠한테 주면서 너 기분 상하지 않게 잘 전달해 달라고 했어……."

그 말에 리나도 정신이 번쩍 났다. 삼총사는 순서를 맞춰 보았다. 도형에게 이야기한 날짜, 이야기를 들은 날짜, 돈이 필요하다는 말을 들은 날짜, 돈을 건넨 날짜. 기가 막히게 서로 아귀가 들어맞으며 진행되었다.

도형에게 현민과 리나의 다툼을 중재해 달라고 전화한 수빈은 집안 사정에 대해서도 털어놓았다. 며칠 뒤 도형은 고민을 이야기하는 현민에게 누구나 힘든 사정이 있다며 수빈의 집안 사정을 적당히 꾸며서 말했다.

도형이 삼총사 각자에게서 들은 이야기를 조합해 모두를 가지고 논 것이 분명해지자 치가 떨렸다. 마치 진호에게 당했을 때처럼 누구는 주말, 누구는 평일, 누구는 전화, 누구는 메일, 이런 식으로 세 명이 모두 도형에게 농락당한 셈이었다. 무엇보다도 평소에 인간관계의 소중함을 강조하고 실제로 세심히 배려해 줘서 자기를 철석같이 믿게 만든 사람이 한순간에 돌변해서 배신했다는 게 가장 충격이었다. 각자 느꼈던 도형의 진심은 과연 무엇이었던가 혼란스러웠다.

리나가 여태 말하지 않았던 것까지 힘겹게 털어놓자 불에 기름을 끼얹은 양 분노가 폭발했다.

"박도형이라는 이름도 가짜래."

"뭐! 그럼 뭐야?"

현민과 수빈이 합창하듯이 물었다. 리나는 아직 이름조차 알 수 없다고 힘없이 알려 주었다. 세 명은 말없이 서로를 마주 보았다. 가장 깊은 비밀까지 공유한다고 생각한 사람이 교활한 사기꾼이었다니, 이 순간에도 믿고 싶지 않았다. 정말 사기꾼이 맞는지 직접 찾아서 확인하고 싶었다.

다음 날, 문화의 집에는 공지문이 붙었다. 사기꾼을 잡으려면 피해 사실에 대한 진술을 확보해서 기소해야 하니, 피해자들은 경찰서로 가서 진술하라는 내용이었다. 동네에 자식 잘 됐다고 소문난 어느 할아버지가 나섰다. 평소에는 고향 일에 나서지 않던 할아버지의 딸이 변호사 남편을 움직였고, 피해자들을 설득해서 보상을 받기 위한 모임까지 만들었다. 사람들은 경찰서에서보다 변호사에게 더 자세히 자신의 피해 사실을 진술했다. 처음에 가장 적극적으로 도형을 찾아야 한다고 나섰던 중년 부부는 슬며시 피해자 모임에서 빠졌다. 겉으로는 "그 녀석이 해 준 것을 생각하면 그 정도 돈은 잊어버려도 된다."라고 말했지만, 사실은 예전에 도형에게 털어놓은 적 있는 자기의 치부가 진술 과정에서 공개될까 봐 걱정되어서였다.

도형에게 돈을 떼였다며 모인 사람 중에는 의외의 인물도 많았다. 주변의 일에는 거의 나 몰라라 하며 지내던 세탁소 아줌마, 깐깐하기가 이를 데 없으며 매사를 정확하게 처리한다고 목소리를 높이던 유치원 원장, 절대 돈을 허투루 쓰는 법이 없던 약사 부부, 도형에게 가끔 특강을 부탁하던 학원 원장 등. 이들은 한껏 독이 오른 얼굴로 피해자 모임을 주도했다. 도형이 어떻게 그런 사람들에게 접근해서 돈까지 뜯어낼 수 있었는지 신기할 따름이었다. 리나와 수빈, 현민도 피해자 모임에 가입했다. 미리 받았던 인터뷰 자료를 마치 설문 조사 답하듯 채우고 나서야 변호사를 만날 수 있었다. 임시 사무실인데도 변호사는 책상에 정재욱이라는 이름이 쓰인 명패까지 놓고 있었다. 변호사는 삼총사를 힐끗 보더니 너털웃음을 터뜨렸다.

"그 자식 대단하네. 너희들의 코 묻은 돈까지 떼 갔냐?"

변호사는 진술서를 챙기고 피해 금액을 확인하며 말했다.

"너희는 노인네들과 다르게 자발적으로 빌려 준 거라 보상 금액이 다를 수 있어. 모두 직접 만나서 건넸기 때문에 증명도 쉽지 않고. 그래도 놈을 잡으면 가중 처벌로 겁줘서 돈을 받을 수 있을 거야. 이런 일은 시간이 많이 걸리지만, 법정 이자까지 쳐서 받을 테니까 진득하게 기다리고 있어 봐."

리나는 변호사에게 도와줘서 고맙다고 했다. 변호사가 삼총사에게 계약서에 부모님 도장까지 찍어서 다시 가져오라고 말했다. 계약서의 주된 내용은 변호사가 수임 수수료로 보상 금액의 20퍼센트를 가져간다는 것이었다. 변호사의 장인인 할아버지는 마치 사위가 지역 사회를 위해 공짜로 봉사하는 것처럼 소문을 내고 다녔지만, 계약서의 내용은 그렇지 않았다. 리나는 입맛이 썼다. 현민도 사무실을 나오며 정말 끝까지 코 묻은 돈을 뜯어 가는 사람은 변호사라고 불평했다.

처음에는 화가 나서 피해자 모임에 가입했다. 리나는 복수하고 싶었다. 도형이 미웠다. 도형의 모든 행동이 진저리 나도록 미웠다. 그러면서도 가끔 속 깊은 이야기를 나누고 조언을 해 주던 도형의 빈자리가 느껴졌다. 그럴 때면 돈은 상관없으니 계속 옆에 있어 줬으면 하는 생각이 들어서 도형이 더 미워졌다. 미운 것만큼이나 보고 싶었다. 그리고 그렇게 생각하는 자신이 못난 듯해 어떤 때는 도형보다도 미웠다. 리나는 마음이 복잡해서 일상이 피곤하고 귀찮기만 했다. 도형에 대한 생각이 내내 머리에서 떠나지 않았다. 생각할수록 도형이 이해되지 않았다.

'대체 도형 오빠가 노린 것은 무엇일까?'

사람들이 돈을 많이 가져갔다지만, 변호사가 밝힌 전체 피해 보상액은 약 4,000만 원이었다. 변호사가 4,000만 원으로는 수수료를 20퍼센트 받아도 자신의 보수로 턱없이 부족하다며, 이번 일은 아내의 고향을 위한 자원봉사라고 공공연히 떠벌렸기 때문에 모든 사람이 보상액을 알고 있었다. 피해자 모임에 들어오지 않은 사람들의 돈이 빠져 있긴 했지만, 리나의 생각에 지난 삼 년간 모두를 힘들게 속인 대가로는 좀 적어 보였다. 도형의 능력이라면 어느 직장이든 들어가서 삼 년 동안 그 정도는 능히 벌었을 터였다. 리나는 도형이 자기한테 공부를 가르쳐 주고 상담해 준 것을 따지면 대체 얼마나 될까 셈해 보기도 했다. 과외비만 따져도 리나가 준 돈은 훨씬 넘을 것 같았다. 그럼에도 리나가 피해자 모임에 계속 머물러 있는 것은 도형의 체포 소식을 곧바로 들을 수 있기 때문이었다. 가족들은 리나에게 그냥 미친개한테 물렸다고 생각하고 잊어버리라고 했지만, 리나는 도형과 직접 만나서 이야기를 나눠 보지도 않은 가족들로서는 자기 마음을 알 수 없다며 더 이야기하지 않았다.

 거리에 부는 바람이 제법 쌀쌀해졌다. 도형의 행방에 한껏 열을 올리던 기운도 한풀 꺾이고 있을 무렵, 변호사 사무실에서 도형을 잡았다는 연락이 왔다. 피의자 쪽에서 합의를 요청해서 피해자의 동의가 필요하다는 요지였다. 피의자의 진짜 이름은 박도형이 아닌 '조건익'이었다. 리나는 낯선 이름이 여태껏 그나마 도형과 자신을 잇고 있던 끈을 싹둑 잘라 내는 가위처럼 느껴졌다.

리나는 마음이 더 복잡해졌다. 만약에 지금 동의하지 않으면 어떻게 되느냐고 물었다. 사무실 직원은 피의자가 초범이라 집행 유예가 될 확률이 높지만, 상대편 변호사가 강력하게 합의를 원하고 있어 피해 금액을 높여서 받아 내기 쉬울 테니 버티는 것도 방법이라고 살짝 귀띔해 주었다. 문득 수수료가 적다고 징징거렸던 변호사가 떠올랐다. 리나는 돈을 더 받으려고 합의를 미루는 것이 아니었다. 도형을 한 번이라도 직접 만나서 왜 자신에게 그랬는지 이야기를 듣고 싶었다. 사무실 직원은 쌍방 변호사가 자리한 가운데 당사자끼리 합의할 수 있도록 만남을 주선해 줄 수 있다고 알려 주었다. 리나는 도형, 아니 조건익을 되도록 빨리 만나고 싶다고 말했다.

전화를 끊은 리나는 수빈에게 전화를 걸었다. 변호사 사무실 직원은 수빈에게 먼저 전화를 했었다. 수빈은 더 이상 신경 쓰는 것도 너무 힘들어서 이제는 잊어버리려고 이미 동의했다고 말했다. 리나는 서둘러 현민에게도 전화했다. 현민은 끝까지 동의하지 않을 작정이었다. 그렇다고 도형을 만날 생각은 없었다. 만나면 크게 사고를 칠 것 같다며, 하지만 꼭 그 미치광이를 감옥에 보내겠다고 말했다. 리나는 각자 다른 선택을 했지만 그 결정을 서로 존중해야 한다는 것을 이해했다. 현민도 수빈과 리나가 자신과 다른 선택을 한 것을 이해해 주었다. 그 대신 도형과 만나서 어떤 일이 있었는지 나중에 꼭 이야기해 달라고 부탁했다.

리나는 막상 만나면 무슨 말을 할 수 있을까 생각해 보았다. 첫 마디조차 떠오르지 않았다. 여태껏 도형 오빠라고 불렀던 조건익이라는 사람을 어떤 표정으로 봐야 할지도 혼란스러웠다. 괜히 만나자고 했나 후회가 되기도 했지만, 직접 만나지 않으면 혼란스러운 마음이 정리되지 않을 것 같아 용기를 냈다.

이 주 후, 리나는 서울의 정재욱 변호사 사무실로 찾아갔다. 아직 도형이 도착하기 전이었다. 변호사는 리나에게 그동안 자신의 사무실에서 합의했던 사항들을 알려 주었다.

"걔네 집이 용인에서 유명한 맛집이래. 집에 돈이 많더라고."

의정부가 아니라 용인이라는 말에 리나는 움찔했다. 자신이 알던 도형에 대한 모든 것이 거짓이라고 짐작했지만 툭툭 사실이 드러날 때마다 당황했다. 리나가 도형에 대해서 캐묻자 변호사는 술술 진실을 들려주었다.

"원래 공부는 잘한 놈이더구먼. 그런데 대학 졸업해서 취직해도 집에서 주는 용돈보다 많이 벌 것 같지 않으니 다른 쪽으로 머리가 발달했나 보더라. 자기 집에 있던 돈에다 식당 카운터에 있던 하루치 매상까지 들고 튀어서 유흥비로 탕진하고, 혼날까 봐 아예 가출했던 것이더라고. 그러다 예산까지 흘러들어갔고. 예산에서 개과천선하려고 했다는데 그건 뻥인 거 같아. 암튼 법정에서는 그렇게 진술하면서 예산에서 자기가 한 선행을 줄줄 읊겠지. 이번 추석에 돈을 갖고 튄 건 집에서 훔쳤던 돈을 갚으려고 우발적으로 저지른 일이라고 하면 정상 참작될 테니 말이야. 그 녀석 아비도 실종되었던 애가 돌아왔으니 그냥 전부 덮으려하고 있어. 애도 정신 차려서 열심히 산다고 하니까 오히려 전부 보상해 주면 되는 거 아니냐고 더 당당해."

변호사는 무덤덤하게 말을 이었다.

"웬만하면 원하는 대로 보상해 주고 있으니까 네가 좀 세게 나가도 돼. 하긴 원래 금액이 별거 아니어서 그래 봤자지만. 암튼 너무 감정적으로 반응하지는 말고. 너랑 현민이가 동의해 줘야 전체 합의가 되어 피해 보상이 잘 진행되니까, 다른 피해자들 생각해서 잘 결정해. 다들 죽이고 싶지만 돈이 급한 사람도 있어서 참는 거야. 괜히 돈에 쪼들려서 마음까지 상처 입지 않게 같은 처지인 사람이 돌봐야 하지 않겠니?"

리나는 변호사가 굳이 시간을 내서 만남을 주선하고, 도형이 직접 나오는 이유를 얼핏 알 것 같았다.

"피의자가 법적으로 아는 게 많으면 보상 금액 정하기가 편해. 일 처리도 쉽고. 그럴 경우에는 오히려 피해자들이 다짜고짜 덤벼서 쓸데없이 힘을 빼는 게 더 골치 아파. 어차피 돈으로 보상할 수밖에 없는데, 신세 한탄해서 뭐하겠다는 건지. 사과하라면 넙죽 잘하던데 그냥 돈이랑 사과만 받고 끝내. 괜히 다른 사람처럼 사과받은 다음에도 관계가 어쩌니 하면서 넋두리하지 말고. 어차피 반성할 놈이 아냐. 그냥 쿨하게 계산하고 끝내, 알았지?"

리나는 변호사가 말한 것과 다른 방향으로 마음을 다잡고 있었다. 돈은 포기하더라도 꼭 계산해야 하는 것이 있었다.

나이 든 사람과 함께 도형이 들어왔다. 정재욱 변호사는 방금 전과 달리 도형에게 조건익 씨라고 깍듯이 호칭을 붙이며 맞이했다. 상대편 변호사로 보이는 나이 든 사람은 정재욱 변호사와 잘 아는 사이 같았다. 도형이 리나를 보면서 빙긋이 웃었다.

"큰돈도 아닌데 굳이 만나자고 했더라? 나도 그동안 보고 싶어도 예산에 갈 수 없어서 답답했는데, 잘됐다 싶어서 직접 나왔어. 삼총사는 모두 잘 있니?"

리나는 흥분하면 자신이 지는 거라고 되뇌며 최대한 차분하게 천천히 말했다.

"걔들은 벌써 당신을 잊고 잘 지내요."

"그러면 여기 온 거 보니 너만 나를 못 잊은 건가?"

"뭐, 나는 그냥 계산할 게 남아서 온 것뿐이에요."

"계산? 좋아…… 얼마를 원하는데?"

"그거 말고, 왜 처음 저한테 접근했어요?"

묻자마자 도형이 박장대소했다.

"이 사람 보게. 큰일 날 소리 하네. 적반하장도 유분수지. 누가 먼저 접근했는데 그래? 내가 너희 일을 돕고 싶다고 졸랐던가? 내가 기억하기로는 너희가 나한테 먼저 부탁한 것 같은데."

리나는 순간 말을 잊었다. 현민의 소개로 도형을 찾아간 것은 바로 리나 자신이었다. 조건익이 야비한 눈빛과 목소리를 순식간에 박도형의 따뜻한 눈빛과 목소리로 바꾸고 말을 이었다.

"인생은 시행착오를 겪으며 더 나아져. 이번 일도 그냥 더 좋은 삶을 살기 위한 공부라고 생각하고 넘겨라. 계속 붙들고 있을수록 상처만 깊어져. 그냥 툭툭 털고 일어나서 다시는 이런 잘못을 반복하지 않으려고 노력하면 돼. 뒤를 보지 말고 앞을 향해 가. 너랑 현민이가 싸웠을 때도 비슷한 말을 했던 것 같은데 왜 잊어버렸니?"

"미, 친, 소, 리…… 그만해."

리나는 잘근잘근 칼을 씹듯이 한 글자씩 뱉었다. 오히려 도형이 더 상쾌한 목소리였다.

"리나야, 나는 먼저 내가 쓸 패를 다 보여 줬어. 어떻게 사람을 사소한 계기로 사귀는지, 비밀을 공유하면 얼마나 친해질 수 있는지 등등. 그렇게 알려 줬는데도 네가 부주의했던 거야. 내가 속인 게 아니라, 네가 스스로 빠진 거야."

"그래, 내가 바보 같아서 당했어. 그래도 함정을 쳐 놓은 당신한테도 잘못은 있는 거잖아."

"워워, 잘 생각해 봐. 그 함정을 정말 내가 쳤는지, 네가 원해서 만들었는지 말이야. 넌 너보다 똑똑한 사람, 너보다 배려심 있는 사람, 너보다 멋진 사람을 친구로 두고 싶어 했잖아. 나는 그런 네 마음이 원하는 이미지에 살짝 맞춰 준 것뿐이야. 머릿속에서 도형이라는 완벽에 가까운 인간을 만든 건 바로 너라고."

리나는 고개를 강하게 가로저었지만 가슴은 아팠다. 겨우 정신을 차리고 물었다.

"집에 돈도 많다면서 왜 돈을 가져간 거야?"

"자본주의 사회에서는 돈이 있는 곳에 마음이 있는 거잖아. 마음에 드는 사람에게는 돈을 쓰고, 마음에 들지 않는 사람에게는 절대 피 같은 돈을 허투루 쓰지 않지. 즉 상대가 나를 정말 얼마나 믿는지 확인하려면 나한테 돈을 어느 정도나 쓰는지 알아보는 게 가장 확실한 방법이거든."

"정말 인간쓰레기야!"

리나가 화를 못 참고 소리를 질렀다. 도형은 눈을 찡긋거리며 윙크했다. 리나는 몸서리를 쳤다. 도형이 몸을 앞으로 숙여 리나의 귓가에 대고 속삭였다.

"네가 착해서 나한테 당한 게 아니야. 나처럼 행동할 기술과 기회가 없어서 당했을 뿐이야. 너는 나처럼 될 재능을 충분히 지니고 있어. 그래서 내가 만나고 싶어 한 거야."

도형은 의자에 느긋하게 기대앉았다.

"생각해 봐. 온라인에서 친구를 사귀던 너의 기술, 진호한테 복수했던 계획, 문제집을 사겠다며 엄마를 속였던 순발력. 네가 둘러대던 핑계를 보면서 가끔 감탄하기도 했다니까. 아주 잠깐이지만 너랑 나랑 파트너가 되어서 뭔가를 꾸미면 정말 재미있지 않을까 생각하기도 했어."

리나는 뒤통수를 제대로 얻어맞은 것처럼 골이 띵했다.

"왜 갑자기 순진한 척하고 그래? 안 하고서도 한 척, 하고서도 안 한 척. 다 그러면서 사람들하고 관계를 잘 맺으며 살았잖아."

리나는 자리에서 벌떡 일어났다. 도형은 예전에 조언을 건네던 목소리로 차분하게 말했다.

"네가 합의해 주지 않아도 나는 풍족한 생활 환경에 비해 애정 결핍이 지나쳐서 사회에 적응하지 못하는 장애가 있다고 진단받을 수 있어. 그러면 결국 집행 유예를 받을 거야. 보상액을 두둑이 챙긴 피해자들이 대부분 선처를 호소할 테니 더 쉽게 끝나겠지. 너도 그냥 우리 아빠가 돈 많이 준다고 할 때 눈 딱 감고 한몫 챙겨라. 그리고 나와 좋았던 추억만 기억해. 그게 네게 정신적으로나 경제적으로 가장 이득이야. 나를 만났는데, 그래도 손해만 볼 수는 없잖아? 정신 바짝 차리고 최대한 많이 챙겨야지. 멘토로서 너를 위해 진심으로 하는 조언이다."

상처 입은 동물이 내는 쇳소리가 리나의 가슴속에서 터져 나왔다.

이상한 것들

계절이 바뀌어 겨울이 되어도 리나와 현민의 태도는 변함없었다. 마치 얼마나 도형을 믿었는지 자기들의 복수심을 보여 주는 것으로 증명해야 한다는 양 끝까지 합의하지 않았다. 하지만 판사의 직권 판단으로 둘의 보상액을 정해서 지급하는 것으로 결론이 났다. 리나는 도형, 아니 조건익이 또다시 이름을 바꿔서 어딘가에서 활개 칠 것을 상상만 해도 소름이 끼쳤다. 리나와 현민은 온 힘을 다해 버텨도 도형이 예상했던 결과가 바뀌지 않았다는 데에 허탈해했다.

리나는 우울증에 걸린 사람처럼 자기 방에서 누운 채 시간을 보냈다. 그러던 어느 날 아빠가 방문을 열고 들어왔다. 아빠는 웅크리고 누워 있는 리나를 흘깃 본 다음에 쭈뼛거리며 뜬금없이 텔레비전 리모컨이 어디에 있느냐고 물었다. 리나는 딸인 자기가 상처받아서 누워 있는데 리모컨이나 찾는 아빠가 미웠지만 화낼 힘도 없었다. 아빠는 리나가 아무 말 없자 한숨을 쉬며 말했다.

"나쁜 놈."

리나는 아빠가 누구에게 나쁘다고 한 것일지 생각해 봤다. 계속 계기를 만들어 방에서 빼내려고 하는 아빠의 마음을 이해하지 못하는 리나에게 하는 말인지, 딸을 이렇게 만든 도형한테 하는 말인지, 아니면 딸에게 아무 도움도 못 주는 아빠 자신에게 하는 말인지 알 수 없었다.

한편 수빈은 가을과 겨울 내내 도형 문제로 골머리를 앓느라 고입 준비도 제대로 하지 못하는 현민과 리나를 안타깝게 바라보았다. 이야기를 들어 주는 것밖에 할 수 없는 자신이 밉기도 했다. 어느 날, 리나와 단둘이 만난 수빈이 보다 못해서 자기가 어떻게 상처를 이겨 냈는지 들려주었다.

"방 안에서 멍하니 있는데, 예전에 읽었던 정수연 작가의 책이 눈에 들어오더라. 그때 너한테도 빌려 줬던 그 책 말이야. 혹시 위로가 될까 싶어서 그 책을 뒤적뒤적 넘겨 봤어. 그러다가 형광펜으로 표시한 부분이 나와서 멈췄어. 너도 강연회 때 들어서 기억날 거야. 실타래를 푸는 방법에 대한 이야기."

리나는 강연회 때보다도 그 전에 아빠가 읽어 줘서 기억에 남아 있었다. 수빈이 차분하게 이야기를 이어 갔다.

"나는 도형과 맞잡았던 실이 비단실인지 피고름이 가득한 실인지 깊이 생각해 봤어. 서로 상처를 내보이며 위로가 되는 이야기를 주고받았지만 도형의 행동은 전부 거짓이었잖아."

리나는 조용히 고개를 끄덕였다. 수빈의 목소리에 더욱 힘이 들어갔다.

"거짓이니까 결국 잘라 내야 하는 것 아니니?"

"머리로는 나도 알고 있는데, 그게 잘 안 돼."

수빈이 리나를 측은하게 바라보았다.

"만약에 내가 적극적이었다면 어땠을까 생각해 봤어. 내가 속마음을 잘 드러내고 결단력 있게 의견을 밝혔다면 그놈이 우리 세 명 사이에서 비밀스럽게 사기를 칠 가능성도 줄어들지 않았을까? 내가 너희한테는 간단히 아빠가 트럭 운전하고 새엄마가 베트남 출신이라고만 말하고 집안 얘기는 꽁꽁 숨겼잖아. 그래서 현민이도 내 처지를 상상만 하다가 도형이 만든 덫에 걸려서 '아, 역시 힘든가 보다.' 하며 결국 사기를 당한 거야. 이렇게 생각하니까 너희에게 너무 미안해지는 거야. 진호한테 한 번 당했는데도 성격을 바꾸지 않아서 또 이런 일을 당한 것 같아 속상하고. 그런데 이번에도 너희를 구하지 못하고 나만 합의해서 미안해."

수빈의 감정은 리나 자신과 비슷했다. 마음의 문이 조금 더 열리는 느낌이 들었다.

"미안해하지 마. 용서를 구해야 하는 놈은 따로 있는데 우리끼리 이게 뭐니?"

"변호사 사무실에서 만났을 때도 아주 뻔뻔했다며? 그게 어디 용서를 구할 놈의 태도니? 기대할 걸 기대해야지."

용서. 순간 도형이 예전에 했던 말이 리나의 머리를 세게 때렸다. 자기의 시간을 움직이는 운전대를 도형이 쥐고 있다고 생각하니 더 기분이 나빠졌다. 더 이상 휘둘리지 않으려면 도형을 용서해야 하는 것인가 생각하자마자 화가 났다.

"이 자식은 자기가 탈출할 구멍만 만들어 놓고 나는 움직이지도 못 하게 막아 놨네."

리나는 허탈하게 웃었다. 도형의 조언 대부분이 책에서 읽거나 강연에서 들은 내용을 자기 생각인 양 멋지게 포장한 것임을 알지만, 왠지 도형이 말했다는 이유만으로도 거짓말처럼 느껴졌다.

리나는 애써 밝은 척하며 수빈과 헤어졌다. 그런 리나의 모습을 가슴 아프게 본 수빈은 출판사에 편지를 적기 시작했다. 정확히 말해 정수연 작가에게 전달할 편지였다. 자신의 고민과 도형 때문에 허우적거리고 있는 리나와 현민의 사정까지 넣느라 긴 글이 되어 버렸다.

열흘 후, 편지에 남긴 수빈의 전화번호로 정수연 작가에게서 연락이 왔다. 작가는 짤막하게 삼총사를 자기 강연에 초대하고 싶다고 말했다. 장소는 예산과 가까운 천안이었다. 현민은 거의 일 년

전 만났던 작가의 이름을 이미 잊고 있었다. 수빈이 누구인지 자세히 설명하자 기억해 내기는 했다. 현민은 정수연 작가가 독특하기는 했지만 자신들과 맞지 않는다며 말을 잘랐다. 리나도 그 작가의 말은 어딘지 가슴을 콕콕 찌르고 뒤통수를 때리는 것 같아 불편했다. 하지만 수빈이 하도 강하게 권유하는 바람에 어쩔 수 없이 천안 강연회에 따라가기로 했다.

정수연 작가의 강연은 여전히 질의응답으로 이뤄져 있었다. 처음엔 심드렁했지만 리나도 혹시나 작가가 해결책을 알려 주지 않을까 기대했다. 몇 번 질문할 타이밍을 놓친 리나가 드디어 손을 번쩍 들었다. 정수연 작가는 잠시 리나의 눈빛을 본 다음에 지목했다. 리나는 떨리는 음성으로 도형을 처음 만났을 때부터 이야기했다. 사람들은 신기한 괴짜 청년 이야기라면서 잠자코 들었다. 도형이 사기를 치고 잠적한 대목에서는 탄성이 곳곳에서 터져 나왔다. 한데 갑자기 작가가 마이크를 내려놓고 두 손바닥을 앞으로 내보이며 큰 소리로 말했다.

"잠깐만, 지금 '인간극장' 찍는 거예요? 질문을 하라고, 질문을."

리나는 질문에 앞서 배경을 설명해야 하니 조금만 기다려 달라고 했지만 작가는 고개를 가로저었다.

"지금 본인이 무엇을 했다는 말은 없고, 다 주어가 도형이라는 사람이잖아요. 지금 도형이라는 사람을 분석해 달라고 질문하는 거예요? 그게 아니면 자신이 무슨 문제를 해결하고 싶은지만 말해 줄래요? 다른 사람들 고민도 해결해 줘야 하니까요."

리나는 정수연 작가의 기세에 눌려 입을 닫았다. 하지만 그대로 앉으면 자신이 바보처럼 보일까 봐 힘을 내어 말했다.

"사람을 만나는 것이 두려워요. 어떻게 하면 사기꾼에게 당한 상처를 이겨 내고 다시 사람을 두려움 없이 사귈 수 있을까요?"

정수연 작가는 다짜고짜 리나에게 봉투를 건넸다.

"자, 여기 5만 원이에요."

작가는 어리둥절해하는 리나를 똑바로 보며 말했다.

"저는 이 학생에게 부탁을 하나 하고 싶습니다. 정말 문제를 해결할 수 있는 사람을 알고 있으니 제가 준 돈을 교통비로 써서, 이 강연이 끝나고 알려 주는 곳으로 다음 주에 꼭 오라고 말입니다."

정수연 작가는 리나에게 공개적으로 약속해 줄 수 있느냐고 물었다. 리나는 고민에서 벗어나고 싶었기 때문에 그렇게 하겠다고 약속했다. 작가는 한결 편해진 얼굴로 다음 질문을 받았다.

강연이 끝나자 정수연 작가는 흔한 사인회도 생략한 채 서둘러 강단에서 내려왔다. 하지만 질문자 중 더 구체적인 문제 해결책이 필요한 사람들에게 열심히 조언해 주고는, 리나를 불러서 약속 장소와 날짜를 적은 쪽지를 주었다. 리나는 쪽지를 보고 조심스럽게 물었다.

"열흘 뒤에 이곳에서 누구를 만나나요?"

정수연 작가는 오면 알게 될 것이라고 간단히 답하고는 약속을 꼭 지키라고 당부하며 강연장을 빠져나갔다. 현민이 리나가 쥔 봉투의 뒷면에 쓰여 있는 메모를 보며 말했다.

"뭐야, 간첩 접선도 아니고 달랑 장소와 날짜만 있어? 야, 너 정말 나갈 거야?"

리나는 수빈과 현민을 보며 고개를 끄덕였다. 열흘 동안 궁금증을 참으며 묘한 흥분을 느꼈다. 오랜만에 느껴 보는 기분이었다. 그동안 리나는 정수연 작가의 책을 모두 빌려 읽었다. 다양한 주제로 글을 썼는데, 마치 한계를 종잡을 수 없었던 도형의 이야기 같았다. 실제로 중간중간 도형이 말했던 것과 비슷한 내용이 나올 때면 섬뜩하기도 했다. 혹시나 정수연 작가도 도형과 비슷한 부류는 아닐까 하는 생각에 두렵기도 했다. 하지만 정말 도형과 비슷하다면 이번에는 꼭 끝장을 내리라고 다짐하며 두려움을 밀어냈다. 그랬더니 두려움이 밀려 나간 자리를 기대가 채우기 시작했다. 특히 인간관계를 다룬 책의 내용은 정수연 작가에 대한 기대를 더욱 높였다. 리나는 그 책을 읽으며 마음이 정리되는 듯한 기분에 휩싸였다.

드디어 청주에서 만날 날짜가 다가왔다. 삼총사는 약속 장소인 청주 도서관의 강연장으로 향했다. 리나는 이제나저제나 자신의 고민을 해결해 줄까 기대하며 정수연 작가의 말에 집중했다. 강연 내용 중에는 언젠가 리나도 경험할 사랑에 도움이 될 만한 내용도 있었고, 진로 문제를 달리 생각하게 하는 통찰력이 번뜩이는 내용도 있었지만 제대로 귀에 들어오지 않았다. 드디어 강연이 끝나고, 리나 일행은 우르르 몰려가서 강연장을 떠나려는 작가를 서둘러 붙잡았다.

"저에게 소개해 줄 분이 있다고 하셨잖아요?"

정수연 작가는 찬찬히 리나의 눈치를 살핀 다음에 입을 열었다.

"어쩌지? 오늘 오지 못했는데⋯⋯. 다음 주에는 꼭 오라고 할게. 한 번만 더 올래?"

정수연 작가는 천연덕스럽게 주소를 써 주기 시작했다. 현민은 "아이씨." 하고 큰 소리로 내뱉었다. 수빈도 놀랐지만 리나가 가장 크게 당황했다. 현민이 참다못해 끼어들었다.

"저기요, 그냥 그분 연락처 주시면 안 돼요? 저희가 직접 연락할게요."

작가는 꼭 자신이 소개해 줘야 리나의 고민이 해결될 수 있다고 고집했다. 리나는 한 번 더 속는 셈치고 메모를 받으며 정수연 작가와 약속했다. 청주에서 돌아오는 내내 수빈은 리나에게 미안해했다. 원래 특이하기는 하지만 이렇게 돌발 행동을 하리라고는 수빈도 미처 몰랐다. 리나는 혼란스러웠다. 또 기대해야 하는지, 아니면 포기해야 하는지. 하지만 딱 한 번만 더 가 본 다음 결정하기로 하고 당분간은 덮어 두자고 결론을 내렸다. 그렇게 며칠이 지났다. 영영 해답을 찾지 못하는 것은 아닌가 해서 슬슬 마음이 불안해지기 시작했다.

일주일만 기다리면 다음 약속 날이었는데도 리나는 한층 더 심한 감정의 기복을 겪었다. 막상 약속 당일이 되자 리나는 지난번보다 확실히 기대가 한풀 꺾인 채 서울의 약속 장소로 향했다. 현민은 또 약속을 어기면 가만두지 않겠다며 따라나섰다. 그런데 이번에는 정수연 작가가 참석자들의 요구로 질의응답 대신에 파워포인트를 활용한 강연을 했다. 작가는 여러 학교의 이름이 적혀 있는 슬라이드를 첫 화면으로 보여 주었다. 작가는 화면에 떠 있는 '관계'라는 단어를 손으로 가리키며 말했다.

　"학생들에게 물어보면 대인 관계가 학교생활 중에 가장 어려운 문제라고 이야기합니다. 왕따를 당할지 몰라 무섭고, 자기 진심을 알아주지 않아 답답하고, 친구들에게 어떻게 해야 인기를 끌 수 있을지 몰라 힘들다고 합니다. 자신은 아주 순수한데 다른 사람들이 내 마음을 몰라주고, 그 탓에 피해를 입을 수 있어 걱정이라는 청소년이 많습니다."

　고개를 끄덕이는 학생이 많았다. 리나도 공감했다. 작가는 매서운 눈빛으로 말을 이었다.

　"자기는 착한데, 악독한 사람이 상처를 준다고 생각하며 피해자 놀이를 해서는 인간관계를 올바르게 맺을 수 없습니다. 긍정적으로 관계를 발전시키기보다는 자신이 왜 힘든지 토로하며 감정싸움을 하려고만 하니까요."

　정수연 작가가 리나를 보며 잠시 말을 멈췄다. 리나는 숨이 멎는 것 같았다.

"제 책을 보신 분은 아시겠지만, 상처를 받았으면 엉킨 실타래를 칼로 자르듯이 관계를 정리하는 것도 방법입니다. 그러나 그저 덜 고통받으려는 마음에 섣불리 자르는 것은 절대 안 됩니다. 자기는 여전히 힘이 없어서 다른 사람에게서 상처받을 거라는 생각을 떨친 다음에 칼로 잘라야 합니다. 그러지 않으면 관계를 맺는 상대가 바뀌어도 상대에게 의지하는 건 변하지 않습니다. 바로 나를 행복하게 해 줄 수 있는 강한 힘을 가진 상대에게 말이지요. 그렇게 의지하던 상대가 나를 떠나면 모든 책임을 그 사람에게 떠넘기며 비난하지요. 무기력한 나는 결백하다면서 상처를 내보이려 하고요. 그리고 상처를 치유한다며 자기를 행복하게 해 줄 수 있을 듯한, 힘 있어 보이는 사람을 찾아서 똑같은 일을 반복하는 악순환에 빠집니다."

리나는 가슴속으로 불덩이가 들어오는 듯했다. 하지만 그것은 곧 아주 거대한 얼음으로 변했다. 가슴속에 자리 잡은 얼음덩어리는 서늘한 기운을 온몸에 퍼뜨렸다. 리나는 오들오들 몸을 떨었다. 예전에 예산 강연회에서도 비슷한 내용을 들었지만 그때는 속뜻을 알 수 없었다. 하지만 이제는 아니었다. 옆에 앉아 있는 수빈과 현민도 숨죽인 채 두 손을 꼭 쥐고 강연에 집중하고 있었다.

"힘을 기르려는 사람은 일단 자기 힘을 믿고 관계를 시작해야 합니다. 그리고 자기 힘으로 관계를 세우다가 잘못되면 자신의 책임을 인정하고, 상대방의 책임도 당당히 물은 다음 끝내면 됩니다. 그러면 또 다른 사람과 관계를 맺을 때도 대등한 입장에 서서 결과를 긍정적으로 만들 수 있습니다. 하지만 그러지 않으면 모든 책임을 상대방에게 몰며 비난을 퍼붓게 됩니다. 그리고 자신을 변화시켜 줄 교훈은 무시한 채, 내가 입은 상처가 너무 커서 평생 아물지 않을 것이라고 믿으며 피해자 놀이를 반복합니다."

한 중년 남자가 손을 들고 작가의 말을 막았다.

"뭐 깊은 이야기도 좋지만 현실적으로 도움이 되는 이야기를 해주셔야지, 이게 뭡니까? 해코지하려는 놈들을 어떻게 피하고, 친해져야 하는 사람과 어떻게 하면 가까워질 수 있는지 인간관계 기술을 알려 주셔야지요."

중년 남자의 불평에도 정수연 작가는 여유 있는 미소를 잃지 않고 대응했다.

"바로 그렇게 사람을 두 부류로 나누는 것이 피해자 놀이의 전형적 특징입니다."

그 말에 중년 남자의 얼굴이 붉으락푸르락했지만 작가도 지지 않고 눈빛을 더 매섭게 빛냈다.

"친해져야 하는 사람과 그렇지 않은 사람으로 나누려는 사고방식을 잘 들여다봐야 합니다. 그 사고방식의 핵심에는 관계에서 이득을 얻겠다는 계산이 있습니다. 그런데 친해져야 하는 사람을 좌우하겠다는 건 뭔가요? 일단 관계를 좌우할 만큼 내 능력이 더 뛰어나다고 믿는 것입니다. 여기에 기본적인 모순이 있습니다. 친해져서 이득을 얻으려 하는데 힘은 자신이 더 강한 상황을 가정한다는 점에서 말입니다. 이것은 돈 많은 사람이 가난한 사람에게서 돈을 빼앗아 재산을 불리는 것과는 다릅니다. 실제로 능력이 뛰어난 사람이 능력 없는 사람에게 의존하면 어떻게 될까요? 능력 있는 사람이 그렇지 않은 사람을 따라 한다고 생각해 보세요. 수학 성적이 좋은 애가 수학을 잘 모르는 애한테 물어보는 겁니다. 능력이 대등하지 않다면 상대에게서 이득을 얻을 수 없는 법입니다. 그런데 이득을 얻겠다면서 왜 내가 주도해서 나보다 능력이 떨어지는 사람과 친해지려 하는 것이지요? 그게 정말 효과가 있을까요?"

정수연 작가는 번뜩 새로운 아이디어가 떠오른 듯 흐뭇하게 웃으며 덧붙였다.

"사족이지만, 수학 공부할 때 나보다 못하는 친구를 가르쳐 주다 보면 오히려 그 과정에서 헷갈리던 걸 확실히 알게 되지 않나요? 이처럼 상대방에게 베푸는 과정에서 이득을 얻을 수도 있습니다. 굳이 친해지고 싶은 누군가를 원한다면 되도록 내가 도와주고 베풀 수 있는 구석이 많은 사람을 찾아야겠군요. 그러면 모순도 해결됩니다. 내가 능력이 뛰어나서 관계를 좌우할 수도 있고, 상대를 도우면서 이득도 얻을 수 있으니까요. 하지만 그러자고 인간관계 기술을 열심히 공부하지는 않겠지요. 친구들을 더 많이 가르쳐 주려고 열심히 공부하는 모범생이 드문 것처럼 말입니다."

몇 군데에서 허허하고 웃음이 터져 나왔다. 작가는 질문을 한 중년 남자에게 다가갔다. 다른 사람들은 주먹질이 오갈까 봐 불안해하며 숨죽이고 그 모습을 지켜보았다.

"이쯤에서 중요한 질문을 던져 보겠습니다. 우리는 왜 인간관계를 맺어야 하지요?"

질문을 받은 중년 남자는 잠시 멀뚱거리다가 기분 나쁘다는 표정으로 대답했다.

"그야, 세상 모든 일이 인맥으로 해결되고, 인맥이 있어야 성공도 할 수 있고, 원래 혼자서는 세상을 살아갈 수 없으니까요."

"왜 혼자서는 살 수 없지요?"

"그야 외로우니까."

"그럼 외로움을 피하려고 동물을 키우거나 원예를 하는 등 취미 활동으로 만족스러운 삶을 살면 인간관계는 필요 없을까요?"

"그야…… 그래도 외롭지 않을까……요?"

"만약에 외롭지 않다면, 그래도 인간관계를 맺어야 할까요?"

"굳이…… 아니, 그래도 인간관계를 맺어야 더 행복하지 않을까요?"

정수연 작가는 계속해서 중년 남자를 거세게 몰아붙였다. 그 반면에 남자의 목소리는 점점 자신감을 잃어 갔다. 작가는 웃으며 중년 남자와 나눈 문답을 정리했다.

"그러면 결국 행복하기 위해 인간관계를 맺는 것이네요."

"그렇지요. 맞아요."

남자의 목소리에 다시 힘이 조금 실렸다. 정수연 작가는 강단으로 돌아가며 말했다.

"처음에는 인간관계를 형성해야 성공할 수 있다고 하셨는데, 지금은 행복하기 위해서 관계를 맺는다고 하시네요."

"성공을 해야 행복하지요."

"행복해야 성공한 것은 아니고요?"

정수연 작가의 목소리에는 다시 날이 서 있었다. 중년 남자는 그 기세에 눌려 입을 열지 못했다. 반면에 작가의 목소리에는 힘이 넘쳤다.

"왜 인간관계 자체가 목적이 되면 안 되지요? 왜 직장에서 성공하기 위한 수단이 되어야만 하지요? 왜 공부를 더 잘하고, 인정받고, 학교생활을 무난히 버텨 내기 위한 수단이 되어야 하지요? 그냥 다른 사람들과 어울리며 행복을 느끼는 것 자체가 목적이 되면 안 되나요? 왜 인간관계가 또 다른 이득을 얻기 위한 수단이어야만 하는 거지요?"

이 말을 듣자 리나의 머릿속에서는 이득을 강조했던 도형과 정수연 작가가 완전히 분리되었다.

"자, 다시 한 번 생각해 봅시다. 피해자 놀이에서 벗어난 다음에는 어떻게 해야 인간관계를 잘 펼쳐 나갈 수 있을까요?"

사람들은 입을 움찔움찔할 뿐 말이 없었다. 작가는 천천히 다음

슬라이드로 화면을 넘겼다.

대체 불가능에 대한 믿음

사람들은 도무지 무슨 말인지 몰라 고개를 갸웃거렸다.

"만약 우리가 서로를 대체할 수 없는 사람으로 여긴다면 어떨까요? 건물이 완성된 다음에는 절대 바꿔 끼울 수 없는 주춧돌처럼 말입니다. 그러면 관계가 더 튼튼한 바탕에서 시작되지 않을까요? 친구를 그저 외로움을 달래 주는 존재로 여기지 말고, 무엇과도 바꿀 수 없는 그 친구만의 특성이 있고 관계를 맺어야 그 특성을 누릴 수 있다고 생각해 보세요. 그러면 친구를 대하는 태도가 더 절실해질 겁니다. 여러분의 친구들을 한번 떠올려 보십시오. 자기 친구를 지금 여기에 있는 누구하고 바꿔도 상관없다면 그 사람은 친구라기보다 그냥 아는 사람일 뿐입니다."

정수연 작가의 말을 들으며 리나는 3학년 초에 벌어졌던 일들을 떠올렸다. 여러 친구들을 사귀면 현민과 수빈의 자리를 충분히 채울 수 있을 거라고 생각했다. 하지만 실제로는 달랐다.

"우리는 살면서 많은 사람과 만나고 헤어집니다. 그리고 헤어진 사람의 자리에 다른 사람을 놓고 허전함을 달랜다고 생각하기도 하지요. 학년이 올라가서 반이 바뀔 때마다 새로운 친구를 사귀는 식으로 말입니다. 그런데 바로 이게 문제입니다."

리나는 더 잘 듣기 위해 저도 모르게 몸을 앞으로 기울였다. 학년이 바뀌고 새 친구를 사귀는 자연스러운 일이 왜 문제인지 이해가 되지 않았다.

"상대방을 다른 사람으로 쉽게 대체할 수 있다고 믿는 순간부터, 나 역시 쉽게 대체될 수 있는 존재가 되고 맙니다. 그러면 최선을 다해 나만의 특성을 내보이려 노력하기보다는 상대방이 필요해하는 것을 채워 주면서 당장 빈자리를 꿰차는 데만 힘을 쏟게 됩니다. 또한 굳이 모험하지 않고, 그때그때 상대방에게 맞춰 주며 관계를 유지하려고 하지요. 자기가 쉽게 대체될 수 있으니 언제든 관계에서 떨려 날 수 있다는 것을 알기 때문입니다. 이런 관계에서는 상대와 나 모두 행복할 수 없습니다. 상대방은 필요한 것을 얻되 새로운 것을 받는 기쁨을 느끼지 못하고, 나는 항상 나에게 없는 것을 상대에게 줘야 한다는 부담에서 벗어나기 힘드니까요."

정수연 작가는 자기를 바라보는 청중들 한 사람 한 사람과 차례로 눈을 맞췄다.

"만약에 어떤 두 친구가 서로 상대를 대체 불가능하다고 생각한다면 어떨까요? 나에게 필요한 것을 우선하지 않고, 상대만의 고유한 특성을 먼저 볼 겁니다. 그러면 상대는 관계를 맺을 때 주체적으로 자기만의 특성을 먼저 드러내겠지요. 마찬가지로 나 역시 상대에게 좋은 평가를 받기 위해 나만의 특성을 내보이려 노력합니다. 이런 식으로 서로 자기의 특성을 개발하려고 노력하니 관계는 한쪽으로 치우치지 않고 균형이 잡힐 수밖에 없습니다. 흔히 말하듯 비슷해서 친한 게 아니라 다르니까 올바른 관계를 맺을 수 있는 겁니다."

리나는 최근에 수빈과 현민에게서 느낀 것을 떠올렸다. 처음에는 서로 공통점을 찾아서 수월하게 친해지기는 했지만 곧 질려 버렸다. 결국 우정의 불씨를 꺼뜨리지 않은 것은 수빈만의 침착함, 현민만의 결단력이 발휘되었기 때문이다.

"관계를 맺을 때는 전체를 보는 눈이 중요합니다. 내 입장만을 보면 내 욕심을 채우려고 상대에게 접근하게 되어서 관계 자체가 처음부터 끝까지 완전하게 세워지지 않습니다. 처음에는 억지로 버텨도 시간이 갈수록 관계라는 건물이 기우뚱 한쪽으로 기울어서 언젠가는 무너지게 됩니다. 내가 보고 싶은 것에만 집중하다가는 상대에게 실망하거나 사기꾼에게 속아서 상처받을 뿐입니다. 그러면 인간관계를 다시 맺을 엄두가 나지 않고 내내 두려움 속에서 벌벌 떨기만 하겠지요."

정수연 작가는 리나 앞으로 다가와서 물었다.

"자, 내가 방금 말한 것에 대해서 학생은 어떻게 생각하지요?"

리나는 순간 도형의 얼굴이 떠올라서 떨쳐 버리려고 고개를 가로저었다. 작가가 고개를 갸웃거리며 다시 물었다.

"정말 내 말이 틀렸다고 생각하나요?"

리나는 다시 고개를 가로저으며 자기도 맞는다고 생각한다고 또박또박 답했다. 정수연 작가는 다른 사람들을 둘러보며 큰 소리로 말했다.

"이 친구와 저는 오늘 처음 만난 사이가 아닙니다."

정수연 작가는 첫 만남부터 시작해서 지금까지 둘 사이에 있었던 일을 전부 이야기했다. 사람들이 왜 계속 리나에게 '그분'을 소개하는 것을 미루느냐고 묻자 작가는 웃으며 되물었다.

"만약 제가 처음에 고민을 해결할 수 있는 답을 말해 주었다면, 오늘 '그분'을 만날 수 없는데도 이 친구가 일부러 저를 찾았을까요?"

리나는 번쩍하고 눈이 떠지는 듯했다. 정수연 작가가 리나에게 다가와서 속삭이듯이 말했다. 하지만 강연장이 워낙 조용해서 다른 사람에게도 다 들렸다.

"네 상처를 다독일 수 있는 답을 달라고 했을 때, 그 자리에서 해결책을 주었다면 넌 네 욕심을 채우고 단번에 내게서 멀어져 갔을 거야. 시간이 지나면 내가 그 해결책을 줬다는 것도 아예 잊어버렸겠지."

리나는 그러지 않았을 것이라고 반박할 수 없었다. 정수연 작가의 눈이 반짝였다.

"절대로 자신을 피해자라고 생각하지 마. 관계를 망친 건 바로 너 자신이다. 도형이를 네 세계에 들였던 욕심이 도형이를 내칠 때도 여전히 살아 있었단다. 네가 '그분'을 만나서 단번에 해결하려고 하는 것을 보면 알 수 있어. 그리고 지금 내 말을 무조건 받아들이려는 네 모습을 봐도 알 수 있고."

리나는 얼음으로 변했던 불덩이가 가슴에서 다시 불타오르는 기분이 들었다. 얼음이 녹으면서 눈물이 되어 리나의 뺨으로 조용히 흘러내리기 시작했다. 정수연 작가는 더 엄하게 말했다.

"네가 원해서 시작되고 네가 원하는 방향으로 진행된 다음 네가 원하는 결말로 끝나면 그 사이에 다른 사람이 원하는 것이 들어갈 틈은 대체 어디에 있니? 정 그렇게 하려면 처음부터 끝까지 너와 똑같은 것을 원하는 사람만을 골라야 해. 그렇게 하라고 말하는 심리학책도 있어. 하지만 너와 똑같은 걸 원하는 사람을 만나는 건 불가능할 뿐만 아니라 올바르지도 않단다."

작가는 잠시 말을 멈췄다. 그리고 분위기를 바꿔서 장난기 있게 덧붙였다.

"너와 똑같은 복제 인간은 고사하고, 너를 많이 닮은 가족도 제대로 못 참아 내지 않니?"

눈물을 흘리던 리나의 입에서 짧게 웃음이 터져 나왔다. 정수연 작가가 모두에게 말했다.

"인간관계가 그 자체로 행복이 되려면 깜짝 선물 같아야 합니다. 기대하고 예상했던 것을 받아도 기분은 좋겠지만, 예상하지 못했던 것을 받았을 때보다는 못하지 않나요? 어떤 때는 예상했는데도 선물을 받지 못해서 오히려 불행해하기도 하잖아요. 그러니 면

저 예상하거나, 욕심내지 말고 의외의 수가 생겨나는 방향으로 나아가는 것이 좋습니다. 혼자 주도하려고 하지 마세요. 다른 사람과 주도권을 나눠 가지며 의외의 변수를 즐겨 보세요."

정수연 작가는 잠시 숨을 고르고 말을 이어 나갔다.

"그래서 의외성이 더 많아지도록 다양한 사람을 만나는 게 인간관계에서는 좋은 것입니다. 결론이 너무 뻔하지요? 하지만 잊지 마세요. 출발점이 달랐다는 것을. 각자 주도권을 가진 채 다양한 사람을 만나야 한다는 것을 명심해 주세요. 매번 똑같이 행동하면서 다른 방법이 없다고 자신에게 확신시키는 것은 이제 그만하시고 출발점부터 다른 도전을 하십시오."

정수연 작가가 강연의 끝을 알리는 인사를 하자 사람들의 박수가 쏟아졌다. 리나는 많은 눈물을 흘렸지만 슬퍼서 그런 것은 아니었다. 그동안 집에서나 온라인에서나 학교에서나 왜 자신이 먼저 상처받고 더 힘들어했는지 드디어 이유를 알게 된 것 같았다. 리나는 강연장을 빠져나가려는 작가에게 다가갔다.

"정말 많은 것을 느꼈어요."

정수연 작가는 따뜻한 미소를 머금은 채 물었다.

"그래서 이제 필요 없으니 나 안 만나겠다고?"

"아니요, 만날 거예요. 단, 가끔……."

"가끔? 왜?"

"너무 가까우면 차이가 없어져서 우리 사이도 망가질 수 있으니까요."

"바로 그거야. 하지만 너무 멀어지면 아예 사이가 없어질 수 있다는 것도 잊지 마."

리나는 사건이 터진 뒤 처음으로 도형에게도 고맙고 미안하다는 마음이 들었다. 그렇게 느끼는 자신이 대견해서 가슴이 벅찼다. 리나는 문득 궁금한 게 떠올라서 작가에게 물어보았다.

"지금은 필요 없게 되었지만, 궁금해서 여쭤 볼게요. 정말 저에게 소개해 주실 '그분'이 있기는 했어요?"

정수연 작가는 리나의 눈을 들여다보더니 윙크를 하며 말했다.

"방금 만났잖아."

리나는 작가를 따라 웃었다. 리나는 자신이 생각하고 있는 것이 작가의 생각과 같은지 굳이 더 확인하지 않았다. 그렇게 행복한 시간 속으로 빠져들었다.

일주일 후, 졸업식을 마치고 교실 밖으로 나온 애들은 저마다 친구들끼리 사진을 찍느라 정신이 없었다. 리나도 가족과 사진을 찍으며 할끔할끔 반 애들을 보았다. 엄마는 남는 것은 사진밖에 없다며 나중에 후회하지 말고 친구들과 사진을 찍으라고 부추겼다. 속사정도 모르고 말하는 엄마가 야속했다. 그중 몇몇은 서로 눈치를 보다가 리나와 사진을 찍기도 했다. 하지만 함께 사진을 찍자고 하기도 뭣한 애들이 훨씬 많았다.

'처음에만 해도 느낌이 좋았던 애들이었는데 왜 친해지지 못했을까?'

느낌이 좋았던 애들뿐만 아니었다. 무섭거나 지질하다며 피하기만 했던 애들도 저마다 환하게 웃으며 사진을 찍고 있었다. 그 모습들을 보니 리나는 아이들과 좋은 시간을 보낼 기회를 스스로 내차고 딴짓만 하며 일 년을 보냈다는 생각이 들었다. 그러다 작년 이맘때 처음 만난 정수연 작가가 강연장에서 했던 말을 떠올렸다.

"여러분이 충분히 노력했다고 생각하는데도 실패를 거듭하고 있다면, 전술만 바꾸는 것이 아니라 저처럼 완전히 다른 방향으로 인간관계를 설계해야 하는 순간에 다다른 것입니다. 절망의 나락에 빠진 것이 아니라 새롭게 긍정적으로 변할 수 있는 신호를 받은 것임을 부디 잊지 말고 용기를 내세요."

리나는 비로소 그 말의 의미를 절실히 깨달았다. 고등학교에서는 자기의 기준을 벗어난다고 해도 다양하게 관계를 맺는 데 도전해 보자고 다짐했다. 차이가 나면 날수록 오히려 더 반기면서.

"리나, 오랜만에 보니 더 예뻐졌네."

예지였다. 예지 옆에는 진호가 있었다. 억지로 끌려다니며 사진을 찍고 있다는 게 진호의 얼굴에 다 드러나 있었다. 예지가 리나와 언니에게 제안했다.

"나중에 다 기념이 되니까, 우리 네 명이 사진 찍자. 이런 인연도 흔치 않잖아."

리나가 주저하자 예지가 한 번 더 힘줘서 말했다.

"오늘 이렇게 헤어지면 너희들 정말 평생 언제 만날 수 있을지 몰라. 나도 중학교 남자 동창들 생각보다 잘 못 보고 산다니까?"

평생 보지 않아도 상관없다며 무시했었지만 막상 눈앞에 있는 사람을 다시는 못 볼지도 모른다고 생각하니 왠지 더 아쉬웠다. 예지가 우겨서 졸업하는 주인공 두 명이 가운데 섰다. 리나는 겸연쩍어서 진호에게 한마디 했다.

"언니들이 사이사이에 껴야지, 이러니까 커플 같고 좀 이상해."

"좀 그렇지?"

진호가 부끄러워하며 맞장구쳤다. 하나, 둘, 셋. 사진이 찍혔다. 예지가 한 컷 더 찍어야 한다며 포즈를 바꾸라고 할 때, 진호가 낮은 목소리로 살짝 리나의 귓가에 대고 말했다.

"미안했어."

리나는 뭐가 미안했다는 것인지 구체적으로 따지고 싶지 않았다. 그저 이것으로 언젠가 거리에서 우연히 만나도 피하거나 무시하면서 스트레스를 받지 않아도 된다는 데 감사했다. 하나, 둘, 셋. 사진을 한 장 더 찍고 진호는 리나의 옆을 빠르게 스쳐 갔다. 진호의 옷에서 이는 바람이 시원하게 리나의 얼굴에 닿았다. 리나는 잠시 애들과 자유롭게 사진을 찍고 싶다고 하고는 혼자 빠져나왔다. 가족들에게 먼저 집으로 가라고 했지만, 다들 리나와 밥을 먹어야 하니 기다리겠다고 했다. 다른 때는 자기가 가족의 마지막 부속품

같았는데, 오늘은 진짜 주인공이 된 것 같아 기분이 좋았다.

현민과 수빈이 리나에게 다가왔다. 셋은 사진을 질리도록 찍었다. 함께 예산여고에 입학하겠지만 이 순간을 영원히 남기고 싶었다. 현민은 자기 식구들과 식사해야 한다며 수빈과 리나에게 미안해했다. 특히 수빈은 엄마와 아빠가 졸업식 사진만 서둘러 찍고 곧바로 일하러 간 바람에 굳이 다른 학교 졸업식장까지 혼자 찾아온 터라 더 미안해했다. 부모님이 마음 쓸까 봐 삼총사와 놀기로 했다고 말했던 수빈은 현민과 리나에게도 다른 핑계를 댔다. 하지만 리나는 수빈의 어설픈 거짓말을 금방 알아챘다. 리나는 수빈에게 자기 가족과 함께 밥 먹으러 가자고 졸랐다. 그 고집에 수빈도 두 손을 들었다.

분위기를 바꾸기 위해 현민이 졸업 선물을 교환하자고 제안했다. 먼저 현민이 조그만 상자를 공처럼 수빈과 리나에게 툭툭 던졌다. 상자를 열어 보기도 전에 성격 급한 현민이 실토했다.

"나 뜨개질 못하는 거 알지? 두 달 동안 두 개도 겨우 만들었다. 내 건 나중에 뜰 테니까 우리 셋이 세트로 하고 다니자."

상자를 뜯어본 리나는 정말 못했다는 말을 내뱉을 뻔했다. 일자 목도리가 중간중간 선이 삐뚤빼뚤했다. 학교 실습 과제였다면 최하 점수를 받을 모양새였다. 오히려 상자가 더 예뻤다. 리나는 어쩌면 현민이 선물 상자로 마음을 드러낸 게 아닐까 생각했다. 정성을 다한 뜨개질이 자기 눈에도 안 예뻐서 팬시점을 샅샅이 뒤졌을 현민을 상상했다. 리나는 현민이 그간 도형의 문제로 우울해서 집에만 있는 줄 알았는데 씩씩하게, 아니 깜찍하게 친구들을 위한 깜짝 선물을 준비했다는 데 감탄했다. 다음으로 수빈이 자기가 준비한 선물을 건네주며 말했다.

"조금 있으면 고등학교에서 함께 다닐 테니 그때 더 큰 선물을 줄게. 3학년 시작을 책갈피로 했으니까 마무리로도 책갈피를 만들었어."

수빈이 그림까지 그려 넣은 책갈피에는 졸업에 어울리는 문구가 적혀 있었다.

발 딛고 선 강가를 떠날 용기가 없으면 건너편 강가로 출발할 수 없다.——앙드레 지드

리나와 현민은 처음 보는 수빈의 그림 실력에 대해서 한바탕 칭찬을 늘어놓았다. 마지막으로 자연스럽게 리나에게 시선이 모였다. 리나는 배시시 웃으며 변명부터 했다.

"너희도 알다시피 실은 내가 얼마 전에야 정신을 차려서⋯⋯. 히힛, 짠."

사실 리나는 일주일 전 힘을 내서 졸업식 선물을 준비했다. 현민에게는 화장품 세트를 골랐다. 고등학교에서는 더 여성적으로 맘껏 변신해도 좋다는 응원의 뜻이었다. 리나는 현민의 변신이 정말

나와 작은 새와 방울과

기대되었다. 기뻐하는 현민에게 예전의 씩씩한 현민도 좋고, 그 모습과 다른 귀여운 현민도 좋다고 말해 주었다.

수빈에게는 코팅한 책받침을 만들어 주었다. 예전에 수빈이 준 책갈피처럼 의미 있는 문구를 골라 적고 직접 그림도 그려서 꾸몄다. 책을 좋아하는 수빈의 마음으로 도서관을 찾아간 리나는 수빈이 아직 안 봤을 법한 책을 골라 마음에 드는 문구를 찾는 내내 행복했다. 결국 삼총사에게 딱 맞춤한 시를 찾아냈다. 가네코 미스즈의 「나와 작은 새와 방울과」라는 시였다. 리나는 현빈과 수빈 앞에서 천천히 소리 내어 읽었다. 졸업식장 주변에서 파는 솜사탕보다 훨씬 달콤한 기운이 리나의 혀끝에서 풍겨 나왔다.

내가 아무리 두 팔을 힘껏 벌려 보아도

하늘을 조금도 날 수 없지만

날 수 있는 작은 새는 나처럼

대지를 빠르게 달릴 수는 없어요

아무리 내 몸을 흔들어 보아도

예쁜 소리는 조금도 나지 않지만,

딸랑딸랑 방울은 나처럼

많은 노래를 부르지는 못해요

방울과 작은 새와 그리고 나
서로서로 다르지만
모두 달라서 정말 좋아요

수빈이 다시 한 번 천천히 시를 읽었다. 그리고 진심으로 고마워했다. 현민은 리나의 선물에 고마워하면서도 괜히 어색한 듯 삐죽거렸다.

"이러면 똑같은 선물 두 개 준비한 우리가 뭐가 되냐?"

"뭐가? 네 입학 선물 기대해 볼게. 수빈이보다 안 좋은 거 주면 삐칠 거야."

리나가 장난기 있게 맞받아쳤다. 삼총사는 약속이나 한 것처럼 동시에 까르르 웃었다.

식사 장소는 할머니의 주장대로 중국집으로 정해졌다. 할머니는 예전에 아빠와 고모들 키울 때는 입학식이나 졸업식 날에야 먹을 수 있던 곳이라며 별스러운 듯이 말했다. 리나는 내심 스파게티나 피자를 먹고 싶었다. 오늘의 주인공은 자기인데도 뭐든지 제 맘대로 되지는 않는다는 게 좀 서운했다. 하지만 중국 음식이 좋다며 반색하는 수빈도 있고, 자기도 어린애가 아니니 이런 걸로 토라지지는 말자고 스스로 다독였다.

"수빈이는 우리 리나하고 학교도 다른데 많이 도와줘서 고마워.

그때 작가님 소개시켜 주고 함께 만나러 다닐 때 용돈이라도 줬어야 했는데 오늘에서야 만났네. 오늘은 날이 날이니…….”

아빠는 주섬주섬 주머니를 뒤져서 지갑을 꺼내더니 수빈에게 용돈을 줬다. 리나가 자기에게도 좀처럼 용돈을 주지 않는 아빠가 왜 저러나 싶어 쳐다보았더니 엄마가 한마디 했다.

“어른이 주는 거니까 그냥 받아. 아빠가 자기 때문에 갑자기 이사해서 리나가 많이 힘들어한다고 속상해했는데 오늘 무사히 졸업하니까 기분이 좋아서 그러는 거야.”

아빠의 두 볼이 약간 붉어졌다. 리나도 살짝 얼굴이 뜨거웠다. 미안하다는 말만 하는 아빠가 아니라, 걱정한다고 말하는 아빠가 떠올랐기 때문이다. 평소에도 이왕 표현할 거면 “걱정한다.”나 “사랑한다.”나 “믿는다.”라는 말을 해 줬으면 어땠을까 하는 아쉬움이 들었다. 언니가 아빠에게 착 달라붙었다.

“예쁜 막내라고 많이 걱정하더니, 딸내미 졸업하니까 좋지? 자, 여기 한잔.”

아빠는 언니가 따라 주는 고량주를 단숨에 들이켰다.

“크으, 맛 좋다. 매일 막걸리만 먹다가 오랜만에…….”

아빠는 갑자기 리나의 눈치를 살폈다.

“아니, 그게 아니고 우리 딸이 다 커서 중학교를 졸업하니 더 맛이 좋다.”

리나는 웃으며 고개를 가로저었다. 아빠가 연거푸 술잔을 비웠다. 저러다 친구 앞에서 실수라도 할까 봐 걱정될 정도였다. 아빠는 수빈과 리나를 번갈아 보며 마치 교장 선생님 같은 목소리로 말했다.

"너희들 참 보기 좋다. 앞으로도 친하게 지내. 그리고 고등학교에 가면 더 좋은 애들도 많이 사귀고. 고등학교 때 친구가 진짜 친구야."

"맞아, 아빠."

언니가 고개를 크게 끄덕이며 공감했다.

"어, 네가 벌써 그걸 안단 말이야?"

"예산에 이사 와서 사귄 애들이 가장 좋은 거 같아."

"에이, 아빠는 그런 뜻으로 말한 게 아니야. 고등학교 때 친구가 좋다는 말은 시간이 지날수록 잘 알게 되는 거야."

아빠는 고등학교 친구들과 동업하게 된 과정을 돌이키면서 왜 많은 사람들이 고등학교 친구가 최고라고 말하는지 깨닫게 되었다고 했다.

"오래된 걸로 따지면 유치원이나 초등학교 친구가 더 오래되었지. 게다가 그때는 솔직히 감정을 드러내면서 다 같이 즐겁게 뛰어놀기도 했으니 감성적 교류도 활발했고. 지적 수준이 비슷한 걸로 따지면 대학교 친구들이 가장 비슷할 거야. 그런데 초등학교나 대학교 친구들이 고등학교 친구보다 좋다는 말은 못 들어 봤지? 왜 하필 고등학교 친구가 가장 낫다는 말이 나오느냐 이거야."

아빠는 마치 질문처럼 말을 던져 놓고 뿌듯해하는 눈빛으로 딸들을 둘러보았다. 현재 고등학생인 언니가 먼저 입을 열었다.

"같이 힘든 일을 겪어서? 고등학교 때는 인생의 큰 고비인 수능도 함께 겪잖아. 그리고 학교에 붙잡혀서 거의 종일 함께 있고."

"우리 큰딸 똑똑한데? 좋아, 그것도 이유야. 하지만 고등학교 친구가 최고인 건 고등학생이 되어서야 내가 누구인지 제대로 깨닫기 때문이야. 자기가 뭘 좋아하는지, 무엇을 하고 싶은지, 어떻게 살고 싶은지, 뭐 그런 고민들이 폭발하는 시기잖아. 그리고 자기 나름의 답을 찾으면서 고민을 나눌 수 있는 놈들을 사귀기 시작하니 서로 끈끈할 수밖에. 일단 자기 세계가 확실해진 다음에는 그게 벽이 될 수도 있기 때문에 다른 사람을 받아들이는 게 힘들기도 해. 그래서 대학교 이후에 만난 친구들은 완전히 격의 없이 친한 경우가 많지 않아. 살면서도 자기가 누구인지 계속 고민하게 마련인데 그럴 때면 한창 좌충우돌하면서 자기에 대해 고민했던, 서로 가장 잘 아는 친구를 찾게 돼. 그게 주로 고등학교 때 친구야."

"아빠, 그럼 내 말이 맞잖아."

"하지만 꼭 집어서 넌 힘든 일을 함께 겪어서라고 했잖아. 남자들도 군대에서 힘든 일을 같이 겪는 전우를 만나지만 제대한 다음에는 고등학교 친구처럼 연락하지는 않거든. 그러니 힘든 일을 같이 겪는다는 데에 아빠가 말한 이유를 더해야 하는 거야."

수빈이 차분한 목소리로 리나 아빠에게 물었다.

"그럼 제대로 친구를 사귀려면 단지 상대방에게 친절하기만 하면 안 되고, 일단 자기가 누구인지 알아야 하는 거예요?"

"맞아, 바로 그거야. 내가 어떤 인간이냐에 따라 친구들도 달라지는 거야. 그래서 유유상종이라는 말이 있잖아. 예전에는 나도 그 말이 공통점이 많아서 친구가 된다는 뜻인 줄 알았어. 그런데 살다 보니까 사람이란 비슷한 종류의 친구를 만나게 마련이니 나 자신을 먼저 돌아보라는 뜻인 것 같아. 이게 다 내가 시행착오 끝에 얻은 교훈이란다."

아빠는 술잔을 입에 털어 넣고 말을 이었다.

"내가 대인 관계 기술을 알려 주겠다는 책을 읽고 그걸 써먹으려고 덤빌 때는 맨 그런 인간들만 만나게 되더라고. 그래서 결국 사기까지 당했지. 영업은 간, 쓸개 다 빼놓고 하는 일이라는 말이 있는데, 그래서는 사람을 못 얻더라. 사람은 상대방이 자기를 온전히 다 내보이며 승부를 걸었을 때나 마음을 열어 주는 거야. 나도 고등학교 때는 그랬어. 성숙한 사람은 중학교 때부터 그런 식으로 친구를 사귀어서 평생 살아갈 밑천을 만들기도 하지. 그러지 않으면 없는 밑천을 억지로 짜내려고 사기꾼이 되거나 사기당하거나 할 뿐이야."

"사기"라는 말에 리나는 가슴 저편이 아려 왔다. 아빠는 좋은 날 분위기를 처지게 할 셈은 아니었다며 마무리를 했다.

"그러니까 자신에 대해서 많이 고민하고, 친구도 많이 사귀어라

이거야. 친구를 보면 그 사람을 알 수 있다는 말처럼, 친구를 사귀는 내 모습을 돌아보면 내가 어떤 사람인지도 알 수 있어. 자기가 어떤 사람인지만 알면 앞으로 살아가는 데 큰 밑천이 될 거야. 결국 사람은 자기 뜻대로 살고 싶어서 고민하는 거니까. 그게 대학 가기 위한 공부보다도 중요하단다."

수빈이 리나에게 귓속말로 "너희 아빠 너무 멋지다." 하고 속삭였다. 기분이 좋았다. 마음은 한껏 자랑하고 싶지만 입에서는 다른 말이 나갔다.

"아빠가 매일 저렇게 멋진 말을 하는 건 아냐. 난 오히려 땀 흘리며 열심히 사시는 너희 아빠가 정말 멋져. 우리 아빠는 저렇게 술 먹고 와서 이상한 소리할 때가 너무 많아서 좀 그래."

"리나야, 그럼 우리 아빠를 서로 바꿀까? 난 아빠랑 책 이야기나 인생 이야기를 하는 게 꿈인데."

"재미있겠다. 한번 바꿔 보자."

리나는 잠시 엉뚱한 상상을 했다. 이왕 바꾸는 거 할머니는 절약을 외치지 않는 부자 할머니로, 엄마는 친구 같은 젊은 감각을 지닌 엄마로 바꾸면 어떨까. 언니는 그냥 다른 집에 줘 버릴까. 하지만 그럴 수 없다는 것을 리나도 잘 알고 있었다.

리나는 잊고 있던 것을 깨달았다. 가족은 자기 정체성이나 친구처럼 제 의지대로 만들거나 선택할 수 없다는 것을 말이다. 이상적인 부모님을 상상하며 아빠 엄마를 원망하고 마음을 닫았던 자기가 얼마나 바보 같았는지도 지금에야 깨달았다. 아까 졸업식장에서 반 애들을 봤을 때, 리나는 그동안 더 잘 지낼걸 하고 후회했다. 만약 내 기준만 고집하며 일찌감치 애들을 밀어내지 않았더라면 오늘 다른 감정을 느꼈을 것 같았다. 리나는 가족들과도 이해득실과 잘잘못을 정확히 따져서 자기한테 유리하게 관계를 이끌려다 결국 후회만 남긴다면 너무 안타까울 것 같았다.

리나는 그윽한 눈으로 주변을 둘러보았다. 뜬금없는 말을 자꾸 꺼내며 대화에 끼어들려 하는 할머니, 벌게진 얼굴로 혼자 심각한 표정을 지으며 어떻게든 대화를 주도하려는 아빠, 그런 아빠를 한심한 눈으로 보면서도 추임새를 넣는 엄마, 항상 모범생인 척하지만 지금처럼 휴대폰 게임에 빠져 있을 때는 영락없이 자기와 판박이인 언니, 따뜻한 눈길로 리나를 바라보는 수빈. 이 사람들에게 뭔가 따뜻한 말을 전해 주고 싶었다. 보답을 바라는 건 아니었다. 그냥 그러지 않으면 참을 수 없을 것 같았다. 리나는 물을 마시고는 미소를 지으며 입을 열었다. 그 순간 조명이 더 밝아지고, 신선한 공기가 가슴속에 가득 들어오는 이상한 느낌이 들었다.

친밀한 관계 형성의 비밀

사람들은 서먹서먹한 관계보다 친밀한 관계를 원한다. 그런데 그토록 간절히 바라는 친밀함이란 무엇일까? 하루 이틀 사이가 좋았다고 해서 친밀하다고 할 수는 없다. 친밀하다는 건 지속적으로 서로 교류할 수 있는 상태에 가깝다. 심리학자 해리엇 러너는 『친밀한 가족 관계의 회복』에서 다음과 같이 친밀함을 정의했다.

친밀함이란 대인 관계에서 '우리가 우리 되는 것'임과 동시에 타인도 같은 입장에 서게 할 수 있음을 뜻한다.

리나가 삼총사나 도형이나 가족에게 바랐던 것처럼, 사람들이 흔히 말하는 '서로 하나가 되는 느낌'은 친밀함보다 강렬함에 해당한다. 진정한 친밀함이란 서로 비슷해지거나, 상대와 나를 동일하게 느끼고 생각하는 것이 아니라, '나'와 '상대방'이 자기만의 특성을 잃지 않으면서도 계속해서 '우리'에 대해 생각할 수 있는 상태다. 사람들은 진정한 친밀함을 제대로 이해하지 못한 채 무조건 공통점을 찾으려 하고, 그러다 자기만의 특성까지 희생하며 부담을 느끼고는 한다. 결국 너무 스트레스가 쌓이면 친밀해지고자 노력했던 관계까지 포기하고, 가까워졌던 만큼 상대에게 깊은 상처를 남긴다.

인간관계의 상처는 얼마든지 예방할 수 있다. 아무리 가깝더라도 각자에게 중요한 자기만의 공간이 있으며 그 공간은 누구도 침범하지 못하는 곳이라고 이해하면 된다. 그러면 굳이 그 안으로 침범하려다 상대방에게 정신적 상처를 입히거나, 자신이 그 공간에 들어가지 못했다고 서운해하지 않을 것이다. 부모와 자식, 스승과 제자, 또는 친구 사이에서도 말이다.

리나의 아빠는 예산행을 결정할 때 리나가 자식이기 때문에 불만 없이 이사에 동의할 것이라 예상했다가 리나가 반대하자 크게 실망했다. 하지만 리나가 전학 때문에 친구를 잃을 것을 두려워하는 마음은, 아빠가 억지로 리나의 마음속으로 밀고 들어가서 위로한다고 없앨 수 있는 것이 아니었다.

친구 사이에서도 넘을 수 없는 선이 있다. 모든 것을 나눠야 진정한 우정이라고 친구에게 강요한다면, 상대방은 부끄러워서 숨기고 싶은 일이 생길 때마다 죄책감이나 부담감을 느껴서 지레 겁

먹고 모든 일에 거리를 둘 수도 있다.

'우리', '나', '너' 사이에 해도 되는 일과 안 되는 일이 분명하지 않으면 시간이 갈수록 관계가 혼란스러워지고 손상될 뿐이다. 리나는 3학년이 되어 삼총사를 멀리하다가 반 아이들의 문제를 해결한다면서 도형을 만나게 되었다. 그런데 도형을 만난 다음에는 원래 도와주려고 했던 반 아이들을 멀리했다. 그 대신 도형에게 집중하며 과도한 기대를 품고 도형을 지나치게 걱정하는 등, 자기만의 생각에 빠진 채 진정한 교류를 하지 못하고 허상을 좇기만 했다.

잊지 말아야 할 사실은 리나처럼 '나'를 희생해서는 '우리'라는 관계를 이룰 수 없다는 점이다. 그리고 리나네 반 아이들과 도형처럼 왕따든 사기든, 다른 사람을 희생시켜서 '나'가 확장된 '우리'를 보강하는 것도 아니라는 점을 알아야 한다. 건강한 관계란 '우리' 속에서도 '나'와 '너'의 경계가 명확하고, 서로 침범할 수 없는 영역을 확인할 수 있으며, 각자 요청할 수 있는 일과 없는 일이 분명한 관계이다. 그런 건강한 인간관계를 맺으려고 노력해야 오래도록 행복할 수 있다.

정신 분석가 이무석 박사의 책 『나를 행복하게 하는 친밀함』에는 사람들이 서로 친밀함을 경험하는 데 필요한 세 가지 기본 요소가 소개되어 있다. 바로 ① 서로 통하는 느낌(connect)이 있어야 하고, ② 서로 아끼는 마음으로 심리적으로나 신체적으로 배려(care)해야 하고, ③ 서로 좋은 것을 주고받는 나눔(share)을 실천하는 것이다.

앞선 이야기에서 리나는 남에게 인정받고 남보다 우위에 서기 위해 교류했고, 도형은 이득을 얻기 위해 남에게 잘해 주었다. 또한 수빈은 주로 친구들과 아픔을 나누려 했고, 현민은 앞장서서 상대의 문제를 해결해 주려고 했다. 하지만 이들의 방식은 모두 친밀함을 경험하기 위한 세 가지 요소와 조금 거리가 멀다.

사회 속에서 남과 더불어 살아가야 하는 현대인은 아무리 시스템이 발전해도 결국 다른 사람과 정서적으로 연결되어 안정을 취해야만 한다. 그래서 SNS도 발달하는 것이다. 그러나 SNS에서 친구 맺기를 하듯이 단순히 관계의 수와 기간을 늘린다고 해서 정서적으로 깊이 연결되는 것은 아니다. 그렇다고 리나가 온라인에서 벗어나 삼총사를 직접 만났듯이 활동 무대를 오프라인으로 옮긴다고 해도, SNS에서 하듯이 양적인 면에만 매달리면 정서적으로는 연결될 수 없다.

정서적으로 연결되려면 대등한 주체로서 교류할 수 있는 토대부터 마련해야 한다. 그 토대란 일단 자신에 대해 알고, 그다음에 타인에 대해서도 아는 것이다. 그런데 '자신을 아는 것'과 '타인을 아는 것'은 동떨어져 있지 않다.

프랑스 철학자 에마뉘엘 레비나스는 주체성에 대해 '나'만을 내세우는 것이 아니라 '타인을 받아들이는 것'(l'hospitalité)이라고 정의한다. 레비나스는 인간이 자신의 고유한 세계를 삶의 기본 조건으로 삼고 살아간다고 주장하면서도, 그 개인의 고유한 세계는 캡슐처럼 머릿속에 담겨 있는 것이 아니라 타인과의 관계를 통해 만들어진다고 강조했다.

자신과 상대방이 누구인지는 머릿속으로 고민해서 확인하는 것이 아니다. 누군가 학생으로서 정체성을 갖추고 있는지 확인하기 위해서는 학교에서 생활하는 모습을 관찰하면 된다. 학교에서도 학생에 걸맞은 행동을 거의 하지 않는다면 그에게는 학생으로서의 정체성이 희박한 것이다. 또한 정체성이 없기 때문에 학생으로서 인간관계를 맺을 수 없다. 그래서 학생으로서의 정체성을 확립한 다른 구성원들과 어울리지 못하고 학교에서 겉돌기만 한다. 어떤 경우에는 학생 말고 다른 정체성을 확립한 사람들끼리 친밀한 관계를 형성하며, 폭력 집단이나 동호회 등에 참여하기도 한다.

학교에서 보내는 시간은 대부분 학생이라는 정체성을 확립한 청소년을 위한 프로그램으로 채워져 있기 때문에 그러지 못한 청소년은 학교에서 맺는 관계를 통해 긍정적인 성과를 얻을 수 없다. 그나마 학교에서 관계를 맺더라도 학교 밖으로 나가면 연결 고리가 끊어져서 관계가 허물어진다. 그러므로 어떤 집단에서 긍정적인 인간관계를 형성하려면 자신의 행동을 관찰해서 그 집단에 맞는 정체성을 세우려고 노력해야 한다.

한편 상대방이 나에게 친구인지 아니면 노예 주인에 가까운지는 평소의 행동을 보면 알 수 있다. 도움을 주고받는 것이 아니라 일방적으로 부탁하려고 하는 사람은 친구가 아닌 주인이다. 만약 상대방이 주인에 가깝다면, 내가 그런 상대방의 노예인지 아닌지도 자신의 행동을 보면 알 수 있다. 계속 상대의 요청만 들어주고 있다면 "내가 착하니까 해 준다."라고 아무리 자기 최면을 걸더라도 친구가 아닌 노예인 것이다. 동등한 관계라면 거절할 수도 있고, 요청을 주고받을 수도 있어야 한다.

이렇듯 관계를 이끌어 가는 나의 정체성이란 관계를 맺는 상황에서 내가 어떻게 행동하는지 관찰하면 알 수 있다. 만약 그 행동이 자신의 바람에서 벗어나 있다면 긍정적인 방향으로 행동을 변화시키면 된다. 그러면 자기 정체성도 변하면서 새로운 관계를 얻게 될 것이다.

현민의 경우 여자로서 대접받고 싶은 개인적 자아와 더불어, 타인에게 남자답다는 평을 들으며 의리를 중시하는 사회적 자아도 지니고 있다. 그리고 두 정체성에 도전하느라 수빈과 리나보다 폭넓고 긍정적인 인간관계를 맺을 수 있었다.

새로운 정체성에 도전할 때 꼭 상대방을 갈아 치워야 하는 것은 아니다. 계속 관계를 유지하며 다양한 정체성에 도전해도 관계는 변할 수 있다. 애초부터 좋은 관계이기 때문에 계속 유지하는 것이 아니다. 어떤 관계든 유지하면서 자신을 시험하고 변화시켜야 좋은 관계로 만들 수 있다. 하지만 사람들은 흔히 반대로 생각하며 쉽게 관계를 끊고는 한다.

또한 너무 가깝고 지나치게 강렬한 관계는 리나가 도형에게 모든 결정권을 넘기려 했던 것처럼 자기의 주체성이 없어져서 위험하다. 그리고 리나와 서울 친구들의 관계가 끊겼듯이 너무 멀리 떨어지면 아무 교류도 할 수 없다. 그러니 너무 가깝지도 멀지도 않게끔 적당한 거리를 두고, 계속해서 나는 나대로 상대방은 상대방대로 서로 성장할 기회를 보며 관계를 만들어 가야 한다. 그러지 않으면 상대를 만날 때마다 극과 극으로 삶이 출렁거리며 불안정하게 살 수밖에 없다.

　정원에 씨앗을 너무 촘촘하게 뿌리면 조금만 자라도 서로 성장을 방해하고, 씨앗을 너무 듬성듬성하게 뿌리면 비바람이 몰아칠 때 힘없이 뽑힌다. 이렇듯 관계의 씨앗도 적당한 거리에 뿌리는 것이 중요하다. 적당한 거리를 단번에 처음부터 알 수는 없다. 또한 상대에 따라 그 거리가 달라질 수밖에 없으니 시행착오를 겪으며 알아내야 한다. 처음에 너무 가깝다 싶으면 거리를 두고, 너무 멀다 싶으면 다가가는 것이 건강한 관계로 이어진다.

　적당한 거리에 씨앗을 뿌렸다고 모든 것이 끝나지는 않는다. 씨앗이 자라나는 성장의 방향이 안쪽을 향해 있어 서로 상대만을 바라보게 되어 있다면 자랄수록 바싹 붙어서 답답해질 것이다. 상대와 내가 더 넓은 세계를 향해 바깥쪽으로 자라도록 노력해야 한다. 이것이 바로 건강한 관계를 맺는 지름길이자 자아 정체성을 올바르게 형성하는 방법이다.

차이와 사이

이 책을 쓰는 내내 생각나는 사람들이 여럿 있었다. 우선 도형의 모델이 된 인물부터 언급해야겠다. 그는 실제로 나를 비롯한 수십 명에게 앞선 이야기에 나온 것과 비슷한 방법으로 사기를 쳤다. 그는 내가 평소에 선망하던 여러 면을 내 앞에서 보여 주었다. 그러니까 나는 그에게서 이른바 '역할 모델'을 찾았던 셈이다. 그렇다면 그는 과연 내게서 무엇을 원했던 것일까? 그는 서울 근교 큰 음식점 주인의 아들로 경제적인 어려움을 겪지 않았고 기억력이나 재치도 나보다 훨씬 뛰어났다. 그런 그가 일부러 자신을 가난하고 비참하게 가장하면서까지 원했던 것은 무엇이었을까? 이것을 고민하는 과정에서 이 이야기의 큰 줄기가 만들어졌다.

당시 그가 들려주었던 조언들은 지금 생각해도 무척 그럴듯하고 유용한 가치를 담고 있었다. 하지만 그 조언들이 내 삶에 뿌리를 내려 좋은 관계를 맺는 데 도움이 되려면 겉으로 보이는 화려함이나 실용성 외에 다른 요소가 더 필요했다.

부족했던 요소가 무엇이었을까. 답을 찾으려고 노력하면서 나는 신영복 선생님을 자주 떠올렸다. 30대 중반이 넘어 선생님을 처음 뵌 날, 나는 고등학교 3학년 때 읽은 『감옥으로부터의 사색』을 내밀었다. 선생님은 밑줄이 쳐진 책을 찬찬히 살펴본 후 서명과 함께 짧은 글을 써 주었다.

"우리는 오래 만난 사이입니다."

그날 이후 나는 고민했다. 독자가 작가의 글을 읽은 것만으로 정말 관계가 형성될까? 이후에 여러 사람을 만나고 경험하며 조금씩 답을 알아 갔다. 나와 신영복 선생님 사이에 공통점이 많거나 함께한 시간이 길어서 관계를 맺게 된 것은 아니다. 나는 신영복 선생님을 통해 '차이'를 계속 인정함으로써 절묘하게 '사이'를 지킬 수 있다는 사실을 깨달았다. 그리고 내가 얻은 깨달음, 차이에서 출발하여 함께하는 사이가 되고 서로 둘도 없는 관계를 맺어 행복해지는 길을 이 책에 담고자 했다.

어느덧 나도 신영복 선생님처럼 독자에게 사인해 줄 때 각자의 상황에 맞춰 마음이 담긴 글귀를 적어 주고 있다. 그리고 한발 나아가 이야기에 등장하는 인물들의 이름을 강연장에서 만난 친구들에게서 따오는 습관도 생겼다. 이 책 역시 그랬다. 부평에서 만난 중학생 윤진호처럼 악역인 줄 알면서도 부탁한 친구들 덕분에 작명의 고통이 줄어들었다. 그 대신 새로운 친구들을 기억하며 얻는 즐거움은 더 커졌다. 주변에서는 사소한 등장인물까지 이름이 나와서 읽기에 불편하니 적당히 빼라고 조언하기도 했지만 이 관계의 즐거움은 포기할 수 없다.

세상에는 다양한 관계 속에서 마음에 상처를 얻는 사람이 많다. 그런 사람들한테 관계에서 받은 상처는 관계로 치료해야 한다며, 무조건 남과 가까이 지내라고 인간관계 기술을 가르치는 게 옳은 일일까? 아니다. 그렇게 억지로 몰아붙이는 것은 저마다 가슴속에 칼을 품고 있는 사람들을 덜컹거리는 만원 버스에 몰아넣는 것만큼이나 위험하다. 그런데도 대부분의 책이 청소년을 그 끔찍한 상황으로 이끌고 있다. 그래서 청소년들에게 관계를 맺는 새로운 방식을 이야기해 주고 싶었다.

사람들은 더 행복해지기 위해 관계를 맺으며, 실제로 그 과정에서 큰 행복을 맛볼 수도 있다. 하지만 욕심이나 기대만 가지고 덤벼들면 상처를 입을 뿐이다. 앞서 봤듯이 리나처럼 기초적인 인간관계인 가족의 사이가 건강하지 않다면, 그 응용이라고 할 수 있는 친구, 동료, 선후배 등과 맺는 관계도 삐걱거릴 수밖에 없다. 그래서 이 책에서도 가족부터 선후배까지 순서대로 여러 관계에서 일어날 수 있는 문제들을 다뤘다. 각 관계에서 비슷하면서도 다른 점을 발견한다면 좀 더 현명하게 다른 사람과 교류할 수 있을 것이다.

이 책을 읽다 보면 자연스레 관계에 대한 지식을 습득할 수 있는데, 이를 토대로 다시 읽으면 처음과는 다른 면이 보일 것이다. 예를 들어 리나가 가족들을 원망했을 때조차 서툴게나마 가족들이 서로 사랑을 표현하려고 했음을 확인할 수 있다. 리나가 피해자 같았던 대목에서도 오히려 가해자에 가까운 면이 눈에 띌 것이다. 그리고 복수에 나선 리나의 행동에 숨어 있는 위험과, 선한 사람으로 가장한 사기꾼에 불과했던 도형의 꿍꿍이속을 새로이 발견할 수도 있다. 훌륭해 보였던 도형의 조언 역시 삼총사를 도와주려는 애정에서 비롯된 것이 아니라, 그저 자기도취에 빠진 도형이 자신의 지식을 자랑하려고 다른 책을 인용했을 뿐이라는 게 보일 것이다.

이렇듯 우리가 관계에 대해 통찰하고 있다면 처음에는 미처 눈치채지 못했던 것들을 찾을 수 있다. 만약 리나가 그 단서들을 알아챘더라면 인생의 기로에서 다른 길을 선택했을지도 모른다. 여러분 자신의 삶을 볼 때도 시야를 넓혀서 새로운 단서들을 찾아내길 바란다. 자기 자신도 누군가에게 도형이었을지 모른다고 반성하는 순간, 비로소 자기가 맺어야 하는 진실한 관계가 눈에 들어오는 법이다.

독자들이 리나의 이야기를 간접 체험하며 알게 된 것들을 잊지 않고 행복한 직접 체험을 하게 되길 기원한다. 이 책을 집필하는 내내 가슴 벅찼다는 고백을 벗들에게 하고 싶다. 아울러 나를 떠난 벗, 지금 한창 만나고 있는 벗, 앞으로 만날 벗들을 더 진실하게 대하리라 다짐해 본다.

2014년 9월
이남석